Bernhard von Poten

Namen- und Sachregister zur Geschichte des Militärerziehungs- und Bildungswesens in den Landen deutscher Zunge

Bernhard von Poten

Namen- und Sachregister zur Geschichte des Militärerziehungs- und Bildungswesens in den Landen deutscher Zunge

ISBN/EAN: 9783743440814

Hergestellt in Europa, USA, Kanada, Australien, Japan

Cover: Foto ©Andreas Hilbeck / pixelio.de

Weitere Bücher finden Sie auf **www.hansebooks.com**

Namen- und Sachregister

zur

Geschichte

des

Militär-Erziehungs- und Bildungswesens

in den Landen deutscher Zunge

(Monumenta Germaniae Paedagogica Band X-XI-XV-XVII-XVIII)

von

B. von Poten
Königlich preufsischem Oberst z. D.

BERLIN
A. Hofmann & Comp.
1900

Vorwort.

Die Veröffentlichung des Registerbandes erfolgt weit später als der Verfasser wünschte und ursprünglich gehofft hatte. Die Fülle des zu bewältigenden Stoffes auf der einen Seite, auf der anderen die Notwendigkeit auf engem Raume möglichst viel zu geben, ohne dabei die leichte Auffindbarkeit eines jeden in den erschienenen fünf Bänden genannten Namens, einer jeder Anstalt und Einrichtung sowie aller dabei in Betracht kommenden Verhältnisse zu gefährden, erforderten einen solchen Aufwand von Zeit und Mühe, dafs die Arbeit erst jetzt vollendet werden konnte.

Einige Worte über die Gesichtspunkte, welche bei ihrer Herstellung die mafsgebenden gewesen sind, sollen der Benutzung dienen:

Um die Übersicht zu erleichtern, Verwandtes zusammenzuhalten und Raum zu sparen sind die im Texte berücksichtigten Einrichtungen, Verhältnisse und Anordnungen möglichst an einer Stelle gesammelt aufgeführt. Es sind daher die für den Eintritt in eine Anstalt geforderten Eigenschaften und Kenntnisse nicht einzeln genannt und mithin nicht an verschiedenen Orten zu suchen, sondern unter der Gesamtbezeichnung „Aufnahmebestimmungen" an dem hier für die betreffende Anstalt genannten Platze; in gleicher Weise ergiebt „Ausmusterung" die Ansprüche, welche in einem jeden Falle bei der Entlassung gemacht wurden oder werden, nebst den Folgen, von denen die Erfüllung oder die Nichterfüllung begleitet war oder ist; alle Vorteile und Annehmlichkeiten, welche dem Einzelnen sein Wohlverhalten einträgt, sind unter „Auszeichnungen" zu suchen; unter „Uniform" hat seinen Platz gefunden, was zur Bekleidung, zur Ausrüstung und zur Bewaffnung gehört; die einzelnen Wissenschaften sind nur insoweit registriert als sie Gegenstände des Unterrichtes waren, während die von ihnen bei den Eintritts- und bei den Entlassungsprüfungen gespielte Rolle unter „Aufnahmebestimmungen" und unter „Ausmusterung" zu finden ist, so dafs der „Schulprüfungen" betitelte Abschnitt des Bandes den bei jenen Gelegenheiten geforderten Nachweis wissenschaftlicher Bildung aufser Acht läfst; Auskunft über die einzelnen Vortragsgegenstände ist an zwei Stellen gegeben: An der einen sind sie namentlich aufgeführt; an der anderen erscheinen sie unter „Lehrpläne". In ähnlicher Weise sind die Verhältnisse der einzelnen Arten von Lehrern, die Lehrweisen und anderes mit einander Verwandte unter gemeinsamer Überschrift vereinigt, auf welche, wenn es zweckmäfsig erschien, bei einfacher Nennung des dort abgehandelten Gegenstandes ausdrücklich hingewiesen ist.

Der Verfasser hofft dadurch billigen Ansprüchen an die von einem Sach- und Namenregister zu verlangende Hilfe gerecht geworden zu sein. Redliche Mühe hat er sich gegeben.

Berlin, März 1899.

B. von Poten.

Abkürzungen.

Ak. = Akademie.
Art. = Artillerie.
Bad. = Badisch.
Bayer. = Bayerisch.
Bef. = Befestigungskunst.
Bild.- = Bildungs-
Brschwg. = Braunschweigisch.
Dtsch. = Deutsch.
Engl. = Englisch.
Erdk. = Erdkunde.
Ex.- = Examinations-
FM. = Feldmarschall.
Franz. = Französisch.
Gen. = General.
GM. = General-Major.
GL. = General-Leutnant.
Gesch. = Geschichte.
Grhzgl. = Grofsherzoglich.
Hann. = Hannoversch.
Hess. = Hessisch.
Inf. = Infanterie.
Ing. = Ingenieur.
K.- = Kadetten-
k. k. = kaiserlich königlich.
Kap. = Kapitän.

Kav. = Kavallerie.
Kdr. = Kommandeur.
Kmdt. = Kommandant.
Kgs.-Ak. = Kriegs-Akademie.
Kgsch. = Kriegsschule (Kriegsschulen).
Lat. = Lateinisch.
Lt. = Leutnant.
Maj. = Major.
Math. = Mathematik.
Mecklbg. = Mecklenburgisch.
Mil.- = Militär-
Nass. = Nassauisch.
Ob. = Oberst.
Ob.-Lt. = Oberst-Leutnant.
Oldenbg. = Oldenburgisch.
Pr.-Lt. = Premier-Leutnant.
Preufs. = Preufsisch.
Rel. = Religion.
Schl.-Holst. = Schleswig-Holsteinisch.
Sch. = Schule (Schulen).
Ung. = Ungarisch.
Untoff.- = Unteroffizier-
v. = von.
Westfäl. = Westfälisch.
Württbg. = Württembergisch.

Namen- und Sachregister.

A.

Abel, Preufs. Ob., Direktor der Art.- und Ing.-Sch. IV 474.

Abels, Musterschreiber am Sächs. K.-K. V 34.

Abendkurse für Landwehr-Offiziersaspiranten (Österreich-Ungarn) III 471, 472.

Abgesonderte: Mil.-Ak. zu Wiener-Neustadt III 67.

Abgekürzte Kurse der preufsischen Kriegsschulen IV 247, 248, 251.

Abiturientenprüfung in Preufsen IV 192, 197, 199, 232, 248, 289, 347, 360; in Sachsen V 88. — Vgl. Absolutorialprüfung, Maturitätsprüfung.

Absolutorialprüfung in Bayern I 182, 186, 189, **195**, 198, 209, 267, 268, 271, 274, 318, 320; IV 202. — Vgl. Abiturientenprüfung, Maturitätsprüfung.

Abteilungsschulen Oldenburg II 412 (Mannschaften) — Preufsen IV 527 (Artillerie).

Abteilungsvorsteher im Preufs. K.-K. IV 332, 334, 339.

Académie des nobles zu Berlin IV 26.

— **militaire** zu Hanau II 271; zu Berlin IV 26.

— **royale des gentilshommes** zu Berlin IV 26.

Adalbert, Prinz von Preufsen, als Vorgesetzter der Art.- u. Ing.-Sch. IV 427.

Adelige Exerzitien (Begriff) I 63 auf der Ritterakademie zu Koblenz gelehrt

Adelige Cadets der Mil.-Ak. zu Münster II 320.

Adel: Bayern I 319 — Hannover II 4, 8 — Hessen-Cassel II 159, 161 — Mecklenburg II 269 — Österreich-Ungarn III, 23, 26, 72, 74, 78, 81 — Preufsen IV 48, 65, 67, 73, 77, 78, 104, 142, 147, **318**

— Sachsen V 5, 6, 11, 22, 37, 61, 69, 73, 80, 90, 121, 189 — Schaumburg-Lippe V 253.

Adjutant: Bayern: Mil.-Ak. I 88; K.-K. I 128 — Österreich-Ungarn: Mil.-Ak. III 71.

Adjutantendienst: Vortrag auf der Preufs. Kgs.-Ak. geplant IV 291.

Admonition (Preufs. allg. Kgsch.) IV 271.

Adolf, Herzog von Nassau: Verhältnis zur Mil.-Sch. II 377, 378.

Ästhetik (Unterrichtsgegenst.): Bayern: Mil.-Ak. I 79 — Nassau: Mil.-Sch. II 371, 374 — Österreich-Ungarn: Kgsch. III 285 — Preufsen: K.-K. IV 67, 337; Junkerschule 134 — Westfalen: Mil.-Sch. V 305.

Äufsere Kadetten (Bayern) I 60.

Akademie für junge Offiziere (Preufsen) s. Lehrinstitut.

Akademiedirektion der Mil.-Ak. zu Wiener-Neustadt tritt an Stelle von Ober- und Lokaldirektion III 126.

Akademische Kurse der Preufs. Krgsch. IV 249.

— **Lehrweise** (Preufs. Kr.-Ak.) IV 277.

Affolter, Schweiz. Maj., hält Vorlesungen am Polytechnikum zu Zürich V 296.

Agram: Kad.-Sch. III 294, 419, 420; Off.-Bild.-Anst. für die Honved 481; Vorbereitungskurs für Offiziersaspiranten der Honved 484; Vorbereitungs-Sch. 299.

Ahrberg, Brschwg. Maj., Inspektionsoffizier am K.-K. I 331; Lehrer 334; Vorsitzender der Mil.-Studien-Kommission 346, 350.

Albert, König von Sachsen V 154, 229.

Albertis, Ingenieur zu Zürich V 283.

Albrecht, Erzherzog von Österreich, k. k. Armee-Oberkommandant, III 254, 284, 335.

1

Albrecht L., Herzog in Preußen (Kriegsordnung) I 4, IV 3.
Alemann, Frhr. v., k. k. FML., Direktor der Mil.-Ak. III 126.
d'Alembert, empfiehlt Lehrer für Preußen IV 28, 30.
Allix, Westf. Gen., leitet die Art.- u. Genie-Sch. V 307, 311.
Altdeutscher (Bezeichnung für einen Anhänger des Hergebrachten) II 333, IV 87.
Altenstein, v., Preuß. Minister IV 210, 313.
Alters s. Aufnahmebedingungen.
Altertumskunde (Unterrichtsgegenstand): Sachsen: K.-K. V 70.
Altreck, v, Sächs. Maj., Kmdr. des K.-K. V 155.
Alvinzi, K. K. FZM. über die Soldatenknaben-Erziehungshäuser III 98.
Amann, Preuß. Ob., Kmdr. des K.-K. II 393, IV 384.
Ambrigie, Tanzlehrer am Hessen-C. K.-K. II 194.
Amrhein, Feldwebel am Hessen-C. K.-K. II 206.
Anatomie (Unterrichtsgegenstand): Mil.-Lehrer-Inst. zu Wien III 241.
Ancillon, v., Bayer. Ob., Kmdt., des K.-K. I 67, 68, 70, 75, 90, 91.
— Lehrer an der Académie des nobles zu Berlin IV 36, 40, 43, 44.
— Preuß. Staatsrat, Mitglied einer Kommission IV 312.
Andewy, Lehrer an der Ritterakademie zu Berlin IV 23.
Andréossy, Franz. Gen., giebt der Ing.-Ak. zu Wien eine Sauvegarde III 147.
Anger, Sächs. Ob.-Lt., Vorsitzender einer Kommission V 173.
Anguisola, Conte d', K.K.Ob.-Lt., Direktor der Ing.-A.R. III 18.
Anklam, Preuß. Kgsch. IV 243, 247, 249, 250, 251.
Anna Luise, Fürstin von Anhalt-Dessau, kümmert sich um die Magdeburger Kadettenkompagnie IV 52.
Annaberg, Preuß. Mil.-Knaben-Erziehungs-Institut und Unteroffizier-Vorschule IV 499, 500, 503, 516, 517.
Ansbach, Kadettenkompagnie zu, IV 70.

Anstandslehre (Unterrichtsgegenstand an K. K. Mil.-Erz.- u. Bild.-Anst.) III 365, 455.
Anton, König von Sachsen V 89.
Anton Ulrich, Herzog von Braunschweig, Miterrichter der Ritterakademie zu Wolfenbüttel I 323.
Anthropologie (Unterrichtsgegenstand): Baden: Kad.-Haus I 48 — Bayern: Kgsch. I 273.
Anwendungsschule für Artillerie und Genie in Bayern I 157, 161, 162, 170.
Anzug s. Uniform.
Applikatorische Lehrweise (vgl. Lehrweise): Bayern: Art.- u. Ing.-Sch. I 238, 247; Kr.-Ak. 289 — Hannover: Art.-Sch. II 38; Generalstabs-Ak. 81; Mil.-Ak. 93 — Österreich-Ungarn: Lomb.-Ven. Leibgarde III 131; Stabsoffizierskurs 417; Kriegsschulen 231, 233, 236, 243, 249 — Preußen: Art.- u. Ing.-Sch. IV 398, 402, 406, 443, 446, 408; Art.-Mannschafts-Sch. 528; Divisions-Sch. 223; Kr.-Ak. 262, 266, 277, 278, 280, 286, 298; Kgsch. 231, 233, 236, 243, 249; Oberfeuerwerker-Sch. 489, 495.
— **Übungen** der K. K. Genieoffiziere im Festungskriege III 327.
Appelt, Hess.-Hanauscher Lt., unterrichtet an der Académie militaire II 273, 274.
Aquisola s. Anguisola.
Arbeitsstunde (Privatstudium): Bayern: Art.- u. Ing.-Sch. I 225; K.-K. 199, 202, 203; Kgsch. 259, 260, 265, 266, 279 — Braunschweig: K.-Institut I 338; Unterrichtskursus für Offizieranwärter 354 — Hannover: K.-K. II 108 — Hessen-Kassel: K.-K. 140, 141, 162, 170, 172, 189 — Mecklenburg: Divisions-Sch. II 303; Mil.-Bild.-Anst. 308 — Preußen: Art.-Mannschafts-Sch. IV 532; K.-K. 316,318; Kgsch. 236; Oberfeuerwerker-Sch. 497 — Sachsen: K.-K. V 41, 65, 136, 153, 160 — Schaumburg-Lippe: Mil.-Sch. V 243 — Schleswig-Holstein: Art.-Untoff.-Sch. V 269 — Württemberg: Off.-Bild.-Anst. V 356.

Archenholtz, J. W. v., urteilt über das Preufs. K.-K. im Siebenjährigen Kriege IV 59.
Archive (Benutzte) sind an den Stellen nachgewiesen, für welche ihnen Stoff entnommen worden ist.
Arcieres-Leibgarde, K.-K. III 82, 279.
Arestaschildt, v., Hann. Gen., besucht die Generalstabs-Ak. II 81.
d'Argens empfängt Briefe von König Friedrich II. über Mangel an Bildung bei den Preufs. Offizieren IV 129.
d'Argy, Methode des Schwimmunterrichtes III 353, 365
Arnim, v., Preuss. FM., Zögling der Ritter-Ak. zu Kolberg IV 9.
— Sächs. Ob., Kap.-Lt. des K.-K. V 27.
Arnoldi, v., Nass. Ober-Lt., Mitglied einer Kommission II 377.
Arnulf, Prinz von Bayern, nimmt teil am Unterricht der Kr.-Ak. I 294.
Artillerie (Unterrichtsgegenst.): Baden: Allg. Kgsch. I 32, 33, 36; Art.-Sch. 27; École militaire 21; Höhere Kgsch. 40, 50; K.-Haus 47; K.-Institut 24 — Bayern: Art.- u. Genie-Sch. 224, 225, 228, 229, 231; Art.- u. Ing.-Sch. 242; Ettal 54: K.-K. 122, 124, 165, 171, 173; Kr.-Ak. 283, 284, 286, 289; Kgsch. 256, 260, 265, 274; Marianische Ak. 74; Mil.-Ak. 98, 105; Oberfeuerwerker-Sch. 302; Pagerie 317, 319 — Braunschweig: Collegium Carolinum I 325; K.-Institut 332, 334, 337; Mannschafts-Sch. 359; Unterrichtskursus für Offiziersanwärter 351, 354 — Hannover: Art.-Sch. II 32, 41; Art.- u. Ing.-Sch. 53, 54, 55; Garnison-Lehranstalt zu Lüneburg 21; Generalstabs-Ak. 81; Ing.-Sch. 48; K.-K. 103, 107, 108; Mil.-Ak. 84, 85, 87, 88; Offizier-Sch. zu Nordheim 18; Ritter-Ak. zu Lüneburg 26 — Hessen-Cassel: Art.-Sch. II 155, 156 157; Collegium Carolinum 125; K.-K. 160, 165, 173, 178 — Hessen-Darmstadt: Art.-Sch. 229; Korps-Sch. 244; Mil.-Institut 224, 225; Mil.-Sch. 231, 239, 261, 262 — Mecklenburg: Art.-Sch. II 289, 290; Divisions-Sch. 303; Mil.-Bild.-Anst. 294, 299, 314 — Nassau: Kgsch. II 384, 387; Kgsch. Siegen 338; Mil.-Sch. 356, 357, 365, 367, 370, 373, 377, 379; Offiziere 380 — Oldenburg: Brigade-Mil.-Sch. II 405; Mil.-Sch. 410, 412 — Österreich-Ungarn: Art.-Ak. III 233; Art.-Hauptschule 211, 212; Art.-Korpsschule 99; Art.-Lyceum 100; Art.-Mannschafts-Sch. 200; Art.-Offiziers-Sch. 210; Art.-Stabschulen 206, 214; Bombardier-Korps 197, 199, 208; Chaosstift 16; Generalstabsschulen 204; Genie-Ak. 233; Grenzschulen 238; Ing.-Ak. 88, 90, 141, 142, 149, 151; K.-Kompagnien 155, 157, 160, 165; Höherer Art.-Kurs 241, 277, 281; Höherer Genie-Kurs 247, 277, 280; K.-Sch. 257, 288, 298, 302, 304, 308, 309, 310, 420, 431, 437, 440, 454, 455; Landwehr-K.-Sch. 472; Landwehr-Stabsoffiziers-Kurs 477; Lombardisch-Venetianische Leibgarde 130; Mil.-Ak. 29, 44, 56, 59, 107, 112, 116, 123, 232, 249, 275, 374; Mil.-Realschulen 352, 369; Pionierschule 184, 187, 215; Ritter-Ak. zu Liegnitz 15; Savoyische Ritter-Ak. 22; Schulkompagnien 228; Stabsoffiziersaspiranten-Sch. 281; Stabsoffizierskurs 414, 415, 417; Technische Mil.-Ak. 273, 382; Truppenschulen 251, 418; Ungarische Leibgarde 127; Vorbereitungsschulen 297, 304; Zentral-Infanterie-Kurs 289 — Preussen: Académie des nobles IV 36; Art.-Ak. 92, 93, 94, 96, 99; Art.-Brigade-Sch. 168, 169; Art.- u. Ing.-Sch. 386, 389, 391, 405, 406, 417, 420, 421, 422, 423, 437, 438, 440, 442, 445, 449, 450, 452, 456, 457, 459, 460, 462, 463, 470, 471, 472, 473, 476; Art.-Inspektions-Sch. 468; Art.-Mannschafts-Sch. 519, 520, 521, 524, 525, 528, 530, 532, 533; Art.-Sch. 88; Divisions-Sch. 205, 206, 208, 218; Ing.-Ak. 106; Inspektions-Sch. 132; Junge Offiziere bei den Regimentern 136; Junker-Sch. 124, 127; K.-Ak. 46; K.-K. 316, 320, 324, 329, 337, 378; Kr.-Ak. 253, 258, 264, 267, 273, 275, 280, 284, 287, 291, 299, 300, 305; Kgsch. 153, 154, 158, 236,

239, 240, 241, 244, 252; Lehr-Institut für junge Offiziere 113, 117, 119, 121; Oberfeuerwerker-Sch. 488, 490, 493, 495; Pagen 83; Schulabteilung 504 — Sachsen: Art.-Ak. V 167; Art.-Sch. 197, 201, 203, 204, 206, 214, 215, 216, 217, 220; K.-K. 55, 56, 66, 70, 75, 84, 126, 127, 136, 146, 149, 150, 153; Kursus für Offiziere 181, 182, 194; Mil.-Ak. 174, 177, 188, 189, 191; Mil.-Bild.-Anst. 97, 98, 105 — Schaumburg-Lippe: Mil.-Sch. V 236, 239, 244, 258, 262 — Schleswig-Holstein: Art.-Untoff.-Sch. V 268, 269; Mil.-Bild.-Inst. für Offiziere 270 — Schweiz: Art.-Sch. zu Bern V 282; Hochschule zu Bern 287, 289, 290; Polytechnikum 291, 293, 294, 297 — Westfalen: Art.- u. Genie-Sch. V 308; Pagenhof 306 — Württemberg: Garnison-Vorbereitungsschulen 361; Karls-Sch. 316; Kgsch. 364, 373, 381, 382; Off.-Bild.-Anst. 320, 321, 326, 329, 341, 354, 357; Polytechnikum 396.

Artillerie-Akademieen: Berlin IV 85; Dresden V 170; Mährisch-Weisskirchen III 232, 247, 251, 272; Olmütz 232.
— **-Brigadeschule** in Hannover II 114. — Vgl. Brigadeschulen.
— **-Collegium** zu Bern V 281.
— **-Elevenschule** zu München I 220.
— **-Equitations-Kurs** zu Wien III 273.
—, **Genie- und École militaire Inspektion** zu Cassel (1801) II 149.
— **-Hauptschule** zu Olmütz III 210.
— **-Kadettenschule** zu Wien III 419, 420, 421, 428, 442, 450, 451, 456.
— **-Lyceum** zu Wien III 100, 103.
— **-Ordnungen**, Sächsische, V 4, 166.
— **-Prüfungskommission** in Preufsen, ihr Verhältnis zur Art.- u. Ing.-Sch. II 385, 396, 399.
— **-Regimentsschulen**, K.-K. (1860) III 246.
— **-Schulen**: Anfänge I 3 — Baden I 26 — Hannover II 26—45, 231—236 (Teil der Mil.-Ak.) — Hessen-Cassel II 154—158 — Hessen-Darmstadt II 225, 228 — 230 — Mecklenburg II 289 — Österreich-Ungarn I 8, 15, 16, III 98—103 — Sachsen V 109—117 (Teil der Kriegsschule); 165—170 (vom J. 1766); 195—209 (vom J. 1831); 209—220 (vom J. 1859) — Schweiz V 282 (Bern).
— **und Genie-Schulen**: Bayern I 223 — 231 — Westfalen V 306—312.
— **und Ingenieur-Schulen**: Bayern I 231 bis 236 — Hannover II 52—56 — Preufsen V 384—476; Besuch durch fremdherrliche Offiziere I 352, II 290, 304, 395.
— **Unteroffizier-Elevenschule** in Schleswig-Holstein V 267—270.

Aschenborn, Lehrer an der Art.- u. Ing.-Sch. zu Berlin IV 412.
Aspirantenschulen der Preufsischen Pionierbataillone IV 534, 535.
Aster, v., Preufs. Gen., Kurator der Art.- u. Ing.-Sch. IV 411, 413, General-Inspekteur des Ingenieurkorps 484, 534.
Astronomie (Unterrichtsgegenst.): Österreich-Ungarn: Ing.-Ak. III 148; Mil.-Ak. 274, 275 — Preufsen: Académie des nobles IV 27, 36; Lehr-Institut für junge Offiziere 119; Kr.-Ak. 260, 264 — Schaumburg-Lippe: Mil.-Sch. V 241 — Westfalen: Mil.-Sch. V 305; Pagenhof 306.
As bei München: K.-K. dort untergebracht I 58.
Auf Ehre: Verbotener Ausdruck im Hess.-C. K.-K. II 170, 197.
Aufnahmebestimmungen: Baden: Allg. Kgsch. I 29, 33, 35, 37; K.-Haus 43; K.-Institut 25 — Bayern: Art.- u. Genie-Sch. I 224; Art.- u. Ing.-Sch. 211, 232, 238; K.-K. 58, 59, 63, 112, 132, 139, 152, 157, 161, 171, 179, 188, 192, 198; Kapitulantenschulen 309; Kr.-Ak. 281, 289, 292, 294; Mil.-Ak. 76, 99, 104; Oberfeuerwerker-Sch. 302; Pagerie 319 — Braunschweig: K.-K. I 328; K.-Institut 335, 336, 338, 343 — Colmar (Kriegsschule) I 365 — Hannover: Art.-Sch. II 32; Art.- u. Ing.-Sch. 53, 54, 55; Generalstabs-Ak. 73, 75, 77, 79; Georgianum

8, 15; Ing.-Sch. 46; K.-K. 100, 105, 106; Kavallerie-Lehranstalt 73; Mil.-Ak. 83, 90; Mannschaftsschulen 112, 113, 114; Offizier-Sch. zu Nordheim 17 — Hessen-Cassel: Collegium Mauritianum II 120; K.-K. 138, 159, 160, 161, 163, 164, 176, 183, 191, 200 — Hessen-Darmstadt: Mil.-Sch. 230, 235, 243, 250 — Hessen-Hanau: Académie militaire II 272 — Mecklenburg: Divisions-Sch. II 304; Mil.-Bild.-Anst. 291, 306, 311 — Preufs. K.-K. II 304 — Münster: Mil.-Ak. II 320 — Nassau: Kgsch. II 381, 382, 385, 386, 388; Mil.-Sch. 349, 358, 362, 374, 376, 378; Kgsch. Siegen 328, 342. — Preufs. K.-K. II 390 — Oldenburg: Brigade-Mil.-Sch. II 407, 409; Mil.-Sch. 394, 397, 410; Sergeanten-Sch. 416 — Österreich-Ungarn: Adelige Mil-Ak. III 78; Allgemeine (worunter die Bestimmungen in betreff der hier nicht namentlich aufgeführten Anstalten und Einrichtungen zu finden sind) vom J. 1852 223, 238, 239; vom J. 1867 264; Art.-Hauptschule 210; Art.-Korpsschule 99; Art.-Stabsschulen 206, 213; Bombardierkorps 197; Chaos-Stift 17; Galizische Garde 82; Höherer Art.-Kurs 240, 277, 278; Höherer Genie-Kurs 240, 277, 278; Ing.-Ak. 17, 84, 87, 134, 150; Ing.-Sch. 84; K.-Institute 230; K.-Kompagnien 154, 159, 162, 168; K.-Schulen 252 (vom J. 1852), 294, 299, 302, 307 (vom J. 1869), 419, 424, 450, 452, 453, 455 (vom J. 1875), 302 (Externe Hörer), 303 (Art.-Vorbereitungs-Kurs); Kgsch. 235, 240, 249, 265, 282, 284, 285, 405, 406; Landwehr-K.-Sch. 472, 473; Lombardisch-Venetianische Leibgarde 128; Mil.-Ak. 25, 45, 51, 58, 62, 72, 74, 107, 114, 121, 122, 232, 238; Mil.-Erz.- u. Bild.-Anst. 271 (vom J. 1871), 338 (vom J. 1874), 401 (vom J. 1887); Mil.-Kollegium 272; Mil.-Lehrer-Institut 234, 239; Mil.-Ober-Erziehungshäuser 226; Mil.-Pflanzschule 31, 32; Mil.-Technische Sch. 271; Mil.-Unter-Erziehungshäuser 225; Mil.-Unter-Real-schulen 307; Mil.-Waisenhaus vom J. 1769 92; Wallensteins Ak. zu Gitschin 6, 11; Niederösterreichische Ritter-Ak. 14; Offizierschulen 249 (vom J. 1852); Pionierschule 171, 173, 174, 175, 178, 181, 185, 186, 215; Regiments-Knaben-Erziehungshäuser 188, 195; Regiments-Vorbereitungsschulen 292; Savoyische Ritter-Ak. 22; Schulkompagnieen (-eskadron) 227; Soldaten-Knaben-Erziehungshäuser 95; Stabsoffizierskurs 412, 415, 416; Ungarische Leibgarde 80; Unteroffizierschulen vom J. 1852 252; Zentral-Inf.-Kurs 288 — Preufsen: Académie des nobles IV 26, 29, 31, 37, 41, 43; Ak. für junge Offiziere 116; Art.-Brigadeschulen 169; Art.-Inspektionsschulen 487; Art.-Mannschaftsschulen 522, 527, 528, 530, 532; Art.- u. Ing.-Sch. 388, 389, 399, 402, 412, 416, 443, 451, 474, 475; Divisions-Sch. 206, 207, 211, 213, 214, 217, 218, 222; Ing.-Ak. 103, 110; Inspektionsschulen 130; Junkerschulen 124; K.-K. 54, 55, 59, 62, 65, 308, 311, 315, 317, 319, 320, 321, 322, 327, 333, 340, 341, 345, 348, 361, 362, 378; K.-Haus Culm 72, 75, Kalisch 77, Stolp 70; Kr.-Ak. (Allg. Kgsch.) 253, 254, 259, 262, 269, 272, 278, 279, 285, 289, 290, 293, 294, 297, 305, 306; Kgsch. 152, 155, 159, 161, 245, 248, 251, 252; Mannschaftsschulen 538; Mil.-Waisenhaus 79; Oberfeuerwerker-Sch. 488, 490, 492, 497; Pionierschulen 536; Ritter-Ak. Berlin, 10, 13, 16, 25, Colberg 8; Schulabteilung 499, 501; Untoff.-Sch. 508, 513; Untoff.-Vorschulen 507, 518 — Sachsen: Art.-Sch. V 168 (vom J. 1766), 198, 199, 205, 207 (vom J. 1831), 210 (vom J. 1859); K.-K. 6, 11, 18, 29, 31, 60, 61, 63, 74, 80, 81, 91, 102, 121, 132, 139, 148, 151; Kgsch. 111, 112, 113, 114; Kursus für Offiziere 194; Mil.-Ak. 173, 177, 188, 189; Mil.-Bild.-Anst. 94, 96, 98, 105; Untoff.-Sch. 227, 230; Untoff.-Vorschule 230 — Schaumburg-Lippe: Mil.-Sch. V 252 — Schleswig-Holstein: Art.-Untoff.-Sch. V 268 — Westfalen: Art.- u.

Genie-Sch. V 309, 310; Mil.-Sch. 302 — Württemberg: Garnison-Vorbereitungsschulen V 361; Guiden 394; Hohe Karlsschule 316; Kgsch. 362, 366, 369, 370, 371, 374, 376, 377; Mil.-Institut 318, 319; Off.-Bild.-Anst. 320, 321, 323, 337, 340, 348, 350, 352; Regim.-Offizierszöglinge 386, 389, 390.

Aufnahmen s. Meßkunde.

Aufwärter, Verhältnisse der,: Bayern: K.-K. I 86, 206 — Hannover: K.-K. II 100 — Hessen-Cassel: K.-K. II 133, 170, 196 — Nassau: Kgsch. Siegen II 344; Mil.-Sch. 368 — Österreich-Ungarn: Mil.-Ak. III 27, 50, 70; Mil.-Pflanzschule 33; Ing.-Ak. 88 — Preußen: Art.- u. Ing.-Sch. IV 395; Ing.-Ak. 109; Kgsch. 231; Oberfeuerwerker-Sch. 498 — Sachsen: K.-K. V 50, 77, 150, 160, 161; Mil.-Ak. 184, 186; Mil.-Bild.-Anst. 107 — Württemberg: Off.-Bild.-Anst. V 383 (weibliche).

Augengläser (Gebrauch): Bayern: K.-K. I 205 — Sachsen: K.-K. V 161.

August, Großherzog von Oldenburg, II 396, 407, 410.

— Prinz von Preußen: Empfängt Bericht über Kriegsschüler IV 161, sorgt für den Unterricht bei der Artillerie 164—172, 519, 527, verlangt Fachkenntnisse von den Offizieren derselben 183, sein Verhältnis zur Art.- und Ing.-Sch. 385—410, zu den letzten Berufsprüfungen 477, zu den Inspektionsschulen 487, zur Oberfeuerwerker-Sch. 488.

Augustin, Frhr. v., k. k. FZM., Gen.-Direktor der Art. III 202, 205, 212.

Augustiner unterrichten Soldaten der Garnison Ingolstadt im Christentume I 305.

Ausarbeitungen der k. k. Genieoffiziere III 327.

Ausbildungskommandos der Hann. Kav. II 113.

Ausgang (vgl. Ferien): Baden: Allg. Kgsch. I 32 — Bayern: K.-K. I 127, 134, 148, 163, 174, 203 — Braunschweig: K.-Institut I 338 — Hannover: Georgianum II 12; K.-K. 99, 104; Pagen 5 — Hessen-Cassel: K.-K. II 139, 170, 189, 197 — Nassau: Mil.-Sch. II 364, 378 — Österreich-Ungarn: Allgemein in den Mil.-Erz. u. Bild.-Anst. III 267 (im J. 1868), 360 (im J. 1874); Ing.-Ak. 89, 144, 149, 152; Kadettenschulen 447; Lombardisch-Venetianische-Leibgarde 131; Mil.-Ak. 58, 118, 251, 275, 396; Pionier-Sch. 182 — Preußen: Académie des nobles IV 29; Art.- und Ing.-Sch. 395; Ing.-Ak. 110; K.-K. 314, 325, 344, 384; Kgsch. 229; Oberfeuerwerker-Sch. 497; Ritter-Ak. zu Berlin 12, 19; Schulabteilung 520 — Sachsen: K.-K. V 28, 38, 49, 50, 65, 76, 77, 130, 131, 132, 150, 163; Kgsch. 115; Mil.-Ak. 186; Mil.-Bild.-Anst. 108. — Württemberg: Kgsch. V 364; Off.-Bild.-Anst. 325, 339, 358.

Ausmusterung: Baden: Allg. Kgsch. I 34, 38; Kad.-Institut 25 — Bayern: Art.- u. Genie-Sch. I 224; Art.- und Ing.-Sch. 236, 248; K.-K. 64, 70, 113, 125, 132, 139, 152, 153, 162, 168, 171, 176, 178, 180, 182, 183, 187, 188, 195; Kgsch. 256, 261, 264, 269, 275; Mil.-Ak. 76, 100; Oberfeuerwerker-Sch. 304; Pagerie 318, 320; Unteroff.-Aspirantenschulen 309 — Braunschweig: K.-Institut I 332, 333, 334, 340, 343; K.-K. 329 — Colmar (Kriegsschule) I 365 — Hannover: Generalstabs-Ak. II 74, 77, 78; Georgianum 9, 13; K.-K. 102, 106, 108, 109; Mannschaftsschulen 113, 115 — Hessen-Cassel: K.-K. II 43, 149, 154, 170, 182, 188 — Hessen-Hanau: Académie militaire II 276 — Mecklenburg: Mil.-Bild.-Anst. II 293, 299, 302, 309, 312, 315 — Münster: Mil.-Ak. II 320, 321 — Nassau: Kgsch. II 384, 386; Kgsch. Siegen 328, 343, 344; Mil.-Sch. 362, 364, 366 — Oldenburg: Brigade-Mil.-Sch. II 406; Mil.-Sch. 400, 406, 411 — Österreich-Ungarn: Allgemeine Anordnungen für die Erziehungsanstalten (vgl. Aufnahmebestimmungen) vom J. 1852 III 224, vom J. 1859 240, 244, vom J. 1887 396; Art.-Ak. 233; Art.-Stabsschulen 214; Genie-Ak. 223; Höherer Art.- und Genie-Kurs 280; Ing.-Ak. 18, 89, 90, 145, 148, 152; K.-Institute 231; K.-Kompagnien 156, 159, 161, 163, 166; K.-Sch. 295, 296, 303, 305, 307, 426, 444, 452, 456; Kgsch. 242, 249, 286, 408; Landwehr-Kav.-Sch. 474; Mil.-Ak. 28, 30, 36, 37, 45, 47, 48, 51, 52, 68, 69, 73, 74, 75, 76, 77, 106, 107, 110, 113, 114, 122, 125, 232, 356, 369; Mil.-Lehrer-Inst. 234, 239; Mil.-Ober-Erziehungshäuser 226; Mil. - Realschulen 356; Mil.-Technische-Sch. 272; Pionier-Sch. 175, 178, 183, 185, 186; Regiments - Knaben - Erziehungshäuser 191, 195; Schulkompagnien (Schuleskadron) 228—230; Soldatenknaben 96; Technische-Mil.-Ak. 357; Zentral-Inf.-Kurs 288 — Preufsen: Académie des nobles IV 29, 32, 41; Ak. für junge Offiziere 115; Art.- u. Ing.-Sch. 366, 388, 390, 401, 405, 407, 411, 412, 415, 416, 419, 426, 428, 432, 434, 443, 444, 452, 474, 475; Divisions-Sch. 212, 216; Ing.-Ak. 110; K.-Kompagnie Colberg 46; K.-K. 54, 56, 61, 62, 65, 67, 307, 308, 309, 310, 311, 314, 317, 320, 321, 322, 325, 326, 330, 337, 340, 342, 345, 383; K.-Haus Culm 73, 74, Kalisch 77, Stolp 70; Kr.-Ak. 272, 275, 286, 289, 307; Kgsch. 162, 245; Mil.-Waisenhaus 78; Oberfeuerwerker-Sch. 490, 492, 493; Pagen 88; Ritter-Ak. Colberg 9; Schulabteilung 500, 501, 503; Unteroff.-Sch. 508, 513, 514, 515; Unteroff.-Vorschulen 517, 518 — Sachsen: Art.-Ak. V 170; Art.-Sch. 186 (vom J. 1766), 198, 199, 207 (vom J. 1831), 218, 220 (vom J. 1859); K.-K. 6, 11, 12, 29, 31, 42, 44, 46, 48, 58, 60, 64, 78, 85, 90, 128, 146, 150, 154; Kgsch. 112, 115; Kursus für Offiziere 194; Mil.-Ak. 174, 192; Mil.-Bild.-Anst. 100, 106; Unteroff.-Sch. 230, 231 — Schaumburg-Lippe: Mil.-Sch. V 253 — Schleswig-Holstein: Art.-Unteroff.-Sch. V 268 — Westfalen: Art.- und Genie-Sch. V. 310, 312; Mil.-Sch. 302, 303; Pagenhof 305 — Württemberg: Garnison - Vorbereitungsschulen V 362; Guiden 394, 395; Kgsch. 363, 365, 369, 366, 371, 375, 377, 379; Mil.-Inst. 318; Off.-Bild.-Anst. 319, 320, 323, 325, 338, 340, 348, 352, 354.

Ausrangierte: Mil.-Ak. zu Wiener-Neustadt III 67.

Ausrüstung s. Uniform.

Austreten Mil.-Ak. zu Wiener - Neustadt III 69.

Auszeichnungen Bayern: Art.- u. Genie-Sch. I 226; K.-K. 127, 139, 147, 174, 175, 194; Mil.-Ak. 85, 88, 100, 102 — Colmar: (Kriegsschule) I 364 — Hannover: Art.-Sch. II 28; Garnison-Lehranstalt zu Lüneburg 23; K.-K. 104 — Hessen-Cassel: K.-K. II 150 — Hessen-Darmstadt: Mil.-Sch. II 232 — Mecklenburg: Mil.-Sch. II 284 — Nassau: Mil.-Sch. II 353 — Oldenburg: II 412 — Österreich-Ungarn: Allgemein in den Erziehungs-Anstalten im J. 1859 III 240, im J. 1874 355, 359, im J. 1887 400; Ing.-Ak. 144; K.-Schulen 419, 448; Landwehr-K.-Schule 474; Mil.-Ak. 64, 114, 117, 125; Pionier-Sch. 181, 183; Regimentsknaben - Erziehungshäuser 190 — Preufsen: Art. - Brigadeschulen IV 170; Art.-Mannschaftsschulen 523, 528, 529, 532; Art.- und Ing.-Sch. 473; Ing.-Ak. 105; Inspektions-Sch. 132; Junge Offiziere bei den Regimentern 136; Junkerschulen 125; K.-K. 66, 67, 71, 314, 323, 344; Kr.-Ak. 269, 289, 297, 307; Kgsch. 161; Oberfeuerwerker-Sch. 496; Unteroff.-Sch. 508; Unteroff. - Vorschulen 515 — Sachsen: Art.-Sch. V 208 (vom J. 1831), 210 (vom J. 1859); K.-K. 49, 57, 58, 63, 64, 129, 132, 150, 159, 163; Kgsch. 112; Mil.-Ak. 177, 184; Mil.-Bild.-Anst. 100; Untoff.-Sch. und Unteroff.-Vorschule 230 — Schaumburg-Lippe: Mil.-Sch. V 253, 260 — Schweiz: Art.-Sch. Bern V 582 — Württemberg: Kgsch. V 363, 369, 376; Off.-Bild.-Anst. 351, 354.

Avancements-Examina der Sächs.-Artillerieoffiziere V 208.

B.

Baader, Lehrer am Bayer. K.-K. I 66.
Babo, Bayer. Hofkriegsrat I 77, 89, 101, 103, 104, 317.
Bachenberg, Sächs. Hptm., Lehrer am K.-K. V 59, am Kursus für Off. 180.
Backstroh, Sächs. Hptm., Direktor der Ing.-Ak. V 226.
Baczko, v., Lehrer an der Preufs. Art.-Ak. zu Königsberg IV 99, Mitglied der dortigen Ex.-Kommission 146, erteilt Offizieren Unterricht 163.
Baden, Markgrafschaft und Grossherzogtum: Allgemein I 11; Einrichtungen und Anstalten I 19—50, IV 40.
Baegk, Jesuitenprofessor, disputiert über Befestigungskunst V 276.
Baer, Württbg. Maj., Mitglied einer Kommission V 344.
Bär, v., Stallmeister, übernimmt die Leitung der Ritterakademie zu Berlin (1722) IV 25.
Baerskopp, k. k. Gen., soll den Lehrplan für das Bombardier-Korps feststellen III 103.
Bäumler, Hessen-Casselscher Generalstabsarzt, begutachtet das Frühstück im K.-K. II 190.
Bäusler, unterrichtet nach eigener Weise im Schreiben an der Mil.-Sch. zu Darmstadt II 265.
Baeyer, Preufs. Kap., unterrichtet über Geodäsie IV 266.
Baldinger, v., Württbg. Hpt., Lehrer an der Off.-Bild.-Anst. V 330.
Ballistiker: (Preufs. Art.- u. Ing.-Sch.) IV 460.
Ballspielen (Ritterliche Übung): Collegium Mauritianum II 122; Kgsch. Siegen II 338.
Bangold, v., Württbg. Gen. und Chef des Gen.-Qmstr.-Stabes V 340, 343, 344, 346—349.
Bar-le-Duc: Preufs. Ex.-Kommission IV 183; Divisions-Sch. 210.
Barby, Lehrer an der Académie des nobles zu Berlin IV 43.

Barby, Lehrer an der Kriegsschule zu Berlin IV 160.
Barres, des, Preufs. Ob., Präses der Ober-Militär-Examinations-Kommission IV 203, V 153.
Bartenstein, Preufs. Untoff.-Sch. IV 518.
Bartfeld: k. k. Regimentsknaben-Erz.-Haus IV 192; Filiale eines Mil.-Ober-Erz.-Hauses 226.
Basedow: Kgsch. Colmar nach seiner Anleitung errichtet I 363.
Basseteuches, Lehrer an der Ritter-Ak. zu Berlin IV 23.
Bastide, Lehrer an der Académie des nobles zu Berlin IV 37.
Bataillonsschulen der preufs. Pioniere IV 534, 535.
Batterie-Vormeister-Schulen in Österreich-Ungarn III 315.
Batteux, franz. Akademiker IV 34.
Bauakademie zu Berlin: Teilnahme preufs. Ing.-Off. am Unterrichte IV 396.
Baukunst, bürgerliche (Unterrichtsgegenstand): Bayern: Art.- und Genie-Sch. I 224, 227, 228; Ettal 54; K.-K. 120, 122, 131, 166; Mil.-Ak. 83 — Braunschweig: Collegium Carolinum I 324; Wolfenbüttel 323 — Hannover: Art.- u. Ing.-Sch. II 54; Ing.-Sch. 48; Ritter-Ak. Lüneburg 26 — Hessen-Cassel: Art.-Sch. II 155, 156 — Nassau: Mil.-Sch. II 370 — Österreich-Ungarn: Bombardier-Korps III 208; Chaos-Stift 16; Genie-Ak. 233; Höherer Genie-Kurs 241, 277, 280; Ing.-Ak. 88, 90, 141, 142, 149, 151, 152; Ing.-Sch. Gumpendorf 84, 85; K.-Kompagnieen 166; K.-Schulen 304, 309, 310; Kremsmünster 20; Mil.-Ak. 65, 113, 116, 117, 123, 232, 249, 274; Mil.-Grenze 104, 105; Niederösterreichische Ritter-Ak. 14; Ritter-Ak. Liegnitz 15; Technische Mil.-Ak. 273, 382 — Preufsen: Art.-Ak. IV 93, 94; Art.-Off. 87; Art.- u. Ing.-Sch. III 386, 390, 395, 396, 405, 406; K.-Kompagnie Colberg 46; Ritter-Ak. zu Berlin 24 — Sachsen: Art.-Sch. V 201, 203, 204 (vom J. 1831), 206, 207 (vom J. 1859); Ing.-Ak. 223;

K.-K. 21; Kursus für Offiziere 181, 182, 194; Mil.-Ak. 174, 177, 179, 188, 190, 191 — Schaumburg-Lippe: Mil.-Sch. V 246, 255, 262 — Westfalen: Art.- und Genie-Sch. V 308.

Baaer, B., Bayer. Hptm., an der Spitze einer Ing.-Sch. (1703) I 213.

Baumbach, v., Württbg. Ob. und Chef des Gen.-Qmstr.-St. V 350, 351.

Baumgarten, v., k. k. FML. und Gen.-Inspektor der Mil.-Erz.- u. Bild.-Anst. III 222, 254.

Baur, Bayer. Ob., thätig bei Umgestaltung des K.-K. I 140, 146.

Baur, v., Württbg. Gen. u. Kriegsminister V 328, 358, 358.

Bause, v., Brschwg. Gen., ist gegen den Anschlufs an Preufsen I 357.

Bayern, Kurfürstentum und Königreich: Allgemeines I 5, 6, 10; Einrichtungen und Anstalten I 53—320.

Beauclair, Professor, unterrichtet an der Académie militaire zu Hanau VI 273, 274.

Bechteld, Repetitor an der Hauptkriegsschule zu Mannheim I 219.

Beck, Grhzgl. Hess. Ob.-Lt., erstattet ein Gutachten II 228.

Beck, Frhr. v., k. u. k. FZM., besucht die Kriegsschule III 236.

Becherngeld im Sächs. K.-K. gezahlt V 32.

Becker, Grhzgl. Hess. Hptm., Lehrer an der Mil.-Sch. II 260, Präsident der Schuldirektion 265.

— Lehrer am K.-K. zu Cassel, erdenkt eine Auszeichnungstafel II 150.

— Professor am Sächs. K.-K. V 40—43.

Beckmann, Hann. Hofrat, unterrichtet in Taktik II 24.

Bediente s. Aufwärter.

Beeidigung: Hannover: K.-K. II 102, 106 — Oldenburg: Brigade-Mil.-Sch. II 407 — Preufsen: Ing.-Ak. IV 104; K.-K. 55 — Württemberg: Off.-Bild.-Anst. V 325, 340, 550; Kgsch. 369.

Beer, Bayer. Hptm., Lehrer am K.-K. I 66.

Befestigungskunst (Unterrichtsgegenstand): Baden: Allgemeine Kgsch. I 32, 36;

Art.-Sch. 27; École militaire 21; Höhere Kgsch. 38, 40, 50; K.-Haus 47; K.-Institut 24 — Bayern: Art.- u. Genie-Sch. I 224, 225, 228, 229; Art.- u. Ing.-Sch. 242; Ettal 54; K.-K. 63, 66, 119, 120, 122, 124, 125, 132, 139, 165, 171, 173; Kr.-Ak. 283, 284, 286, 287, 289; Kgsch. 256, 260, 265; Marianische Ak. 74; Mil.-Ak. 83, 92, 98; Oberfeuerwerker-Sch. 302; Pagerie 317, 318, 319; Regimentsschulen 251 — Braunschweig: Collegium Carolinum I 325; K.-Institut 332, 334; Mannschaftsschulen 359; Unterrichtskursus für Offizieranwärter 351, 354; Wolfenbüttel 324 — Hannover: Art.-Sch. II 32, 41, 42; Art.- und Ing.-Sch. 53, 54, 55; Garnison-Lehranstalt zu Lüneburg 21; Generalstabs-Ak. 81; K.-K. 108; Kavallerie-Lehranstalt 71, 72; Mil.-Ak. 84, 85, 87, 88; Mineur-Sch. 48, 50; Ritter-Ak. Lüneburg 26 — Hessen-Cassel: Art.-Sch. II 155, 156, 157; Collegium Carolinum 125; Fortbildung der Offiziere 211; K.-K. 140, 141, 142, 159, 165, 173, 178, 180, 186, 187, 188, 193, 195, 196, 203, 204 — Hessen-Darmstadt: Art.-Sch. II 229; Korps-Sch. 244; Mil.-Sch. 231, 239, 245, 261 262 — Mecklenburg: Art.-Sch. II 289; Divisions-Sch. 303; Mil.-Bild.-Anst. 294, 299, 314; Mil.-Sch. 283; Pagen 279 — Nassau: Kgsch. II 384, 387; Kgsch. Siegen 330, 331, 332, 338; Mil.-Sch. 356, 357, 360, 367, 370, 374, 379; Offiziere 380 — Oldenburg: Brigade-Mil.-Sch. II 404, 405; Mil.-Sch. 396, 398, 410, 412 — Österreich-Ungarn: Adelige Mil.-Ak. III 79; Art.-Ak. 33; Art.-Hauptschule 211; Art.-Korpsschule 100; Art.-Lyceum 100; Art.-Mannschaftsschulen 200; Art.-Stabsschulen 207, 214; Bombardier-Korps 197, 199, 208; Chaos-Stift 16; Generalstabsschulen 204; Genie-Ak. 233; Höherer Art.- u. Genie-Kurs 277, 280; Höherer Genie-Kurs 241; Ing.-Ak. 88, 90, 141, 149, 151, 152; Ing.-Sch. Gumpendorf 85; K.-Kom-

10 Gesch. d. Militär-Erziehungs- u. Bildungswesens i. d. Landen deutscher Zunge.

pagnieen 155, 157, 160, 165; K.-Sch. 257, 209, 301, 304, 309, 310, 420, 431, 438, 454, 455; Kgsch. 288, 408; Landwehr-K.-Sch. 472; Landwehr-Stabsoffiziers-Kurs 477; Lombardisch-Venetianische Leibgarde 130; Mil.-Ak. 27, 29, 30, 44, 54, 56, 107, 112, 113, 116, 123, 232, 249, 275, 374; Offiziere des Gen.-Qmstr.-Stabes 203; Pagerie 14; Pionierschule 171, 175, 179, 184, 187, 216; Savoyische Ritter-Ak. 22; Schulkompagnieen 228, 229; Stabsoffiziers-Aspiranten-Sch. 281; Stabsoffiziers-Kurs 014; Technische Mil.-Ak. 273, 383; Ungarische Leibgarde 81, 127; Vorbereitungs-Sch. 304; Zentral-Inf.-Kurs 289 — Preufsen: Académie des nobles IV 27, 28, 35, 36; Art.-Ak. 92, 93, 04, 98; Art.-Brigadeschulen 168, 169; Art.-Inspektionsschulen 488; Art.-Mannschaftsschulen 520, 521, 526; Art.- und Ing.-Sch. 386, 389, 390, 391, 405, 406, 417, 420—423, 437, 438, 440, 442, 445, 449, 450, 452, 456, 458, 460, 462, 463, 464, 466, 470—473, 476; Divisions-Sch. 218, 223; Ing.-Ak. 106; Inspektionsschulen 130, 132, 135; Junge Offiziere bei den Regimentern)im J. 1799) 136; Junkerschulen 124, 127; K.-Ak. zu Berlin 46; K.-Komp. Magdeburg 49; K.-K. 55, 60, 64, 66, 310, 316, 320, 321, 324, 329, 337, 378; Kr.-Ak. 253, 258, 261, 264, 267, 273, 275, 280, 284, 287, 291, 299, 300, 305; Kgsch. 153, 154, 158, 160, 236, 239, 240, 241, 244, 252; Lehranstalt für junge Offiziere 113, 117, 119, 121, 122; Mil.-Waisenhaus 79; Oberfeuerwerker-Sch. 488, 490, 493, 495; Pagen 82, 83; Pionierschulen 534, 535, 536; Ritter-Ak. zu Berlin 11; Schulabteilung 504 — Sachsen: Art.-Sch. V 167 (vom J. 1766), 197, 201, 203, 204, 206 (vom J. 1831), 214, 215, 216, 217, 220 (vom J. 1859); Ing.-Ak. 223; K.-K. 6, 15, 21, 36, 45, 54, 55, 66, 70, 75, 83, 84, 85, 126, 127, 149, 150, 153; Kursus für Offiziere 181, 182, 194; Mil.-Ak. 174, 177, 180, 186, 190, 191; Mil.-Bild.-Anst. 96, 97, 98, 105 —

Schaumburg-Lippe: Mil.-Sch. V 236, 239, 244, 255, 262 — Schleswig-Holstein: Art.-Untoff.-Sch. V 268, 269; Bild.-Anst. für Offiziere 270 — Schweiz: Art.-Sch. zu Bern V 282; Hochschule zu Bern 288, 289; Polytechnikum 291—297 — Westfalen: Art.- und Genie-Sch. V 308; Mil.-Sch. 305; Pagenhof 306 — Württemberg: Karls-Sch. V 316; Kgsch. 364, 365, 373, 381; Off.-Bild.-Anst. 320, 321, 327, 330, 341, 354. Beförderungsvorschriften für die k. k. Landarmee vom J. 1867 III 258. Bei Berlin: Preufs. Art.- und Ing.-Sch. IV 447. Belchten: Mil.-Ak. zu Wiener-Neustadt III 62. Beköstigung: Baden: Allgemeine Kgsch. I 37; K.-Haus 44, 45; K.-Institut 23 — Bayern: K.-K. I 59, 60, 135, 143, 147, 169, 177, 179, 202, 207; Kgsch. 258; Mil.-Ak. 86, 97, 98 — Braunschweig: K.-Institut I 335 — Hannover: Georgianum II 10; K.-K. 100; Pagen 5 — Hessen-Cassel: Collegium Mauritianum II 120; K.-K. 138, 160, 162, 167, 174, 190, 197 — Mecklenburg: Mil.-Bild.-Anst. II 308, 309 — Nassau: Kgsch. Siegen II 344; Lehrkompagnie 366, 369 — Oldenburg: Brig.-Mil.-Sch. II 407 — Österreich-Ungarn: Adelige Mil.-Ak. III 78; Art.-Ak. 243; Genie-Ak. 243; Ing.-Ak. 88, 90, 136, 146, 148, 150, 152; K.-Institute 243; K.-Kompagnieen 155, 159, 164, 169; K.-Sch. 419, 450; Mil.-Ak. 28, 107, 110, 111, 125, 243; Mil.-Erz - und Bild.-Anst. im J. 1874 339, 360, im J. 1887 395; Mil.-Kollegium 272; Mil.-Pflanzschule 33; Mil.-Waisenhaus 33, 92; Mil.-Ober-Erziehungshäuser 226, 243; Mil.-Unter-Erziehungshäuser 225, 243; Pionierschule 181, 182, 187; Regimentsknaben - Erziehungshäuser 189, 196; Schulkompagnieen 243; Soldatenknaben 94; Ungarische Leibgarde 80 — Preufsen: Art.- und Ing.-Sch. IV 394, 395, 408, 429, 436, 453; Ing.-

Ak. 109; K.-K. 55, 62, 318, 328, 343; K.-Haus Culm 73, 74; Kr.-Ak. 289; Kgsch. 230; Oberfeuerwerker-Sch. 498; Ritter-Ak. Berlin 11, 24; Ritter-Ak. Colberg 8; Schulabteilung 502 — Sachsen: Art.-Sch. V 200 (vom J. 1831); K.-K. 26, 30, 39, 60, 63, 77, 88, 131, 150, 165; Kgsch. 111: Mil.-Ak. 184, 186, 189; Mil.-Bild.-Anst. 108 — Schleswig-Holstein: Art.-Unteroff.-Sch. V 268 — Westfalen: Art.- und Genie-Sch. V 311; Mil.-Sch. 304 — Württemberg: Kgsch. V 364, 376; Off.-Bild.-Anst. 334, 351, 358.

Balderbusch, Frhr. v., Bayer. Gen. I 69, 72, 75.

Bellefontaine, de, Lehrer an der Kgsch. zu Colmar I 364.

Bellegarde, Graf, k. k. FM. III 195.

Belluno: Regimentsknaben-Erz.-Haus III 225; Mil.-Unter.-Erz.-Haus 238, 249.

Belobigungen s. Auszeichnungen.

Belohnungen s. Auszeichnungen.

Belevâr in der Militärgrenze: Grenzschule III 227, 228; Schulkonferenz von 1781 104; Schulkompagnie 227; Vorbereitungsschule 299, 419.

Below, v., Mecklbg. Maj., vom Leiter der Mil.-Sch. verklagt II 285.
— wird im J. 1807 Direktor des K.-Hauses Stolp IV 308.
— Preufs. Gen., Kmdr. des K.-K. IV 174, 180, 222, 223, 320, 324, 327.

Bender, Lehrer am Mil.-Institute zu Darmstadt II 224.

Benalgnes, v., Sächs. GL., Kmdr. des K.-K. V 33, 34, 38—40.

Beselt, de, Hann. Hptm., unterrichtet Offizieranwärter II 20.

Bensberg: Preufs. Kadettenhaus IV 321, 322, 325, 326, 329, 361, 362, 382.

Benzel, v., Bayer. Maj. I 90, 91, 92.

Bergame: k. k. Regimentsknaben-Erz.-Haus III 168, 196, 225.

Bergkadetten (Württemberg) V 318.

Berg, v., Preufs. Maj., Direktor des K.-Hauses Kalisch IV 77.

Berger, Preufs. Ob., Direktor der Ober-Mil.-Ex.-Kommission IV 203.

Berger, v., Württbg. Hptm., Lehrer an der Off.-Bild.-Anst. V 330.

Bergmann, Hann. Lt., unterrichtet Offizieranwärter II 20.
— Hann. Hptm., Lehrer an der Ing.-Ak. II 46, 49.

Bergstadt. k. k. Korpsschule III 99.

Berlin, Académie des nobles IV 26; Akademie für junge Offiziere 116; Allgemeine Kriegsschule 254; Art.-Ak. 85—99; Art.-Brigadeschulen 167, 168, 171, 524, 528; Art.- und Ing.-Sch. 394—476; Ex.-Kommission 147, 164, 183; Gen.-Inspektion des Mil.-Erz. u. Bild. IV 173; Inspektionsschulen 130 (Inf.), 487 (Art.); Institut für die Berlinische Inspektion 117; K.-K. 45—69, 152, 307—384; Kr.-Ak. 275; Kgsch. 152, 154, 253; Lehrinstitut für junge Offiziere 113; Mil.-Gesellschaft 134; Oberfeuerwerker-Sch. 487—498; Ober-Mil.-Ex.-Kommission 179; Pagenhaus 81—83; Ritter-Ak. 10, 23.

Bern: Unterricht in Kriegswissenschaften V 279—283, 287—290.

Bernadotte, Marschall von Frankreich: Verhältnis zum Georgianum in Hannover II 15.

Bernard, Koch der Ritter-Ak. zu Berlin IV 21

Berneck, v., Preufs. Major, urteilt über die Allg. Kriegsschule IV 276.

Bernewitz, v., Brschwg. Gen., ist für den Anschlufs an Preufsen I 358.

Berufsoffiziers-Kurse der Landwehr (Österreich-Ungarn) III 741.

Berufsprüfungen: Bayern: Art.-Off. I 235, 238, 248; Ing.-Off. I 235, 238, 248; Feuerwerks-Off. 304; Oberfeuerwerker I 301, 302 — Hannover: Alle Waffen II 56—70 — Hessen-Cassel: Art.-Off. II 217 — Hessen-Darmstadt: Art.-Off. II 254, 258 — Österreich-Ungarn: Pion.-Off. III 265 — Preufsen: Art.-Off. IV 165, 404, 410, 412, 417, 420, 426, 432, 451, 470, 471, 472, 473, 477; Ing.-Off. 404. 410, 412, 417, 420, 426, 432, 451, 469, 472, 473, 477, 482 — Sachsen: Art.-Off. V 208 (Avancements-Examina).

Besprechungen und Verträge (Österreich-Ungarn) III 323, 328, 329.
Beulwitz, v., Preufs. GM., Direktor der Académie des nobles IV 40; Kmdr. des K.-K. 66, 67.
Bewaffnung s. Uniform.
Bibliotheken: Baden: École militaire I 21 — Bayern: K.-K. I 65, 134, 151, 169, 177; Mil.-Ak. 107 — Hannover: Art.-Sch. II 39. 40, 48; für Offiziere 102; Generalstabs-Ak. 82; Ing.-Sch. 46, 48; Offizier-Sch. zu Nordheim 19 — Hessen-Darmstadt: Mil.-Sch. II 228, 267 — Oldenburg: Garnison II 39, 51 — Preufsen: Artillerieoffiziere IV 90; Art.- und Ing.-Sch. 389, 408, 418, 454; Ing.-Ak. 107; Junker-Sch. 125; Kgs.-Ak. 293; K.-K. 64; Ritter-Ak. Berlin 16 — Sachsen: K.-K. V 31, 42, 50, 57, 64, 76, 119; Mil.-Ak. 184, 185, 187; Mil.-Bild.-Anst. 102 — Schaumburg-Lippe: Mil.-Sch. V 239, 243, 246 — Westfalen: Art.- und Genie-Sch. V 308.
Bickel, Grhzgl. Hess. Ob.-Lt., Präsident der Schuldirektion II 263.
Biebrich, Preufs. Untoff.-Sch.: IV 505 bis 515.
Biehler, v., Preufs. Gen., Kurator der Art.- und Ing.-Sch. IV 449; Gen.-Inspekteur des Ing.-Korps 536.
Billinger, Württbg. Hptm., entwirft einen Plan für die Hohe Karls-Sch. V 316.
Billgeer, v., Mecklbg. Ob.-Lt., Verfasser eines Lehrbuches II 287, Vorsitzender einer Kommission 290.
Billard: Bayern: Mil.-Ak. I 101, 206 — Hannover: Pagenhaus II 5 — Österreich-Ungarn: Mil.-Ak. III 60 — Preufsen: Kgsch. IV 230; Oberfeuerwerker-Sch. 498; Ritter-Ak. zu Berlin 19 — Württemberg: Off.-Bild.-Anst. V 334 (Erdbillard).
Biessen, Preufs. Kap., Lehrer an der Allg.-Kriegsschule IV 264.
Bils, Frhr. v., k. k. GM., Gen.-Inpektor der Mil.-Bild.-Anst. III 222, 249.
Birago, k. k. Lt., unterrichtet an der Pionierschule III 130, 134.

Birkholz, v., Sächs. Gen., Kmdr. der K.-Kompagnie V 18, 19.
— Kap.-Lt. der sächs. K.-Kompagnie V 19.
Bischofshausen, v., Kurhess. Kadett II 199.
Bläser, Professor an der Hochschule zu Bern V 290.
Blaespiel, v., Preufs. Geheimer Kriegsrat IV 22.
Bleuer, Nass. Hptm., Lehrer an der Mil.-Sch. II 374.
Blom, v., Brschwg. Ob.-Lt., thätig am Collegium Carolinum I 325.
Blume, v., Preufs. Gen., Lehrer an der Krgs.-Ak. IV 286.
Blumenthal, v., Preufs. FM., Kommando zur Allgemeinen Kriegsschule IV 272.
Blumentöpfe im Sächs. K.-Hause V 49.
Bockelmann, v., Brschwg. Ob.-Lt., Vorsitzender der Mil.-Studien-Kommission I 353.
Bodt, de, Sächs. GL., Chef des Ing.-Korps VII 222.
Böhmische Sprache (Unterrichtsgegenst.), vgl. Nationalsprachen: Österreich-Ungarn: Adelige Mil.-Ak. III 79; Art.-Ak. 233; Art.-Hauptschule 211; Art.-Stabschulen 206, 214; Bombardierkorps 199, 208; Ing.-Ak. 39, 141, 148, 150; K.-Kompagnieen 155, 156, 157, 160, 165, 168; K.-Schulen 304, 309, 310, 420, 428, 435, 436, 440; Mil.-Ak. 27, 29, 30, 49, 55, 66, 107, 123, 232, 249, 274, 275, 371; Mil.-Ober-Erz.-Häuser 226; Mil.-Realschulen 344, 363, 366; Mil.-Technische Sch. 271; Pionier-Sch. 216; Schulkompagnieen 228, 229; Technische Mil.-Ak. 381 — Preufsen: Ing.-Ak. IV 107.
Böttiger, Studiendirektor am Sächs. K.-K. V 69, 80.
Bogen, Bad. Lt., Lehrer an der École militaire I 22.
Boguslawski, v., Preufs. Gen., Direktor der Kriegsschule zu Berlin IV 154, 156, 162, 253, 261, 309.
Bohlen, Graf, Hofmarschall, beklagt sich über die Pagen in Cassel II 153.
Bohn, Lehrer an der Kriegsschule zu Berlin IV 160.

Bohnsberger, Mechaniker in Tübingen V 327.

Bojanowski, v., Sächs. Kap., Sous-Lieutenant der K.-Kompagnie V 33.

Bohse (Pseud. Talander) schreibt über die Ritter-Ak. Liegnitz III 14.

Bombardiere: Hannover: II 27 (Ansprüche an sie) — Preufsen: IV 166.

Bombardierkorps, k. k., III 100—103, 196—199.

Bombardiertasche: Was sie enthält II 37.

Bona Meyer, Professor, hält Vorträge an der Kriegsakademie zu Berlin IV 276.

Bonin, v., Preufs. Kap., Direktor des K.-Hauses zu Stolp IV 71.

Borcke, v., Preufs. Maj., Direktor der Académie des nobles IV 45.
— Zögling der Ing.-Ak. zu Potsdam IV 112.

Borelly, Lehrer an der Académie des nobles zu Berlin IV 30, 36.

Berghesi, v., Preufs. Maj, Lehrer an der Ing.-Ak. IV 111.

Borstell, v., Preufs. GL., Gouverneur von Magdeburg IV 47.

Bose, v., Preufs. Gen., Kommando zur Allgemeinen Kriegsschule IV 272.
— Sächs. Geh. Kriegsrat, entwirft den Plan für ein K.-K. V 7, 19.
— Kap.-Lt. der Sächs. K.-Kompagnie V 10, 19.

Besoldungsreglement: Unterrichtseinrichtungen beim Preufsischen IV 137.

Bosovich, Filiale des k. k. Mil.-Ober-Erz.-Hauses Karansebes III 226.

Bosse, v., Preufs. Ob.-Lt., errichtet und befehligt die K.-Kompagnie zu Magdeburg IV 47—52.

Both, v., Mecklbg. Gen., äussert sich über die wissenschaftliche Ausbildung der Offiziere II 286, läfst ein Lehrbuch drucken 287, betreibt die Errichtung einer Brigadeschule 288.

Bothmer, v., Sächs. Ob., Kap.-Lt. der K.-Kompagnie V 23.

Bourdes, Preufs. Kap., Lehrer an der Ing.-Ak. IV 112.

Bourgeois, k. k. GM., Direktor der Ing.-Ak. III 90.

Bourscheid beantragt Aufstellung eines Lehrkurses in Wien III 203.

Bouvier, Lehrer an der Kriegsschule zu Berlin IV 160, 264, 265, 266; an der dortigen Art.- und Ing.-Sch. 391, 392.

Boyen, v., Preufs. Gen., Kriegsminister IV 179, 182, 192, 206, 207, 222, 253, 311, 315, 316, 385, 386, 482.

Bräutigam, Ökonom, macht Mitteilungen über das Kurhess. K.-K. II 197.

Brand, Württbg. Gen., Mitglied einer Kommission V 344, 346.

Brandenburg an der Havel: Unterricht der Offiziere der Garnison IV 136.

Brandenstein, v., Preufs. Gen., Gen.-Inspekteur des Ing.-Korps IV 487, 536.

Brandt, v., Preufs. Gen., Lehrer an der Allg. Kriegsschule IV 266, urteilt über diese 271, über das K.-K. 320.

Brauchitsch, v., Preufs. GM., Inspekteur der Kriegsschulen IV 252, Direktor der Kriegsakademie 307.

Braun, Hann. Gen., Verhältnis zur Art.-Sch. II 28, 39.
— Hann. Hptm., Lehrer an der Art.-Sch. II 44.
— Preufs. Lt., im Lehrinstitute für junge Offiziere unterrichtet IV 115.

Brasilien, Kaiserin-Witwe von (Stiftung für das Bayerische K.-K.) I 161.

Braunschweig (Herzogtum): Allgemein I 5, 13; Einrichtungen und Anstalten I 323—360, II 93, IV 270, 419, 428.
— (Stadt); Collegium Carolinum I 324; Mil.-Bild.-W. unter Herzog Karl und Herzog Wilhelm 327—360; Westfälische Mil.-Sch. V 301—305.

Braunschweiger Messe I 325.

Brause, v., Preufs. Gen., Kommandeur des K.-K. IV 174, 270, 312, 320.

Brehmer, Lehrer an der Junkerschule zu Potsdam IV 128.

Bremen schliefst mit Oldenburg eine Konvention II 399, 409, 412.

Brenckenhoff, v., Preufs. Oberfinanzrat, betreibt die Errichtung des K.-Hauses zu Stolp IV 69.

Brese-Winiary, v., Preufs. Gen., Zögling der Ingenieur-Akademie IV 112, Kurator der Art.- u. Ing.-Sch. 427.

Breslau: Art.-Ak. IV 95; Art.-Brigade-Sch. 167, 168, 171, 524; Div.-Sch. 410; Ex.-Kommission 147, 164, 182; Kgsch. 163; Inspektions-Sch. 30.

Briand, Professor an der Ritter-Ak. zu Berlin (1707) IV 21, 23; errichtet dort eine andere (1713) **23.**

Briefschreiben (Unterrichtsgegenstand): vgl. Militär-Geschäftsstyl: Österreich-Ungarn: Mil.-Ak. III 39, 40, 44, 56, 107 — Preufsen: K.-K. IV 61; K.-Haus Stolp 70; Mil.-Waisenhaus 78.

Briefwechsel: Bayern: K.-K. I 128, 206 — Hannover: Pagen II 5 — Hessen-Cassel: K.-K II 167, 197 — Sachsen Mil.-Bild.-Anst. V 107, 157, 161 — Westfalen: Mil.-Sch. V 304.

Briers, Juwelier in Frankfurt a. M., empfangt die Widmung des Buches „Militia Gallica" II 335.

Brigade: Preufsen: K.-K. IV 74 — Sachsen: K.-K. V 112, 120, 140; Mil.-Ak. 185.

Brigademajor (Oldenburg) II 400.

Brigade-Militärschule zu Oldenburg II 399—400.

Brigade-Offiziersschulen der k. k. Kavallerie III 325.

Brigadeschulen: Mecklenburg: II 288 bis 289 — Österreich-Ungarn: III 100, 318 (Artillerie) — Preufsen: IV 107, 168, 384, 520, 524, 528 (Artillerie); für die Zeit 1816—1828 s. Divisionsschulen IV 205.

Brockmann, Professor, unterrichtet an der Mil.-Ak. zu Münster II 321.

Brodrück, Grbzgl. Hess. Hptm., Lehrer an der Mil.-Sch. II 261, 264.

Bronsart von Schellendorf, Preufs. Gen., Lehrer an der Kriegsakademie IV 286.

Bruck an der Leitha: k. k. Mil.-Unter-Erz.-Haus III 238, 279; Schulkompagnie III 226.

— Lager bei, durch die k. k. Mil.-Ak. besucht III 274.

Brüderlein, Lehrer an der Württbg. Off.-Bild.-Anst. V 332.

Brüel, Lehrer am Sächs. K.-K. V 59.

Brünn: k. k. K.-Sch. III 294, 419, 420; Landwehr-Off.-Aspiranten-Sch. III 334; Mil.-Ober-Erz.-Haus 226; Vorbereitungsschule 299.

Brüssel: k. k. Ing.-Ak. III 19.

Bruge, de, Lehrer an der Ritterakademie zu Colberg IV 9.

Bucher, Sächs. Pr.-Lt., zum Lehrer am K.-K. zu Cassel vorgeschlagen II 171.

Buchy, Lehrer an der Académie des nobles zu Berlin IV 43.

Budapest: k. k. K.-Sch. III 294, 419, 420; Off.-Bild.-Sch. für Honved 481; Schulkompagnie 227; Vorbereitungskurs für Offiziersaspiranten der Honved 481; Vorbereitungsschule 299.

Budbach, v., Preufs. Kap., Lehrer an der Ing.-Ak. IV 112 (Anm.).

Buddenbrock, v., Preufs. Gen., Direktor der Académie des nobles, IV 20, 28, 30; Kmdr. des K.-K. 60, 61, 69, 72.

Budwels: k. k. Regimentsknaben-Erz.-Haus III 225; Vorbereitungsschule 299.

Büchsenmeister: Ihre Verrichtungen I 3; Schule in München I 210; Unterricht in Kurpfalz I 306; in Preufsen IV 85.

Bückeburg: Dortige Ausbildung der Militärschüler V 248, 250.

Bülow, v., Preufs. Gen., errichtet Lehranstalten (1809) IV 171.

— Sächs. GM., Kmdr. des K.-K. V 155.

Buonacorsi, Methode des Schwimmunterrichtes III 365.

Burchard, Preufs. Ob.-Lt., Direktor der Art.- u. Ing.-Sch. IV 454, 474.

Burg, Preufs. Major, Lehrer an der Art.- u. Ing.-Sch. IV 381, 391, 392.

Burja, Lehrer an der Académie des nobles zu Berlin IV 36, 40, 41, 43, 44.

Bussche, v. dem, Hann. GM., führt die Oberaufsicht der Kav.-Lehranstalt II 71.

Butzbach, Grbzgl. Hess. Kav.-Garnison: Unterricht über Pferdekunde II 265.

Buz, Bayer. Maj., Stabsoffizier der K.-K. I 163.

Bylandt-Rheidt, Graf, k. k. FML., wird Kriegsminister III 337.

v'Byrn, Sächs. Hptm., Kmdr. der K.-K. V 134.

C.

Clammrer, Professor der Militärwissenschaften zu Giefsen II 226.
Cambridge, Herzog v., General-Gouverneur, später Vizekönig von Hannover: Anordnungen und Urteile über die Mil.-Erz.- und Bild.-Anstalten II 54, 55, 60, 73.
Campe bei Stade II 113.
Campmüller, Anstaltsgeistlicher der k. k. Mil.-Ak. III 40.
Cancrin, Professor, unterrichtet an der Preufs. Académie militaire IV 273, 274.
Cancras, Franz. Gen., sein Verhältnis zur Mecklbg.-Mil.-Sch. II 283.
Canitz, v., Preufs. Ob.-Lt., Lehrer an der Allg. Kriegsschule IV 264.
Capelles, Frhr. von der, erteilt Reitunterricht an der Mil.-Sch. zu Darmstadt II 262.
Cappeller, Dr., unterrichtet zu Luzern in Kriegswissenschaften V 279.
Carlowitz, v., Sächs. Maj., Kmdr. des K.-K. V 155.
Carstens, Gutsbesitzer zu Grofs-Lichterfelde IV 343.
Carta bianca: Strafart in der k. k. Mil-Ak. III 67.
Casparson, Professor, Lehrer an den Mil.-Bildungsanstalten zu Cassel II 132, 142; begutachtet das K.-K. 147.
Cassel: Hessen: Art.-Sch. II 154—158; Collegium Carolinum 122—126; Collegium Mauritianum I 4, II 119—122; K.-K. 130— 154,159—207; Mil.-Studien- und Ex.-Kommission 212—217; Offiziersunterricht 153; Prüfungskommission für Art-Off. 217 — Preufsen: Kgsch. IV 248, 250, 251 — Westfalen: Art.- und Genie-Sch. V 306 bis 311; Mil.-Sch. 301 (geplant); Pagenhof 305—306.
Cassini: Verwendung eines Bayerischen Kadetten bei seinen Aufnahmen I 64.
Castillos, François, Lehrer an der Preufs. Académie des nobles IV 27, 28, 42, 45; unterrichtet Artillerieoffiziere 90, 95, 98.
Castillos, Jean, unterrichtet Preufs. Artillerieoffiziere IV 89; trägt Ingenieurwissenschaften vor 102, 103.
Catt, de, empfiehlt Lehrer für Preufs. Lehranstalten IV 28.
Cavriani, Graf, k. k. Gen., Subdirektor der Mil.-Ak. III 31, 35, 41.
Censurklassen s. Sittenklassen.
Cerrini, v., Sächs. GM., Chef des Generalstabes V 199.
Chambéry wird im Sächs. K.-K. getanzt V 22.
Chaos s. Richthausen.
Chaos-Stift zu Wien III 15—17, 21, 31, 78, 83.
Chappuzeau, Preufs. Kap., Lehrer an der Junkerschule IV 134.
Chemie s. Naturwissenschaften.
Chlebowski, v., Preufs. Kap., Direktor des K.-Hauses Culm IV 72, 78.
Chodecast: Sein „Instrumentlin" der Fortifikation wird empfohlen IV 6.
Chlingensperg, v., Bayer. Oberkriegskommissär I 140.
Chotek, Graf, thätig bei Errichtung der k. k. Mil.-Ak. III 24.
Christiani, v., Sächs. Gen., Kmdt. des K.-K. V 44—48.
Cilli: k. k. K.-Kompagnie III 157.
Cividale: k. k. Mil.-Ober-Erz.-Haus III 226; Regimentsknaben-Erz.-Haus 168, 196, 225.
Clausewitz, v., Preufs. Gen., wird im Lehrinstitute für junge Offiziere unterrichtet IV 115; Lehrer an der Kgsch. zu Berlin 155, 108; Direktor der Kgs.-Ak. 261, 270.
Coblenz: Art.-Brigadeschule IV 522, 528; Art.-Inspektionsschule 487; Divisions-Sch. 210; Ex.-Kommission 183.
Cochenhausen, v., Kurhess. Ob., Gouverneur der Westfälischen Pagen V 306; entwirft den Plan für ein Kurhess. Pageninstitut II 158; wird Kmdr. des K.-K. 159—168; Chef des Gen.-Stabes und Präses der Mil.-Studien- und Ex.-Kommission 213.
— Kurhess. Ob., Direktor der Mil.-Studien- und Ex.-Kommission II 216.
Cöslin: Preufs. K.-Haus IV 382.

Coetus der Preufs. Art.- und Ing.-Sch. IV 406, 446, 448; der Kr.-Ak. 258, 285. — Vgl. Gliederung.

Colberg: Preufs. Art.-Brigadeschule IV 168, 171; Ex.-Kommission 147, 182; K.-Kompagnie 46; Ritter-Ak. I 4, IV 7.

Celer, Preufs. Hptm., schreibt ein Lehrbuch für das K.-K. IV 236.

Collega, Lehrer an der Ritter-Ak. zu Colberg IV 9.

Collegien (Lehrbücher) IV 86.

Collegio militare, k. k., zu Mailand III 194.

Collegium Adelphicum Mauritianum II 20.

Collegium Carolinum: Braunschweig I 324—326, 328, 330 — Cassel II 122—126.

Collegium mathematicum zu Bern V 281.

Collegium Mauritianum zu Cassel I 4, II 119—122. — Vgl. Collegium Adelphicum Mauritianum.

Collet, Schwimmlehrer des K.-K. zu Cassel II 187.

Colleville, de, Mecklbg. Maj., Begründer der Mil.-Sch. II 280—285.

Collerede, Graf Anton, k. k. FM., Oberdirektor der Mil.-Ak. III 38, 42, 47, 58, 72.

— **Graf Josef**, k. k. Gen.-Art.-Direktor III 102.

— **Graf Wenzel**, k. k. FZM., Hofkriegsrats-Präsident III 154, 188.

— **-Mansfeld, Fürst**, k. k. Oberthofmeister III 127.

Colmar: Kriegsschule I 6, 363—365.

Cologna, v., Bayer. GL., Vorsitzender einer Kommission I 143.

Colsen, Kurhess. Hptm., Lehrer an der Art.-Sch. II 158.

— Münsterischer Hptm., bildet Zeichner aus II 322.

— Schaumburg-Lippescher Kap., berichtet über die Mil.-Sch. V 240.

Condorcet, verschafft Lehrer für Preufsen IV 29.

Conradi, Bauverwalter, unterrichtet am Collegium Carolinum zu Braunschweig I 325.

Conway von Waterford, Sächs. Maj., Direktor der Art.-Sch. V 167.

Cordemann, Preufs. Gen., besucht die Generalstabs-Ak. zu Hannover II 81.

Cornaro, Frhr. v., k. k. Ob., besucht die Kgsch. zu Wien III 236, Kmdt. derselben 287.

Cornberg, v., Kurhess. Ob., macht Mitteilungen über das K.-K. II 190.

Cornini wird im Sächs. K.-K. getanzt V 22.

Coronini-Cronberg, Graf, k. k. FML., Vorsitzender einer Kommission zur Umgestaltung der Mil.-Erz.- und Bild.- Anst. III 219.

Coulée (Schreibweise) III 175.

Courante wird im Sächs. K.-K. getanzt V 22.

Coursif (Schreibweise) III 175.

Crusiz, k. k. GM., Kmdt. der Mil.-Ak. III 381.

Cüstrin: Baumschule (Preufs. Erziehungsanstalt) IV 7, 53.

Culm: K.-Haus IV 61, 71—76, 308, 311, 313, 315, 321, 322, 325, 326, 329, 361, 362, 365, 382.

— **Bischof von**, führt die Mitaufsicht über das dortige K.-Haus IV 74.

Cummersdorf, Besuch des Schiefsplatzes durch Preufs. Kriegsschüler IV 243.

Cunitz, Ingenieur zu Cüstrin IV 5.

D.

Dachau, Lager bei, Teilnahme von Bayer. Kadetten I 64.

Dänische Sprache (Unterrichtsgegenstand): Schleswig-Holstein: Art.-Untoff.-Sch. V 268.

Dalwigk, v., Grhzgl. Hess. Gen., Mitglied eines Komitee II 228.

Damm, Preufs. Ob., Direktor der Art.- u. Ing.-Sch. IV 385, 393, 399.

Dammers, Hann. Ob. und Gen.-Adjutant, besucht die Generalstabs-Ak. II 81.

Damgarten: Die Zöglinge der Mecklbg. Mil.-Sch. nehmen am Gefechte teil II 283.

Daservius, Preufs. Lt., unterrichtet Artillerie-offiziere IV 90.

Dantal, Lehrer an der Ingenieur-Akademie zu Potsdam IV 106.

Danzig: Preufs. Examinations-Kommission IV 183; Divisionsschule 210; Kriegsschule 250, 251.

Darapsky, Kurhess. Offizier, Lehrer am K.-K. zu Cassel II 194.

Darmstadt: Sitz der Landgräflich und Grofsherzoglich Hessischen Bildungsanstalten II 221—265.

Daublewsky von Sterneck, k. k. FML., Kmdt. der Kgsch. III 410.

Daun, Graf Leopold, k. k. FM., Oberdirektor der Mil.-Ak. III 24, 25, 31, 36, 37; der Adeligen Mil.-Ak. 79.

— **Graf Wirich**, k. k. FM., Superintendent der Ing.-Ak. III 17; läfst die Stückjunker unterrichten 98.

Deches, Lehrer an der Allgemeinen Kgsch. zu Berlin IV 280.

Decken, v. der, Hann. Gen.-FZM., beaufsichtigt die Art.- und Ing.-Sch. II 53; den Unterricht der Ing.-Kadetten 94.

Decker, v., Preufs.-Gen., Lehrer an der Allgemeinen Kgsch. IV 264; an der Art.- und Ing.-Sch. 391; Mitglied der Ober-Mil.-Ex.-Kommission 182.

Dedenroth, v., Preufs. Kap., Direktor des K.-Hauses Stolp IV 70, 71.

Dedekind, Professor, unterrichtet am Bruchwg. K.-K. I 331, 334.

Deichmann, Hann. Hptm., unterrichtet an der Kav.-Lehranstalt II 71; Kom. der K.-Kompagnie 97; ausgeschieden 105.

Dejardin: Leitet ein Griechisches Lyceum zu München I 144.

Dekurionen: Die besseren Zöglinge der Mil.-Pflanzschule zu Wien III 31, 34.

Denis, Verfasser der Inschrift an der k. k. Mil.-Ak. III 44, 57.

Derflinger, Th., Lehrer an der Ritter-Ak. zu Kremsmünster III 20.

Derschau, v., Preufs. GM., erhält von König Friedrich II. einen Befehl über Fortbildung seiner Offiziere IV 128.

Deutsche Sprache und Literatur (Unterrichtsgegenstand): Baden: Allgemeine Kgsch. I 32, 33, 35; Art.-Sch. 27; École militaire 21; Höhere Kgsch. 38, 50; K.-Haus 46; K.-Institut 24; Pionier-Sch. 28 — Bayern: Ettal I 54; K.-K. 63, 65; Kapitulantenschulen 310; Kgsch. 265; Mannschaftsschulen 307; Marianische Ak. 73: Mil.-Ak. 79, 81, 83, 84, 92, 115, 118, 123, 124. 165, 171, 172, 189, 190; Oberfeuerwerker-Sch. 303; Regimentsschulen 251; Untoff.-Aspiranten-Sch. 309 — Braunschweig: K.-Institut I 332, 334, 337; Mannschaftsschulen 359 — Hannover: Art.- und Ing.-Sch. II 53, 54, 55; Georgianum 11, 14; K.-K. 103, 107, 108; Mannschaftsschulen 112; Pagen 5 — Hessen-Cassel: K.-K. II 140, 141, 160, 162, 164, 173, 177, 178, 184, 185, 186, 188, 192, 193, 19", 201, 202, 203; Mannschaftsschulen 208 — Hessen-Darmstadt: Art.-Sch. II 229; Inf.-Sch. 228; Korps-Sch. 244; Mil.-Sch. 231, 237, 261 — Hessen-Hanau: Académie militaire II 274. Mecklenburg: Art.-Sch. II 289; Mil.-Bild.-Anst. 294, 298, 307, 308, 314; Mil.-Sch. 283 — Nassau: Kgsch. 387; Mil.-Sch. 348, 349, 352, 353, 355, 356, 366, 367, 370, 371, 372, 374, 377, 379; Regimentsschulen 380 — Oldenburg: Brigade-Mil.-Sch. II 400, 403, 405; Mil.-Sch. 396, 398, 410, 411, 412; Mannschaftsschulen 414, 416 — Österreich-Ungarn: Art.-Mannschaftsschulen III 200; Art.-Stabsschulen 206, 214; Galizische Garde 82; Generalstabsschulen 204; Gitschin 10; Grenzschulen 239; Ing.-Ak. 88, 89, 141, 142, 148, 149, 150, 151; Ing.-Sch. Gumpendorf 85; K.-Kompagnieen 160, 165, 169; K.-Schulen 308, 309, 420, 428, 436, 440, 453, 455; Kgsch. 285, 288; Landwehr-K.-Sch. 472; Lombardisch-Venetianische Leibgarde 130, 131; Mil.-Ak. 44, 49, 55, 64, 107, 112, 115, 117, 123, 249, 274; Mil.-Kollegium 272; Mil.-Lehrer-Institut 234, 240; Mil.-Ober-Erz.-Häuser 226; Mil.-Pflanzschule 32, 34; Mil.-Realschulen 342, 344, 362, 366; Militärtechnische Schule 271; Mil.-Unter-Erz.-Häuser 225; Pionierschule 184, 216; Regimentsknaben-Erz.-Häuser 190, 196; Technische Mil.-Ak. 272; Ungarische

Leibgarde 81; Vorbereitungsschulen 296 — Preufsen: Académie des nobles IV 27, 34, 35; Art.-Ak. 92, 93, 94, 98; Art.-Brigadeschulen 168, 169, 171; Art -Inspektionsschulen 488; Art.- Mannschaftsschulen 521, 520, 528, 530, 533; Art.- und Ing.-Sch. 386, 389, 391, 392, 405, 406, 417; Divisions-Sch. 207, 218; Junge Offiziere bei den Regimentern (1799) 136, 137; Junkerschulen 124, 126, 134; K.-Haus Stolp 70; K.-K. 61, 64, 66, 67, 310, 313, 315, 316, 320, 324, 328, 329, 336, 337, 338, 349, 350, 351, 352, 353, 354, 355, 356, 357, 358, 366, 368, 371, 372, 373, 375, 376, 377, 378; Ko.-Ak. 253, 258, 259, 261; Kgsch. 152, 158, 159, 160; Mannschaftsschulen 172; Mil.-Waisenhaus 78, 79; Oberfeuerwerker-Sch. 488,495; Pionierschulen 535, 536; Ritter-Ak. zu Berlin 11, 24; Schulabteilung 502; Untoff.-Sch. 507, 508, 509, 511, 512; Untoff.-Vorschulen 512 — Sachsen: Art.-Sch. V 197, 202, 203, 204, 206 (vom J. 1831), 212, 213, 214, 215 (vom J. 1859); K.-K. 52, 53, 62, 65, 66, 67, 70, 75, 83, 123, 124, 125, 126, 136, 141, 146, 149, 150, 152, 153; Kgsch. 110; Mil.-Ak. 174, 177, 188, 189, 191; Mil.-Bild.-Anst. 97, 98, 105; Untoff.-Sch. und Untoff.-Vorschule 228, 231 — Schleswig-Holstein: Art.-Untoff.-Sch. V 268 — Westfalen: Art.- und Genie-Sch. V 308; Mil.-Sch. 302; Pagenhof 306 — Württemberg, Garnison-Vorbereitungsschulen V 361; Kgsch. 364, 377, 380; Mil.-Institut 318; Off.-Bild.-Anst. 320, 326, 328, 341, 354.

Dewitz, v., Preufs. Gen., Kmdt. der Ritter-Ak. zu Colberg IV 9.

Dialektik s. Philosophie.

Diebitsch, v., Russ. FM., Zögling des Berliner K.-Hauses IV 65.

Diefenbach, Professor, unterrichtet zu Giefsen in den Militärwissenschaften II 226.

Diehl, v., Bayer. Gen., Lehrer an der Kgsch. I 260; Kmdt. der Kgsch. 263, 269; Insp. der Mil.-Bild.-Anst. 299.

Dieses als Gegenleistung für genossene Ausbildung: Preufsen IV 261, 327, 389, 491, 499, 501, 514, 517 — Sachsen V 11, 47, 99, 176, 207, 230 — Schaumburg-Lippe V 249 — Schleswig-Holstein V 268 — Württemberg V 317, 321, 324, 352, 360, 369, 370, 381, 387, 394.

Dienstbetrieb s. Innerer Dienst.

Dienstleistung bei anderen Waffengattungen als die eigene: Preufsen IV 159, 245, 261, 268, 273, 275, 288, 296.

Dienstkenntnis (Unterrichtsgegenstand): Baden: Allgemeine Kgsch. I 32, 33, 36; Art.-Sch. 27; École militaire 22; K.-Haus 47; K.-Institut 24; Pionier-Sch. 28 — Bayern: K.-K. I 119, 124, 131, 138, 140, 166, 171, 173, 190, 192; Kgsch. 256, 260, 266; Mil.-Ak. 98; Oberfeuerwerker-Sch. 301; Pagerie 317; Regimentsschulen 251; Untoff.-Aspirantenschulen 309 — Braunschweig: K.-Institut I 332, 334, 337; Mannschaftsschulen 359; Unterrichtskursus für Offizieranwärter 353 — Hannover: K.-K. II 103, 107; Mannschaftsschulen 112, 113 — Hessen-Cassel: K.-K. II 178, 180, 184, 185, 186, 187, 188, 192, 193, 196, 202, 203, 204; Mannschaftsschulen 207, 208 — Hessen-Darmstadt: Art.-Sch. II 229 — Mecklenburg: Art.-Sch. II 289, 290; Divisions-Sch. 303; Mil.-Bild-Anstalt 294, 298, 307, 308, 314; Mil.-Sch. 283 — Nassau: Kgsch. II 384; Mil.-Sch. 365 — Oldenburg: Brigade-Mil.-Sch. II 404, 405; Mannschaftsschulen 414, 416; Mil.-Sch. 396, 410, 412 — Österreich-Ungarn: Art.-Ak. III 233; Art.-Hauptschule 211; Art.-Mannschaftsschulen 200; Art.-Offizierschulen 210; Art.-Stabsschulen 206, 214; Bombardierkorps 197, 208; Galizische Garde 82; Generalstabsschulen 204; Genie-Ak. 233; Grenzschulen 238; K.-Kompagnieen 155, 156, 157, 160, 165; K.-Schulen 298, 299, 301, 303, 309, 420, 430, 435, 437, 439, 440, 454, 455; Kgsch. 285, 406; Landwehr-K.-Sch. 472; Lombardisch-Venetianische Leibgarde 129, 130; Mil.-Ak. 56, 107, 112, 116, 123, 232, 249, 274, 275, **375, 376**; Mil.-Lehrer-Institut 234, 240; Mil.-Ober-Erz.-Häuser 226; Mil.-Realschulen 351, 368; Militärtechnische Schule 271; Mil.-Unter-Erz.-Häuser 225; Offiziere des Gen.-Qmstr.-Stabes 203; Pionier-Off.-Sch. 216; Pionierschule 171, 172, 180, 184, 187, 215; Pionier-Untoff.-Sch. 201; Regimentsknaben-Erz.-Häuser 190, 196; Schulkompagnieen (Schuleskadron) 228, 229; Technische Mil.-Ak. 273, 384; Truppenschulen 251, 252, 253, 256, 257, 258; Ungarische Leibgarde 81; Vorbereitungsschulen 297, 304 — Preufsen: Art-Mannschaftsschulen IV 529, 531; Art.- u. Ing.-Sch. 417, 420, 421; K.-K. 324, 337, 378; Kgsch. 236, 239, 241, 251; Mannschaftsschulen 172; Oberfeuerwerker-Sch. 493, 495; Pionierschulen 535, 536; Schulabteilung 502, 504; Untoff.-Sch. 508, 513 — Sachsen: Art.-Sch. V 197, 202, 203, 204 (vom J. 1831), 207 (vom J. 1859); K.-K. 120, 127, 149, 150, 153; Mil.-Ak. 188, 190; Mil.-Bild.-Anstalt 97, 98; Untoff.-Sch. und Untoff.-Vorschule 232 — Schleswig-Holstein: Art.-Untoff.-Sch. V 268, 269 — Württemberg: Garnison-Vorbereitungsschulen V 361; Kgsch. 365, 373, 380, 381; Off.-Bild.-Anstalt 327, 341, 354.

Dienstzeit, Anrechnung des Aufenthaltes als: Hannover: K.-K. II 102 — Preufsen: K.-K. IV 65 — Sachsen: K.-K. V 102 — Westfalen: Art.- u. Genie-Sch. V 310 — Württemberg: Kgsch. V 369.

Diericke, v., Preufs. Gen., Vorsitzender der Ex.-Kommission IV 146, 148, 182; erhält die Oberaufsicht über alle Mil.-Lehrinstitute 154; Mitglied einer Kommission 311; stirbt 184.

Dierlagshofen, Unterricht für die Offiziere des preufsischen Infanterie-Regiments IV 133.

Dieskau, v., Preufs. Ob., erstattet eine Meldung IV 86.

Dietrich, Geographus am Sächs. K.-K. V 36, 42.

Diez: Nassauische Regimentsschule II 380.

Diktieren des Lehrstoffes: Bayern: K.-K. I 192 — Braunschweig: K.-Institut I 333, 336 — Hannover: Generalstabs-Ak. II 82; Mineur-Sch. 48 — Hessen-Darmstadt: Mil.-Sch. II 241 — Österreich-Ungarn: Art.-Mannschaftsschulen III 199; K.-Kompagnieen 159, 161; K.-Schulen 258, 443; Mil.-Erz.- und Bild.-Anstalten im J. 1882 391 — Preufsen: Académie des nobles IV 34; Art.-Ak. 96; Art.-Brigadeschulen 522; Art.- und Ing.-Sch. 398; Divisionsschulen 223; Ing.-Ak. 106; Inspektionsschulen 137; Kgsch. 233; Lehrinstitut für junge Offiziere 113 — Sachsen: Art.-Sch. V 200 (vom J. 1831); Mil.-Bild.-Anstalt 95.

Dingliager, Hann. Lt., unterrichtet Offizieranwärter II 20, 21.

Direktion der Militär-Bildungsanstalten in Baden I 46, 49, 50. — der Mil.-Sch. und der Prüfungs-Kommission in Oldenburg II 400, 401.

Dirichlet, Lehrer an der Allg. Kriegsschule zu Berlin IV 266.

Dirksen, Lehrer an der Allg. Kriegsschule zu Berlin IV 264.

Diskretion: Den Bedienten der k. k. Mil.-Ak. gezahlt I 60.

Dispetieren: In der Kriegsschule zu Siegen II 332, in Luzern V 276, in der Ritter-Ak. zu Berlin IV 16, 17, 21.

Disziplin: Bezeichnung für eine in der Mil.-Ak. zu Wiener-Neustadt gebrauchte Strafart III 67.

Disziplinarabteilungen der Württbg. Kgsch. V 339, 359.

Disziplinaroffiziere der Sächs. Art.-Sch. 209, 217; des K.-K. V 118, 119, 120, 121, 127, 131, 134, 137, 148, 149, 151.

Divisionsschulen: Bayern I 159 (geplant) — Mecklenburg II 302—304, 309 bis 310 — Preufsen IV 205—225.

Dittmar, v., Preufs. Ob., macht Vorschläge zu Lehreinrichtungen für die Artillerie IV 90.

Dzbałł, Graf, Sächs. Gen., soll polnische Kadetten erziehen lassen V 18.
Döring, v., Feldwebel im Sächs. K.-K. V 33.
Döring, Schaumburg - Lippescher Lt., Lehrer an der Mil.-Sch. V 238, 243, 246, 252, 259.
Dörleger, Kurhess. Oberstabsarzt II 206.
Dohm, v., Lehrer am K.-K. zu Cassel II 136.
Dohme, Lehrer an der Junkerschule zu Potsdam IV 128.
Doll, Schaumburg-Lippescher Lt., Lehrer an der Mil.-Sch. V 255, 259.
Dombardt, v., Preufs. Oberpräsident, betreibt die Errichtung des Kadettenhauses Culm IV 71.
Dornstein, Pr. Lt., steht an der Spitze einer Preufs. Regimentsschule IV 87.
Dessaw, v., Preufs. FM., Zögling der Ritter-Ak. zu Colberg IV 8, 9.
Doucour: Den Lehrern des Bayer. K.-K. gezahlt I 60.
Doussyrou, Bayer. Ob.-Lt., Kmdt. des K.-K. I 60, 62, 64, 69.
Dove, Lehrer an der Allg. Kriegsschule zu Berlin IV 286; an der dortigen Art.- und Ing.-Sch. 412.
Doyen der Ritterakademie zu Berlin IV 19.
Drachsdorf, Frhr. v., Würzburgischer Ob. I 313—315.
Dragener des Sächs. K.-K. V 10, 14.
Dresden: Art.-Schulen V 165—220; Ing.-Ak. 220—226; K.-K. 4—89, 118—165; Kgsch. 109—117; Mil.-Bild.-Anstalt 92—109.
Dresky, v., Preufs. Ob.-Lt., Direktor der Art. und Ing.-Sch. IV 437.
Dreschken: Ihr Benutzen durch Sächs. Kadetten V 163.
Droysen, G., schreibt über die Kgsch. Siegen II 337.
Dürr, Bad GM., I 50 (Anm.)
Duncker, Max, Lehrer an der Allg. Kriegsschule zu Berlin IV 286.
Dusker, Landgräflich Hess. Kap., Lehrer am K.-K. zu Cassel II 149.
Dutzen wird verboten: In Beziehung auf die Zöglinge der k. k. Art.-Stabsschulen III 213; den Kadetten des K.-K. zu Cassel untereinander II 170, 197.

E.

Chabelt: Die Kapitulation bei E. führt die Auflösung des Sächs. K.-K. herbei V 34.
Eberhard, Bayer. Maj., Kmdt. der Kgsch. I 269—275.
— Ludwig, Herzog von Württemberg, errichtet ein Kadettenkorps V 315.
Ebhardt, Preufs. Ob, macht Mitteilungen über die Nass. Mil.-Sch. II 389.
Eckardt, Preufs. Pr.-Lt., Repetitor an der Kriegsschule zu Berlin IV 158.
Eckart, Preufs. Kap., Direktor des K.-Hauses Stolp IV 70.
École militaire: In Baden (1804—1820) I 19; zu Berlin (1765—1806) IV 26; zu Königsberg (1779—1806) IV 132.
Edelknaben s. Pagen.
Edelsheim, Baron, k. k. Ob., macht Vorschläge für den Unterricht der Kavallerieoffiziere III 247.
Edelsheimsche Lehrart (Bayern) I 178.
Ehrenbolt, Johann, Rektor der Kgsch. Siegen II 335.
Ehrenstein, v., Sächs. Ob.-Lt., Stabsoffizier des K.-K. V 90.
Ehrhardt, Preufs. Major, Mitglied der Ober-Mil.-Ex.-Kommission IV 182.
Eigene Übungen im k. k. zu Cassel II 141.
Eigenstudium s. Arbeitsstunden.
Einjährig-Freiwillige: Bayern: Beförderung zu Berufsoffizieren I 266 — Österreich-Ungarn: Militärwissenschaftliche Ausbildung III 329—334, 460 — Preufsen: In den Divisionsschulen unterrichtet IV 205; Berechtigung der Kadetten zum Dienste als 360.
Einsiedel, v., Sächs. Hptm., hinterläfst Aufzeichnungen über das K.-K. V 11.
Elairitistaxe für Ernennung zum Kadet (Österreich-Ungarn 1867) III 260.
Elsenberg, Frhr. v., Bayer. Ob. I 131.
— Gouverneur an der Académie des nobles zu Berlin IV 30.

Eisenmann, Bayer. Ob.-Lt., Leiter der Bayer. Art.-Untoff.-Sch. I 220.
Eisenstadt: k. k. K.-Institut III 230, 239, 270; Mil.-Unterrealschule 338, 404.
Elderhorst, v., Mecklbg. GM. II 302.
Elementarkurs des k. k. Bombardierkorps III 197.
Elementarschulen des k. k. Pionierkorps III 201.
Elsner, Preuß. Kap., bearbeitet eine Vorschrift für die Art.- u. Ing.-Sch. IV 397.
Em. (Eminent) III 113, s. Zeugnisse.
Emanuel, Herzog von Savoyen III 21.
Emerich, v., Sächs. Gen., Kmdt. des K.-K. V 48—60.
Emil, Prinz von Hessen-Darmstadt, Vorsitzender eines Komité II 228, sein Sekretär 234.
Emperius, Professor, unterrichtet in Braunschweig am K.-K. I 332, an der Westfälischen Mil.-Sch. V 303.
Encyklopädie (Unterrichtsgegenstand): Preußen: Kr.-Ak. IV 258, 259 — Sachsen: K.-K. V 54, 75; Mil.-Ak. 174, 177, 181, 182, 189, 191, 194.
Ende, v., Kurhess. Kadet II 162.
— Sächs. GM., Kmdt. des K.-K. V 60 bis 68.
Engelbrecht, Pr.-Lt., Lehrer an der Ingenieur-Akademie IV 106.
Engelhardt, Hess.-C. GL., erstattet Gutachten II 157.
Engers: Preuß. Kgsch. IV 247, 249, 250, 251.
Englische Sprache(Unterrichtsgegenstand): Bayern: Art.- und Genie-Sch. I 228; Art.- und Ing.-Sch. 247; K.-K. 149, 165, 171, 178, 189, 191; Kr.-Ak. 283, 284, 286, 287, 289, 290, 291; Pagerie 319 — Hannover: Art.- und Ing.-Sch. II 53; Generalstabs-Ak. 81; Georgianum 11, 14; K.-K. 103, 107; Kav.-Lehranstalt 71, 72; Mil.-Ak. 91 — Hessen-Cassel: K.-K. II 132, 137, 149, 150 — Mecklenburg: Mil.-Bild.-Anstalt II 298 — Nassau: Kgsch. II 387; Mil.-Sch. 371, 373, 374, 379 — Österreich-Ungarn: Höherer Art.- und Geniekurs III 277, 280 — Preußen: Académie des nobles IV 34, 36; Art.- und Ing.-Sch. 445, 449, 450, 452, 455, 470, 471, 472, 473, 474; K.-K. 335, 338, 351, 352, 353, 354, 355, 356, 357, 358, 359, 368, 373, 374, 375, 376, 377, 378; Kr.-Ak. 284, 288 — Sachsen: K.-K. V 85, 125, 126, 127, 136, 140, 143, 144, 145, 146, 152; Mil.-Ak. 188, 191, 197; Mil.-Bild.-Anstalt 98 — Schaumburg-Lippe: Mil.-Sch. 236, 255.
— Gegenstand der Prüfung in Preußen V 197, 203, 204.
Englische Zuhörer im Collegium Carolinum zu Braunschweig I 326.
Enns: Filiale des k. k. Mil.-Ober-Erz.-Hauses zu Sankt-Pölten III 226; Regimentsknaben-Erz.-Haus 225; Schuleskadron 227, 239.
Entlassung s. Ausmusterung.
Entscheidungsklasse im Sächs. K.-K. V 69.
Entwurfskurs der Bayer. Art.- und Genie-Sch. I 227, 229, 233, 237.
Enzersdorf (Stadt): Zum Sitze der k. k. Pionierschule vorgeschlagen III 172, 173.
Epistolographie (Unterrichtsgegenstand) IV 83 — vgl. Briefschreiben.
Erdbeben in Wiener-Neustadt III 43.
Erdkunde (Unterrichtsgegenstand): Baden: Allgemeine Kgsch. I 32, 33, 38; Art.-Sch. 27; École militaire 21; Höhere Kgsch. 38, 40; K.-Haus 47; K.-Institut 24; Pionier-Sch. 28 — Bayern: Ettal I 54; K.-K. 63, 66, 117, 120, 123, 124, 132, 138, 140, 165, 171, 173. 189, 190, 191; Kapitulantenschulen 310; Kr.-Ak. 283, 286, 287 290; Kgsch. 260, 265, 278; Mannschaftsschulen 307; Marianische-Ak. 73; Mil.-Ak. 82, 92; Untoff.-Aspirantenschulen 309 — Braunschweig K.-Institut I 332, 334, 337 — Hannover: Art.-Sch. II 44; Art.- und Ing.-Sch. 54, 55; Georgianum 11, 14; K.-K. 103, 107, 108; Kav.-Lehranstalt 71, 72; Mannschaftsschulen 112, 113; Mil.-Ak. 84, 85, 88; Pagen 5 — Hessen-Cassel: Art.-Sch. II 156; K.-K. 160, 162, 165, 173, 177, 178, 179, 184, 185, 186, 188, 192, 193, 195, 202, 203, 204;

Fortbildung der Offiziere 211; Mannschaftsschulen 207, 209 — Hessen-Darmstadt: Art.-Sch. II 229; Mil.-Sch. 230, 231, 237 — Hessen-Hanau: Académie militaire II 274 — Mecklenburg: Art.-Sch. II 289; Mil.-Bild.-Anstalt 294, 208, 307, 308, 314; Mil.-Sch. 283; Mannschaftsschulen 316 — Nassau: Kgsch. II 384, 387; Mil.-Sch. 348, 350, 352, 355, 356, 367, 370, 373, 379; Offiziere 380; Regimentsschulen 380 — Oldenburg: Mil.-Brigadeschule II 400, 403, 405; Mil.-Sch. 396, 398, 410, 412; Mannschaftsschulen 414, 416 — Österreich-Ungarn: Adelige Mil.-Ak. III 79; Art.-Ak. 233; Art.-Hauptschule 211, 212; Art.-Lyceum 100; Bombardierkorps 197, 199, 208; Galizische Leibgarde 82; Generalstabsschulen 204; Genie-Ak. 233; Grenzschulen 104, 238; Höherer Art.- und Geniekurs 280; Ing.-Ak. 88, 89, 141, 142, 148, 151; Ing.-Sch. Gumpendorf 84, 85; K.-Kompagnieen 156, 157, 160, 165; K.-Schulen 252, 257, 297, 299, 301, 308, 309, 310, 420, 429, 436, 440, 453, 455; Kgsch. 236, 285, 288, 408; Landwehr-K.-Sch. 472; Lombardisch-Venetianische Leibgarde 130; Mil.-Ak. 29, 40, 50, 55, 56, 60, 107, 112, 115, 123, 232, 249, 274, 275, 372; Mil.-Kollegium 272; Mil.-Lehrer-Institut 234, 240; Mil.-Ober-Erz.-Häuser 226; Mil.-Realschulen 346, 366, 367; Militärtechnische Sch. 271; Mil.-Unter-Erz.-Häuser 225; Niederösterreichische Ritter-Ak. 14; Pionieroffizierschule 216; Pionierschule 176, 177, 179, 180, 184, 187, 215; Regimentsknaben-Erz.-Häuser 190, 196; Schulkompagnieen (Schuleskadron) 228, 229; Technische Mil.-Ak. 273, 381; Ungarische Leibgarde 127; Vorbereitungsschulen 296 — Preußen: Académie des nobles IV 27, 35, 36; Art.-Ak. 92, 93, 94, 98; Art.-Brigadeschulen 168, 169, 171; Art.-Mannschaftsschulen 521, 526, 531, 233; Art.- und Ing.-Sch. 386, 389, 391, 392, 405, 406, 417; Divisionsschulen, 207, 208, 218; Inspektionsschulen 139; Junge Offiziere bei den Regimentern 136, 137; Junkerschulen 124, 134; K.-Haus Culm 74, Stolp 70; K.-K. 55, 61, 64, 67, 310, 313, 315, 316, 320, 321, 324, 328, 329, 335, 336, 337, 349, 350, 351, 352, 353, 354, 355, 356, 357, 358, 360, 366, 367, 377, 378; Kr.-Ak. 253, 256, 259, 261, 264, 267, 268, 273, 275, 282, 284, 287, 291, 299, 302, 303, 305; Kgsch. 153, 158, 159, 160; Lehrinstitut für junge Offiziere 117, 120, 122; Mannschaftsschulen 538; Mil.-Waisenhaus 78, 79; Pagen 82, 83; Pionierschulen 536; Ritter-Ak. zu Berlin 24; Schulabteilung 502, 504; Untoff.-Sch. 507, 508, 510, 511, 512; Untoff.-Vorschulen 512 — Sachsen: Art.-Ak. V 170; Art.-Sch. 197, 203, 204, 206 (vom J. 1831), 212, 213, 214, 215, 219 (vom J. 1859); Ing.-Ak. 223; K.-K. 21, 36, 41, 45, 52, 53, 54, 56, 62, 66, 68, 70, 75, 83, 124, 125, 126, 136, 141, 142, 143, 144, 145, 146, 152; Kursus für Offiziere 181, 182, 194; Mil.-Ak. 174, 177, 188, 189, 191; Mil.-Bild.-Anstalt 97, 98; Untoff.-Sch. und Untoff.-Vorschule 231 — Schaumburg-Lippe: Mil.-Sch. V 236, 244, 246, 255, 262 — Schleswig-Holstein: Art.-Untoff.-Sch. V 269 — Westfalen: Mil.-Sch. V 302 — Württemberg: Garnison-Vorbereitungsschulen V 361; Karls-Sch. 316; Kgsch. 372, 380; Mil.-Institut 318; Off.-Bild.-Anst. 320, 326, 328, 341, 353.

Erfurt: Preuß. Art.-Brigadeschule IV 521; Divisionsschule 224; ihr Besuch durch Braunschweigische Offizieranwärter I 352, 354, 358; Ex.-Kommission IV 183; Kgsch. 227, 242, 246, 247, 250.

Erichsen, v., Brschwg. Gen., Kmdr. des Feldkorps I 350; Vorsitzender der Mil.-Studien-Kommission 334, 335.

Erlangen: Unterricht in den Kriegswissenschaften an der Universität I 315.

Erler, Gehilfslehrer, schlägt vor in Österreich Kriegsschulen zu errichten III 203.

Ermes, Lehrer an der Académie des

nobles zu Berlin IV 36, 42; an der Kriegsschule 108, 155, 264.

Erziehung (vgl. Auszeichnungen, innerer Dienst, Strafen, Unterhaltung): **Baden**: Allg. Kriegsschule I 29, 32; K.-Haus 44; K.-Institut 24; Pagerie 20 — **Bayern**: Art.-Sch. I 222; Ettal 53; K.-K. 53, 67, 108, 109, 111, 114, 126, 127, 128, 130, 133, 134, 135, 137, 140, 142, 146, 148, 162, 174, 184, 200—203, 205—207; Marianische Mil.-Ak. 74; Mil.-Ak. 76, 77, 78, 80, 84, 86, 87, 88, 90, 91, 93, 103, 106, 107 — **Braunschweig**: K.-K. I 330, 344, 347, 350; Unterrichtsanstalt für Offizieranwärter 356 — **Colmar**: Kgsch. I 363—365 — **Hannover**: Georgianum II 6, 12; K.-K. 98—100, 104; Pagen 3, 5; Ritter-Ak. Lüneburg 26 — **Hessen-Cassel**: Collegium Adelphicum Mauritianum II 120; K.-K. 131, 133—135, 137—139, 143, 150, 152, 153, 164, 167, 169, 170, 171, 189, 197 — **Hessen-Darmstadt**: Allgemein II 224 — **Mecklenburg**: Mil.-Bild.-Anstalt II 292, 295, 296, 301, 306, 313 — **Münster**: Mil.-Ak. II 321 — **Nassau**: Kgsch. 382, 389; Lehrkompagnie 364; Mil.-Sch. 368, 369 — **Oldenburg**: Brigade-Mil.-Sch. II 401, 407, 413; Mil.-Sch. II 397 — **Österreich-Ungarn**: Allgemein im J. 1810 III 160, im J. 1852 219, 223, im J. 1859 239, im J. 1868 266, 267, im J. 1874 336, 350, 352, 359, 370; Chaos-Stift 77; Divisionsschulen 264; Gitschin 5, 6, 7, 9 11, 12; Ing.-Ak. 87, 89, 135, 138—140; K.-Kompagnie 160, 165, 168; K.-Sch. 290, 291, 293, 423, 427, 447, 451; Lombardisch-Venetianische Leibgarde 31; Mil.-Ak. 23, 25, 26, 28, 29, 30, 36, 38, 41, 42, 44, 47, 48, 50, 53, 58, 59, 60, 62, 64, 66—68, 71, 110, 111, 114, 118, 119, 124, 275; Mil.-Pflanzschule 31, 33, 35, 36, 39; Mil.-Waisenhaus 91; Pionierschule 180 bis 182; Regimentsknaben-Erz.-Häuser 190, 193; Savoyische Ritter-Ak. 22; Soldatenknaben-Erz.-Häuser 94, 95, 96, 97 — **Preußen**: Académie des nobles IV 33, 34; Allgemein im J. 1555 3; Art.- und Ing.-Sch. 349, 429; Divisionsschulen 221; Ing.-Ak. 108; K.-Haus Culm 72, Stolp 71; K.-Komp. Colberg 46, Magdeburg 50, 51, 56, 57, 59; K.-K. 53, 63, 313, 314, 316, 323, 330, 332, 343, 365; Kgsch. 229; Pagen 82, 84; Ritter-Ak. Berlin 10, 11, 12, 14, 17, 18, 19; Schulabteilung 500, 501, 502; Untoff.-Sch. 507, 513; Untoff.-Vorschulen 516, 517 — **Sachsen**: Art.-Sch. V 184, 185, 186, 196, 206, 210; K.-K. 6, 11, 12, 13, 15, 17, 18, 26, 28, 29, 30, 31, 37, 40, 46, 48—50, 51, 62, 63, 71, 77, 79, 98, 121, 129 bis 132, 137, 157—159, 162, 163, 164, 174; Mil.-Bild.-Anstalt 107 — **Schaumburg-Lippe**: Mil.-Ak. V 253 — **Württemberg**: Kgsch. V 369, 384; Off.-Bild.-Anstalt 324, 325, 339, 352.

Erxeatl, Bayer. Hptm., Vorstand der Ökonomie-Kommission des K.-K. I 153.

Ernst August, König von Hannover: Anordnungen bei der Armee im allgemeinen II 85, 86; beim Generalstabe 78; errichtet ein K.-K. 96; ändert die Prüfungsvorschriften 87; stirbt 90. — Kurfürst von Hannover II 3.

Eschwege, v., Kurhess. Ob., berichtet über Mannschaftsschulen II 208.

Edelknaben (Académie des nobles zu Berlin) IV 29.

Eskadrons-Chargenschulen der k. k. Kavallerie III 256.

Espagne: Unterricht im Hause des Kammerdieners IV 98.

Esples, Lehrer am K.-K. zu Cassel II 198.

Essegg: k. k. Vorbereitungsschule III 299, 419.

Esser, beschreibt das Leben von Franz von Fürstenberg II 24.

Esterff, v., Hann. Gen., schreibt eine Lebensgeschichte II 3; errichtet eine Offizierschule 16—19; muß Scharnhorst entlassen 31.

Esterhazy, Graf, Oberdirektor der k. k. Ing.-Ak. zu Gumpendorf III 84.

Ettinne, Schaumburg-Lippescher Maj., Kmdt. der Mil.-Sch. V 239

Etienne'sche Art der Schuhmacherei IV 502.
Ettal; Ritterakademie in Bayern I 5, 53.
Ettlingen: Bad. und Preuß. Unteroffizierschule IV 505—515.
Etzel, v., Preuß. Gen., Direktor der Kriegsakademie IV 275. — Vgl. O'Etzel.
Eugen, Prinz von Savoyen, regt die Errichtung einer Ing.-Ak. an III 17; berichtet über dieselbe 18.
Everth, Hann. Kap., übersetzt ein Buch V 284.
Examinations-Kommissionen (Preußen) IV 146, 147, 164, 182, 183, 194, 198, 199, 207, 326. — Vgl. Ober-Militär-Examinations-Kommission.
Exerzieren (Unterrichtsgegenstand): Baden: Allgemeine Kgsch. I 32, 33; École militaire 22; K.-Haus 47; K.-Institut 24 — Bayern: Art.- und Genie-Sch. I 224; Ettal 55; K.-K. 63, 124, 138, 151, 167, 189, 190, 192; Kgsch. 260, 265, 266, 278; Mil.-Ak. 88; Oberfeuerwerker-Sch. 303; Pagerie 319 — Braunschweig: K.-Institut I 333, 343; K.-K. 328; Unterrichtskursus für Offizieranwärter 351, 354; Wolfenbüttel 323 — Colmar: Kgsch. I 364 — Hannover: Georgianum II 13; K.-K. 103, 107; Mannschaftsschulen 112 — Hessen-Cassel: K.-K. II 138, 141, 167, 172, 173, 178, 180, 181, 184, 185, 187, 188, 192, 193, 196, 204 — Mecklenburg: Divisionsschule II 303; Mil.-Bild.-Anstalt 294, 299, 307, 308, 314; Mil.-Sch. 283 — Nassau: Kgsch. Siegen II 328, 329, 337; Mil.-Sch. 370 — Oldenburg: Brigade-Mil.-Sch. II 400; Mil.-Sch. 410, 412 — Österreich-Ungarn: Adelige Mil.-Ak. III 79; Art.-Hauptschule 212; Art.-Stabsschulen 214; Bombardierkorps 197, 208; Chaos-Stift 16; Galizische Garde 82; Grenzschulen 238; Ing.-Sch. Gumpendorf 84; K.-Kompagnien 155, 156, 157, 160, 165; K.-Schulen 298, 299, 302, 306, 310, 432, 436, 430, 441, 455; Landwehr-K.-Schule 472; Lombardisch-Venetianische Leibgarde 131; Mil.-Ak. 29, 30, 39, 56, 59, 112, 113, 116, 123, 245, 249, 274, 377;

Mil.-Lehrer-Institut 234; Mil.-Realschulen 352, 363, 364; Militärtechnische Sch. 272; Mil.-Waisenhaus 92; Niederösterreichische Ritter-Ak. 14; Pionierschule 171, 180, 187, 218; Regimentsknaben-Erz.-Häuser 191, 196; Savoyische Ritter-Ak. 22; Soldatenknaben-Erz.-Häuser 95; Technische Mil.-Ak. 384; Ungarische Leibgarde 81; Vorbereitungsschulen 297 — Preußen: Art.-Ak. IV 98; Art.-Mannschaftsschulen 522, 529, 531, 533; Art.- und Ing.-Sch. 402, 406, 407, 414, 425; Ing.-Ak. 107; K.-Ak. 46; K.-Kompagnie Colberg 46, Magdeburg 49; K.-K. 55, 64, 66, 310, 316, 317, 324, 329, 335, 337, 362, 363; Kgsch. 229, 240, 242; Mil.-Waisenhaus 79; Oberfeuerwerker-Sch. 489, 495; Pagen 83; Ritter-Ak. Colberg 8, Berlin 11; Schulabteilung 502, 504; Untoff.-Sch. 508, 513; Untoff.-Vorschule 512 — Sachsen: Art-Sch. V 197, 201, 202, 203, 204 (vom J. 1831); K.-K. 6, 12, 21, 36, 45, 56, 63, 65, 67, 75, 76, 84, 123, 138, 140, 150, 152, 153; Kgsch. 111; Mil.-Ak. 188, 189, 191, 192; Mil.-Bild.-Anstalt 98; Untoff.-Sch. und Untoff.-Vorschule 227, 229, 231 — Schaumburg-Lippe: Mil.-Sch. V 248 — Schleswig-Holstein: Art.-Untoff.-Sch. V 269 — Schweiz: Art.-Sch. zu Bern V 292 — Westfalen: Mil.-Sch. V 302; Pagenhof 306 — Württemberg: Garnison-Vorbereitungsschulen V 361; Kgsch. 365, 378, 380, 382; Off.-Bild.-Anstalt 320, 327, 328, 330, 341, 354.

Expektanten werden in das Brschwg. K.-K. aufgenommen I 330, 331.

Expropriis-Gemeine und -Kadetten in Österreich III 153, 216.

Externe Hörer, zugelassen zur k. k. Art.-Kad.-Sch. III 302.

Extern-Kadetten in Cassel II 172, 173, 176.
Extraklasse als Strafmittel in der k. k. Mil.-Ak. III 68.

Extraner (später Externe, zuletzt Hospitanten) des Sächs. K.-K. V 73, 74, 80, 91, 136, 139, 149.

Eymer, Prof., Herausgeber der Schriften des Grafen F. Kinsky III 60.
Eyring, Lehrer an der Hann. Art.-Sch. II 30.

F.

Faber, v., Bad. GM. I 50.
—, v., k. k. GM., Direktor der Mil.-Ak. III 106, 110, 115.
Fabrice, v., Sächs. Gen. und Kriegsminister V 226.
Facilides, Sächs. Hptm., begründet die Untoff.-Sch. V 226, 228.
Fachbildungsanstalten: Bestimmungen über den Besuch durch k. k. Offiziere III 328.
Fähnriche: Kadetten der Mil.-Ak. zu Wiener-Neustadt III 71, 76.
Fahne des Preuß. K.-K. IV 54; des Sächs. K.-K. V 17, 29, 33.
Fahnenjunker: Im Brschwg. K.-K. I 329; Hessen-Cassel II 168.
Fahnen-Kadetten: Im Bayer. K.-K. I 113, 114, 126, 132, 133, 137, 139, 147, 148, 190, 203, 206; in der k. k. Mil.-Ak. III 37, 39, 51, 52; die k. k. Artillerie will sie nicht haben 101.
Fahnenschwingen (Unterrichtsgegenstand): Bayern: Ettal I 54 — Nassau: Kgsch. Siegen II 338 — Österreich-Ungarn: Mil.-Ak. III 62.
Fahren (Unterrichtsgegenstand): k. k. Art.-K.-Sch. III 439.
Falck, v., Grhzgl. Hess. Gen. und Kriegsminister, fördert die Unterrichtsanstalten II 228, 242.
Fallois, v., Mecklbg. Ob., berichtet über die Mil.-Sch. II 283.
— Preuß. Maj, unterrichtet an der Inspektionsschule zu Magdeburg IV 131, 133.
Famulartnaben der k. k. Mil.-Ak. III 70, 106.
Fasten: Befreiung der k. k. Mil.-Ak. III 38.
Favorita zu Wien: Sitz des Theresianums, dann der Ing.-Ak. III 86.
Faye, Abraham de la, wirbt für die Kgsch. Siegen II 337, 345; erteilt Unterricht 341.
Fechten (Unterrichtsgegenstand): Baden:

Allgemeine Kgsch. I 32, 33, 36; École militaire 22; K.-Haus 47; K.-Institut 24 — Bayern: Ettal I 54; K.-K. 63, 85, 117, 121, 124, 138, 167, 171, 174, 190, 192; Kr.-Ak. 283, 284; Kgsch. 261, 265, 266; Marianische Ak. 73; Mil.-Ak. 79, 84; Pagerie 319 — Braunschweig: K.-Institut I 332, 337; Unterrichtskursus für Offiziersanwärter 351, 354; Wolfenbüttel 323 — Hannover: Georgianum II 11, 14; K.-K. 103; Kav.-Lehranstalt 71, 73; Offizierschule zu Nordheim 18; Pagen 5; Ritter-Ak. zu Lüneburg 26 — Hessen-Cassel: Collegium Mauritianum II 122; K.-K. 140, 141, 160, 163, 166, 173, 180, 184, 185, 186, 187, 188, 196, 204, 206 — Hessen-Hanau: Académie militaire II 274 — Mecklenburg: Mil.-Bild.-Anstalt II 294, 299, 307, 308, 314; Divisionsschule 303; Pagen 279 · Münster: Mil.-Ak. II 321 — Nassau: Kgsch. Siegen II 332, 338; Mil.-Sch. 369 — Oldenburg: Brigade-Mil.-Sch. II 400, 405; Mannschaftsschulen 414, 416; Mil.-Sch. 398, 412 — Österreich-Ungarn: Art.-Ak. III 233; Art.-Hauptschule 212; Art.-Lyceum 100; Bombardierkorps 208; Galizische Garde 82; Genie-Ak. 234; Gitschin 5, 7; Grenzschulen 238; Ing.-Ak. 89, 90, 143, 152; Ing.-Sch. Gumpendorf 84; K.-Kompagnieen 160, 165; K.-Schulen 257, 298, 299, 304, 309, 433, 435, 439, 441, 455; Landwehr-K.-Sch. 472; Lombardisch-Venetianische Leibgarde 129, 130; Mil.-Ak. 27, 29, 30, 39, 62, 107, 112, 113, 116, 123, 232, 249, 274, 275, 377; Mil.-Kollegium 272; Mil.-Ober-Erz.-Häuser 226; Mil.-Pflanzschule 33; Mil.-Realschulen 352, 365, 368; Militärtechnische Sch. 272; Niederösterreichische Ritter-Ak. 14; Pionierschule 180, 187, 216; Regimentsknaben-Erz.-Häuser 191, 196; Savoyische Ritter-Ak. 22; Schulkompagnieen (Schuleskadron) 228, 229; Technische Mil.-Ak. 273, 386; Truppenschulen 251, 252; Ungarische Leibgarde 81; Vorbereitungsschulen 297, 304; Zentral-Inf.-Kurs 289 — Preufsen: Art.- und Ing.-Sch. IV 406, 426, 428, 454; Divisionsschulen 223; Junkerschulen 124, 127; K.-Haus Culm 72, 74; K.-K. 55, 64, 310, 313, 316, 324, 329, 364; Kgsch. 243, 244, 251, 293; Mil.-Waisenhaus 79; Pagen 82; Ritter-Ak. zu Berlin 11, 24; Colberg 8; Schulabteilung 502; Untoff.-Sch. 512 — Sachsen: Art.-Sch. V 197, 202, 203, 206; K.-K. 6, 13, 15, 36, 45, 57, 59, 63, 66, 67, 75, 84, 146, 150, 152, 153; Mil.-Ak. 176, 191; Mil.-Bild.-Anstalt 97, 98, 105 — Westfalen: Art.- und Genie-Sch. V 308, 309; Mil.-Sch. 304, 305; Pagen 306 — Württemberg: Garnison-Vorbereitungsschulen V 361; Karlsschule 316; Kgsch. 373, 380; Mil.-Institut 318; Off.-Bild.-Anstalt 320, 321, 327, 328, 311, 354.

Fechter (Zöglinge des Militär-Lehrer-Institutes zu Wiener-Neustadt) III 234.

Fechthaus in Berlin, zur Unterbringung der Kadetten benutzt IV 45.

Feder, Direktor des Georgianums zu Hannover I 6—15.

Féjérvary de Komlós-Keresztes, k. Ungar. Landesverteidigungs-Minister, besucht die Kriegsschule zu Wien III 236.

Felddienst s. Taktik.

Feldgendarmerie, Unterrichtskursus für die k. k. III 313, 459.

Feldkorps: Braunschweigisches I 328, 314, 351.

Feldkunde IV 236. — Vgl. Terrainlehre.

Feldmann, Lehrer an der Junkerschule zu Potsdam IV 128.

Feldmarschallsaal des Preufsischen K.-K. IV 319.

Feldprediger (Preufsen) sollen Unterricht erteilen IV 138; unterrichten in den Art.-Brigadeschulen 169, an den Lehranstalten in Pommern (1809) 171, an den Divisionsschulen 209, 211, 213. — Vgl. Kapläne.

Feldregiments-Schule (des Nassauischen) II 380.

Feldtelegraphie (Unterrichtsgegenstand):

In der Preufs. Art.- und Ing.-Sch. IV 466, 467, 468.

Feldwebel-Lieutenant: Sächs. K.-K. V 148, 150, 151, 157.

Feldwebel-Maulpositions-Schulen durch Radetzky beim Heere in Italien eingerichtet III 202.

Fengler, Superior der Piaristen in der k. k. Mil.-Ak. III 48, 49.

Ferdinand, Erzherzog von Österreich, tritt für die Kad.-Kompagnie Olmütz ein III 158; empfängt von Radetzky eine Denkschrift 167.

— **I.**, Kaiser von Österreich, besucht die Mil.-Ak. III 120; befiehlt den Entwurf eines Lehrplanes für die Ungarische Leibgarde 126; genehmigt die Statuten der Lombardisch-Venetianischen Leibgarde 128; errichtet die K.-Kompagnie zu Mailand 167, ein Erziehungshaus daselbst 195.

Farenthall, v., Zögling der Ing.-Ak. zu Potsdam IV 112.

Ferien: Baden: Höhere Kgsch. I 40 — Bayern: Art.- und Ing.-Sch. I 239; K.-K. 126, 133, 139, 148, 164, 174, 187, 193, 200; Kr.-Ak. 264 — Braunschweig: K.-Institut I 333, 343 — Hannover: Georgianum II 11; K.-K. 103, 108 — Hessen-Cassel: K.-K. II 139, 167, 181, 205 — Mecklenburg: Mil.-Bild.-Anstalt II 293, 308 — Nassau: Mil.-Sch. II 349, 369, 374 — Oldenburg: Brigade-Mil.-Sch. II 400 — Österreich-Ungarn: Allgemein III 239, 244 (im J. 1859), 271 (im J. 1871), 391 (im J. 1882); Art.-Stabsschulen 214; Ing.-Ak. 144, 150; K.-Kompagnieen 156, 166; K.-Schulen 294, 305, 306, 449; Kgsch. 237, 286; Landwehr-K.-Schule 474; Lombardisch-Venetianische Leibgarde 131; Mil.-Ak. 34, 50, 64, 122, 251, 276; Mil.-Pflanzschule 34; Pionierschule 187; Truppenschulen 312; Vorbereitungsschulen 293 — Preufsen: Art.- und Ing.-Sch. IV 417, 425, 431, 449; K.-K. 310, 317, 325, 384; Kgsch. 246; Mil.-Waisenhaus 79; Ritter-Ak. zu Berlin 16; Untoff.-Sch. 510 (Civillehrer), 514 (Schüler) — Sachsen: Art.-Sch. V 205 (vom J. 1831), 210 (vom J. 1859); K.-K. 39, 57, 63, 70, 140, 152, 163, 164; Kgsch. 112, 115; Mil.-Bild.-Anstalt 108 — Württemberg: Kgsch. V 375; Off.-Bild.-Anstalt 325, 339.

Fesca, Lehrer an der Preufs. Art.- und Ing.-Sch. IV 412; Zögling der Westfäl. Art.- und Genie-Sch. V 307.

Festspiel: Kgsch. Siegen II 332.

Festungsbauschulen: Bayern: I 304—305 — Preufsen: IV 336.

Feuerwerker, Beförderung zum: Preufsen IV 166.

Feuerwerker-Collegium zu Bern V 281.

Feuerwerker-Gesellschaft zu Zürich V 283.

Feuerwerksmeister der Preufsischen Artillerie IV 487, 488.

Feuerwerksoffiziere (Deutsches Reich) IV 492.

Finsser: Berichte über Schul- und Erziehungswesen I 66.

Finckenstein, v., Preufs. Ob.-Lt., Kmdt. des K.-K. IV 54, 57.
— Preufs. Minister IV 25.

Fischer: k. k. Mil.-Unter-Erz.-Haus III 238, 270; Mil.-Waisenhaus 338, 361; Schulkompagnie 227.

Fischer, Frhr. v., Bad. Maj., Lehrer an der École militaire I 22, berichtet über die Höhere Kriegsschule 39, Vorsitzender der Studien-Kommission 42.
— Bayer. Hptm., bearbeitet einen Leitfaden I 277.
— Preufs. Pr.-Lt.: Thätigkeit bei Errichtung der Art.- und Ing.-Sch. IV 401.
— Professor (Preufsen), Mitglied einer Kommission IV 148, 151, von der Stellung entbunden 179; Mitglied der Studiendirektion der Allg. Kgsch. 253, 260, 262; thätig bei Errichtung der Art.- und Ing.-Sch. 387.

Fiume: k. k. K.-Institut III 239; Regimentsknaben-Erz.-Haus 225.

Flatow, v., Preufs. Gen., Direktor der Kr.-Ak. IV 285, 290, 291, 298.

Fleck, Preufs. Generalauditeur, Lehrer an der Allgemeinen Kgsch IV 268.

Fleischer, Sächs.-Ob.-Lt., Direktor der Ing.-Ak. V 171—178, 226.

Fleischmann, Kmdt. der Bayer. Kgsch. I 269.

Flemming, v., Sächs. FM. V 17, 18; Kmdt. der K.-Kompagnie V 17, 18, 19.

Flensburg, Münsterscher Hptm., als Lehrer empfohlen II 322.

Flufsbeschreibungsarbeiten der k. k. Pionieroffiziere III 329.

Förster, Preufs. Lt., Dr., Lehrer an der Art.- und Ing.-Sch. IV 391, 392.
— Professor am Sächs. K.-K. V 71.

Forcade: Unterricht der Offiziere des Preufs. Füsilierbataillons IV 137.

Forchheim: Besuch des Lagers durch bad. Kriegsschüler I 32, 41, 48.

Forlana: Wird im Sächs. K.-K. getanzt V 22.

Formale Wissenschaften: IV 284, 285, 290, 291, 298.

Formation s. Gliederung.

Forster, Johann Georg, Lehrer am K.-K. zu Cassel II 136.

Forstner, Preufs. Pr.-Lt., Lehrer an der Allgemeinen Kgsch. IV 264.

Fortbildung der Offiziere, Kadetten und Unteroffiziere — aufserhalb der für diesen Zweck geschaffenen Anstalten: Hessen-Cassel: II 209—212 — Hessen-Darmstadt: II 227, 247, 255 — Nassau: II 371, 372, 379, 387 — Oldenburg: II 395 (Unteroffiziere 414) — Österreich-Ungarn: III 322, 460 (Offiziere und Kadetten) — Preufsen: IV 90 (Art.-Offiziere); 100 (Berliner Garnison): durch die Fürsorge Scharnhorsts 113 bis 122; im Allgemeinen vor dem J. 1806, 128 — Sachsen: V 208 (Art.-Offiziere); 180 (Kursus für Offiziere) — Schaumburg-Lippe: V 237 — Schleswig-Holstein: V 271 — Schweiz: V 290 — Württemberg V 395.

Fortbildungsschulen der Preufsischen Pionier-Bataillone IV 537.

Fortgang s. Zeugnisse.

Fortifikation s. Befestigungskunst.

Fortifikationslehre: Unterrichtsklasse der k. k. Mil.-Ak. III 56.

Fouqué (de la Motte-), Preufs. Gen., empfängt eine Mitteilung von König Friedrich II. über Unterricht für preufsische Offiziere IV 129.

Fragecyklus bei den Berufsprüfungen der Bayer. Art.- und Ing.-Off. I 235.

Française wird im Sächs. K.-K. getanzt V 58.

Frank, Lehrer an der Ritter-Ak. zu Kremsmünster III 20.

— **v.,** k. k. Ob., Inspektor der Pionierschule III 185, 200.

Frankenfeld, Universitäts-Stallmeister in Giefsen, erteilt Reitunterricht II 248.

Frankfurt a. M., nimmt Teil an der Mil.-Sch. zu Darmstadt II 267.

— **a. O.,** Divisionsschule IV 224; Examinations-Kommission 183; Unterricht der Offiziere der Garnison 133.

Franquemont, Graf, Württbg. Gen. u. Kriegsminister V 319—337, 386.

Franssecky, v., Preufs. Gen., Kmdt. der Oldenburg-Hanseatischen Brigade II 409; Lehrer an der Allgemeinen Kgsch. zu Berlin IV 286; urteilt über den Wert der Kriegsgeschichte II 410.

Frantz, Stallmeister übernimmt die Leitung der Ritter-Ak. zu Berlin IV 23.

Franz I., Kaiser von Österreich III 158, 161, 167, 269.

— **Josel I.,** Kaiser von Österreich III 215, 217.

Französische Sprache (Unterrichtsgegenstand): Baden: Allgemeine Kgsch. 32, 33, 38; École militaire 21; Höhere Kgsch. 38, 40, 50; K.-Haus 47; K.-Institut 24 — Bayern: Art.- und Genie-Sch. I 224, 228; Ettal 54; K.-K. 115, 118, 124, 149, 164, 171, 173, 179, 189, 190, 206; Kr.-Ak. 283, 284, 286, 288, 290, 291; Kgsch. 265, 266, 273, 278; Marianische Ak. 73; Mil.-Ak. 79, 81, 83; Pagerie 319 — Braunschweig: K.-Institut I 332, 334, 337 — Hannover: Art.-Sch. II 37; Art.- und Ing.-Sch. 53; Generalstabs-Ak. 81; — Georgianum 11, 14; K.-K. 103, 107; Kav.-Lehranstalt 71, 72; Mil.-Ak. 87, 91; Offizierschule zu Nordheim 18 — Hessen-Cassel: Art.-Sch. II 155, 156; K.-K. 140, 141, 142, 160, 162, 165, 173, 177, 178, 184, 185, 186, 188, 192, 193, 195, 201, 202, 203, 204 — Hessen-Darmstadt: Inf.-Sch. II 228; Korpsschule 244; Mil.-Institut 224; Mil.-Sch. 230, 231, 237, 265 — Hessen-Hanau: Académie militaire II 273, 274 -- Mecklenburg: Mil.-Bild.-Anstalt II 294, 298, 307, 308, 314; Mil.-Sch. 283 — Münster: Mil.-Ak. II 321 — Nassau: Kgsch. 384, 387; Mil.-Kgsch. Siegen II 341, 343; Sch. 348, 350, 352, 355, 356, 366, 367, 370, 371, 373, 374, 379 — Oldenburg; Brigade-Mil.-Sch. II 400, 403, 405; Mil.-Sch. 396, 398, 410, 412 — Österreich-Ungarn: Adelige Mil.-Ak. III 79; Art.-Ak. 233; Art.-Hauptschule 211; Art.-Lyceum 100; Bombardierkorps 197, 199, 208; Galizische Garde 82; Genie-Ak. 233; Höherer Art.- und Geniekurs 235, 241, 277, 280; Höherer Geniekurs 241; Ing.-Ak. 88, 141, 142, 148, 149, 150, 152; Ing.-Sch. Gumpendorf 84, 85; K.-Schulen 304, 308, 309, 433, 439, 441, 455; Kgsch. 242, 283, 288, 408; Lombardisch-Venetianische Leibgarde 129, 130; Mil.-Ak. 27, 29, 30, 107, 112, 115, 116, 123, 124, 232, 249, 274, 275, 372; Mil.-Kollegium 272; Mil.-Pflanzschule 33, 34; Mil.-Realschulen 343, 363, 366; Militärtechnische Schule 271; Niederösterreichische Ritter-Ak. 14; Pionier-Offizierschule 216; Pionierschule 180, 261; Technische Mil.-Ak. 273, 281; Vorbereitungsschulen 304 — Preufsen: Académie des nobles IV 27, 28, 34, 36; Art.-Ak. 92, 93, 94, 98; Art.-Brigadeschulen 168, 169, 171; Art.-Mannschaftsschulen 521, 526; Art.- und Ing.-Sch. 386, 389, 391, 392, 405, 406, 417, 420, 421, 422, 423, 424, 428, 437, 439, 440, 441, 445, 449, 450, 452, 456, 469, 470, 471, 472, 473, 474, 476; Divisionsschulen 208, 212, 218, 223; Ing.-Ak. 107; Inspektionsschulen 131; Junge Offiziere bei den Regimentern

137; Junkerschulen 124, 127, 134; K.-Haus Culm 72, Stolp 70; K.-Kompagnie Colberg 46, Magdeburg 49; K.-K. 55, 61, 64, 67, 310, 313, 315, 316, 320, 321, 324, 328, 329, 334, 335, 336, 337, 339, 351, 352, 353, 354, 355, 356, 357, 358, 359, 360, 368, 373, 374, 375, 378; Kgs.-Ak. 253, 260, 264, 266, 267, 273, 275, 283, 284, 291, 292, 304, 305; Kgsch. 153, 158, 159, 160, 242; Mil.-Waisenhaus 78, 79; Pagerie 82; Ritter-Ak. Berlin 11, 24, Colberg 8 — Sachsen: Art.-Sch. V 197, 202, 203, 204 (vom J. 1831), 213, 214, 215, 216 (vom J. 1859); K.-K. 5, 21, 36, 41, 45, 56, 57, 58, 62, 65, 66, 67, 70, 75, 78, 84, 124, 125, 126, 136, 141, 142, 143, 144, 145, 146, 149, 152, 153; Kgsch. 110, 111; Mil.-Ak. 174, 177, 178, 191; Mil.-Bild-Anstalt 97, 98, 105; Untoff.-Sch. 231 — Schaumburg-Lippe: Mil.-Sch. V 236, 244, 246, 255 — Westfalen: Art.- und Genieschule V 308; Mil.-Sch. 302; Pagenhof 306 — Württemberg: Garnison-Vorbereitungsschulen V 361; Kgsch. 364, 372, 380; Mil.-Inst. 318; Off.-Bild.-Anstalt 320, 321, 326, 328, 329, 340, 341, 354.

Frei-Kadetten (Mecklenburg) II 291, 292.

Freie Vorträge in der Kriegsakademie zu Berlin IV 268, 291; in der dortigen Oberfeuerwerker-Schule 489.

Freitag: Sein Manuskript wird empfohlen IV 6.

Frequentanten: Bayern: K.-K. I 60, 70 — Österreich-Ungarn: K.-Kompagnieen III 154, 162, 164; K.-Schulen 419, 424, 451, 452; Mil.-Ak. 51, 106; Schulkompagnieen 227.

Freyberg, v., Kmdt. des Bayer. K.-K. I 186—208.
— Sächs. Maj., Kmdt. der Art.-Sch. V 110.

Freydorf, v.. Bad. Kriegsminister I 41.

Freybold, v., Preufs. Ob., Kmdt. des K.-K. IV 384.

Freytag, v., Hann. Gen., berichtet über die Art.-Sch. II 25, 40, 42, 43, 44.

Friedrich Wilhelm, Kurfürst von Brandenburg I 4; erläfst eine Ritterordnung IV 5; errichtet eine Ritter-Ak. zu Colberg 7; K.-Kompagnieen 45; seine Beziehungen zum Pagenwesen 82.
— **II.**, Landgraf von Hessen-Cassel, ändert die Einrichtungen des Collegium Carolinum II 124; errichtet das K.-K. 130; verzichtet auf die Grafschaft Hanau 271; stirbt 136. — Irrtümlich ist S. 130 gedruckt, dafs er zu Hanau eine Lehranstalt begründet habe.
— **Wilhelm II.**, Kurfürst von Hessen, ändert die Einrichtungen des K.-K. II 175, 180, 183, 189, 191, 194, 199, 200; regt Neuerungen an 200; fördert die Fortbildung der Offiziere 209, 212.
— **Franz I.**, Herzog, später Grofsherzog von Mecklenburg - Schwerin, fördert das Mil.-Bild.-W. II 280—288, stirbt 290.
— **Franz II.**, Grofsherzog von Mecklenburg-Schwerin, kommt zur Regierung II 291, interessiert sich für die Mil.-Bild.-Anstalt 295; schliefst eine Mil.-Konvention mit Preufsen 302.
— **August**, Fürst von Nassau-Usingen, schliefst einen Staatsvertrag ab mit.
— **Wilhelm**, Fürst von Nassau-Weilburg II 347.
— **der schöne**, Erzherzog von Österreich, regelt die Wasser-Läufe in Wiener-Neustadt III 42.
— Herzog von Pfalz-Zweibrücken, berichtet über die Leistungen ehemaliger Bayerischer Kadetten I 64.
— **I.**, König in Preufsen, hebt die Ritter-Ak. Colberg auf IV 9, errichtet K.-Kompagnieen (K.-Akademieen) 45.
— **Wilhelm I.**, König in Preufsen, sein Verhältnis zur Berliner Ritter - Ak. IV 23; zur dortigen K.-K. 46; zur Magdeburger K.-Kompagnie 47; seine Erziehungsgrundsätze 52; errichtet das Mil.-Waisenhaus zu Potsdam 78; erläfst Bestimmungen über Generalpagen 84; vernachläfsigt die Bildung der Offiziere 129; besucht das K.-K. zu Dresden V 27.
— **II.**, König von Preufsen, errichtet die

Académie des nobles IV 26, erläfst eine Instruktion für das K.-K. 57; läfst die Pagen unterrichten 82, die Art.-Offiziere 89; begründet eine Ing.-Sch. 100; sorgt für die Fortbildung der Offiziere im allgemeinen 128; als Lehrer 132.

— **Wilhelm II.**, König von Preufsen: Anordnungen beim Regierungsantritte IV 32; deren Ergebnisse 39; Stellung zum K.-K. 63, zu den Pagen 82; sorgt für Unterricht der Art.-Offiziere 90; errichtet eine Ing.-Ak. 103; bestimmt über das Lehr-Institut für junge Offiziere 113, über den Unterricht der Offiziere 137.

— **Wilhelm III.**, König von Preufsen, kommt zur Regierung IV 66; trifft Anordnungen 66, 68; läfst das Pagen-Korps eingehen 83; zeigt wenig Interesse für die Ing.-Ak. 112; errichtet Junkerschulen 123, 128; läfst die Feldprediger Unterricht erteilen 138; beruft die Mil.-Reorganisationskommission 141; befiehlt Wiederaufnahme der Prüfungen 182; läfst die Divisionsschulen einrichten 205, die Allgemeine Kriegsschule 253; ordnet die letzten Berufsprüfungen der Ingenieuroffiziere an 482; errichtet die Schulabteilung 499, 500.

— **Wilhelm IV.**, König von Preufsen: Beziehungen zu den Divisionsschulen IV 221; zu den Kriegsschulen 225; zur Kriegs.-Ak. 276; zur Art.- und Ing.-Sch. 414; zur Oberfeuerwerker-Sch. 488; zum Herzogtum Braunschweig I 352.

— **III.**, Deutscher Kaiser und König von Preufsen, unterzeichnet eine Dienstordnung für die Kgs.-Ak. IV 292.

— **August II.**, Kurfürst von Sachsen, läfst Ingenieure ausbilden V 220.

— **August I.**, König von Sachsen, überläfst den Franzosen das Gebäude der K.-K. V 51; seine Beziehungen zu letzterem 72, 79.

— **August II.**, König von Sachsen, wird Mitregent V 90.

Friedrich August L., Prinz von Sachsen, Sächs. GM., Inspekteur der Untoff.-Sch. und Untoff.-Vorschule V 229.

— **Christian**, Kurprinz von Sachsen, Chef der K.-Kompagnie V 30.

— Kurfürst von Württemberg, errichtet ein Mil.-Institut V 317.

Friedrichsschule zu Wiesbaden: Die Lehrer unterrichten an der Mil.-Sch. II 348.

Friesland, Hptm. der Hann. K.-Kompagnie II 105.

Frisching, Schultheifs zu Bern, stiftet ein Stipendium V 279.

Fritsche, Preufs. Pr.-Lt., Lehrer an der Inspektionsschule zu Glatz IV 135.

Froben, v, Bad. Ob. I 26.

Froede (v. Fröden), Sächs. Maj., Direktor der Art.-Sch. V 166, 167.

Fröhlich von Elmbach, k. k. GM., Kmdt. der Mil.-Ak. III 276, 381.

Fromm, Lehrer an der Preufs. Art.- und Ing.-Sch. IV 412.

Fürstenberg, Frhr. v., Fürstbischöflicher Minister, Begründer der Mil.-Ak. zu Münster II 318.

Fürstenberg, Reitschulbesitzer, erteilt Unterricht an der Preufs. Art.- und Ing.-Sch. IV 407.

Fürstenwalde: Aufenthalt der Berliner Kadetten IV 330.

Fuhrwesenskorps, k. k., s. Traintruppe.

Fulda, Vorträge für die Offiziere der Garnison II 212.

G.

Gaede, Preufs. Ob. Direktor der Art.- und Ing.-Sch. IV 427.

Galantha-Nagy, v., k. k. Unter-Lt., Lehrer an der Pionierschule III 184.

Galen: Konvikt der Familie der Grofsen II 321.

Galizische Edelleute werden in der k. k. Mil.-Ak. aufgenommen III 57, 74.

Galizische Garde-Abteilung, k. k., III 81 bis 83.

Gall, v., Hessen-Hanauischer Ob., beaufsichtigt die Académie militaire II 272, 273, 274.

Gallina, k. k. GM., Vorsitzender einer Kommission III 283.

Bandenberger, Grhzgl. Hess. Kap., Lehrer an der Art.-Sch. II 229, 230, 241; Vorsitzender der Schuldirektion 242, 245, 248.
Banssuge, v., Preufs. Gen., Lehrer an der Allgemeinen Kgsch. IV 286.
Garde du Corps: Mannschaftsschule der Kurhessischen II 208, 209.
Garde-Infanterie-Brigade: Unterricht für Unteroffiziere der Grhzgl. Hessischen II 225.
Garden: Ernennung zum (k. k. Lombardisch-Venetianische Leibgarde) III 127.
Gardehotel zu Münster II 320.
Garderegiment Chevauxlegers, Grhzgl. Hess., macht geringe Anforderungen an die wissenschaftliche Bildung seiner Offiziere II 262.
Gardes der Mil.-Ak. zu Münster II 320.
Garnisons-Vorbereitungsschulen in Württemberg V 359—367.
Garretts, v., Schlesw.-Holst. Ob., sorgt für Ausbildung seiner Offiziere V 270.
Gartenarbeit der Zöglinge: Bayern Mil.-Ak. I 101 — Österreich-Ungarn: Regimentsknaben-Erz.-Häuser III 191 — Schleswig-Holstein: Art.-Untoff.-Sch. V 269.
Gast, Preufs. Feldprediger, unterrichtet Offiziere IV 136.
Gasgraben, v., Westfäl. Kap., Lehrer an der Mil.-Sch. V 303.
Gayl, Frhr. v., Oldenbg. GM., erläfst Bestimmungen für die Mil.-Sch. II 401.
Gaza, Bayer. Gen., urteilt über das K.-K. I 67, 70.
Gebäude und innere Einrichtung (Allgemeine Vorschriften von 1859 in Österreich-Ungarn) III 245.
Geheimrats-Geschlechter in Hannover II 4, 8.
Geismar, v., Russ.-Gen., ist nicht Zögling der Mil.-Ak. zu Münster II 321.
Geld, Besitz von (vgl. Taschengeld): Bayern: k. k. I 205 — Hessen-Cassel: k. k. II 135.
Genealogie s. Heraldik.
General-Inspekteur des Hann. K.-K. II 109.

— **-Inspektion** des Mil.-Erz.- und Bild.-Wesens in Preufsen IV 173—179, 203, 285, 296, 401.
— **-Quartiermeister-Stab**: sorgt in Württemberg für die Ausbildung der Offiziersanwärter V 319—375.
Generalspagen (Preufsen) IV 83.
Generalstab: Unterstellung der Preufs. Kgs.-Ak. unter den, IV 285.
Generalstabs-Akademie zu Hannover II 73—83, 95.
Generalstabsdienst (Unterrichtsgegenstand): Bayern: Kgs.-Ak. I 283, 288, 290 — Hessen-Darmstadt: Mil.-Sch. II 262 — Österreich-Ungarn: Bombardierkorps III 197; Generalstabsschulen 204; Kgsch. 236, 241, 288, 408; Mil.-Ak. 274; Off. des Gen.-Qmstr.-Stabes 203 — Preufsen: Kgs.-Ak. IV 258, 260, 264, 267, 273, 275, 280, 284, 291, 299, 301, 305; Kgsch. 159, 160.
Generalstabsschulen, k. k. III 203—205.
Genest, Lehrer an der Ritter-Ak. zu Colberg IV 9.
Genie-Akademie, K.-K., zu Kloster-Bruck III 233, 251, geht auf in der Techn. Mil.-Ak. 272.
— **-Kadettenschule** k. k., III 338, 419, 420, 421, 422, 426, 428, 440, 450, 452, 456.
— **-Korps-Kadetten**, k. k., Unterrichtsklasse der Ing.-Ak. III 90.
— **-Regimentsschulen** (1859) III 246.
Genetische Skizzen: Österreich-Ungarn: Höherer Art.- und Genie-Kurs III 277; Krgs.-Sch. 406 — Preufsen: Krgs.-Sch. IV 234 — Sachsen: K.-K. V 149.
Gentzkow, v., Preufs. Ob., Direktor der Art.- und Ing.-Sch. IV 474.
Geodäsie (Unterrichtsgegenstand): Bayern: Art.- und Ing.-Sch. I 231, 232; Kgs.-Ak. 283, 290, 291 — Österreich-Ungarn: Mil.-Ak. III 274, 275; Techn. Mil.-Ak. 273 — Preufsen: Kgs.-Ak. IV 258, 260, 267, 273, 275, 283, 284, 291, 299, 304, 305 — Sachsen: Art.-Sch. V 197, 203 (vom J. 1831), 207 (vom J. 1859); Ing.-Ak.

222; Kursus für Offiziere 182, 194; Mil.-Ak. 177, 190, 191 — Württemberg: Kgsch. V 364.
Gegenssle (Unterrichtsgegenstand): Bayern: Kgs.-Ak. I 284, 286, 287, 289 — Württemberg: Off.-Bild.-Anstalt V 354.
Geologie (Unterrichtsgegenstand): Österreich-Ungarn: Technische Mil.-Ak. III 273.
Geographie s. Erdkunde.
Georg III., König von England und Kurfürst von Hannover, trifft Bestimmungen über die Pagen II 4, errichtet das Georgianum 6, eine Art.-Sch. 29, fördert die letztere 35.
— **V.**, König von Hannover, ändert Prüfungsvorschriften II 90.
Georg Friedrich, Markgraf von Brandenburg-Ansbach, errichtet eine K.-Kompagnie IV 80.
— **Wilhelm**, Herzog zu Braunschweig und Lüneburg, läfst seine Pagen unterrichten II 3.
Georgianum zu Hannover II 6—15, 95.
Geramb, Baron, k. k. Hptm., Kmdt. der K.-Kompagnie zu Graz III 161.
Gérard, Lehrer an der Württbg. Off.-Bild.-Anstalt V 332, 358.
Gerland. Kurhess. Gen, Zögling der Westfäl. Art.- und Genie-Sch. V 307.
Gersdorf, v., Preufs. Gen., Kommando zur Allgemeinen Kgs.-Sch. IV 272.
— Sächs. Gen., Kmdt. des K.-K. V 62, 79—89, 92; verschafft dem K.-K. zu Cassel einen Lehrer II 171.
Geschichte (Unterrichtsgegenstand): Baden: Allgemeine Kgsch. I 32, 33, 36; École militaire 21; K.-Haus 47; K.-Institut 24 — Bayern: Ettal I 54; k. k. 63, 66, 117, 118, 120, 124, 130, 149, 157, 163, 171, 173, 189, 191; Kapitulantenschulen 310, Kgs.-Ak. 283, 290, 291; Kgsch. 265; Mannschaftschulen 307; Marianische Ak. 73; Mil.-Ak. 79, 81, 83, 92; Regimentsschulen 251; Untoff. Aspirantenschulen 309 — Braunschweig: K.-Institut I 332, 334, 337 — Hannover: Art.- und Ing.-Sch. II 94, 95: Georgianum 11, 14; K.-K. 103, 107, 108; Kav.-Lehranstalt 71; Mannschaftschulen 113; Mil.-Ak. 87, 88 — Hessen-Cassel: Art.-Sch. II 156; K.-K. 141, 160, 162, 165, 173, 177, 178, 179, 184, 185, 186, 188, 192, 193, 195, 202, 203, 204; Mannschaftschulen 208 — Hessen-Darmstadt: Art.-Sch. II 229; Mil.-Sch. 230, 231, 237, 242, 265 — Hessen-Hanau: Académie militaire II 273, 274 — Mecklenburg: Art.-Sch. II 289; Mannschaftschulen 316; Mil.-Bild.-Anstalt 294, 298, 307, 308, 314 — Münster: Mil.-Ak. II 321 — Nassau: Kgsch. II 347; Mil.-Sch. 348, 350, 352, 355, 356, 366, 370, 373 — Oldenburg: Brigade-Mil.-Sch. II 400, 403, 405; Mannschaftschulen 414, 416; Mil.-Sch. 412 — Österreich-Ungarn: Adelige Mil.-Ak. III 79; Art.-Ak. 233; Art.-Hauptschule 211; Art.-Lyceum 100; Bombardierkorps 197, 199, 208; Galizische Garde 82; Genie-Ak. 233; Grenzschulen 238; Ing.-Ak. 88, 89, 141, 142, 148, 150, 151; Ing.-Sch. Gumpendorf 85; K.-Kompagnieen 155, 156, 157, 160, 165; K.-Schulen 252, 257, 297, 299, 301, 308, 309, 420, 429, 436, 440, 453, 455; Landwehr-K.-Schule 472; Lombardisch-Venetianische Leibgarde 130; Mil.-Ak. 39, 40, 44, 49, 50, 54, 55, 56, 65, 107, 112, 115, 116, 117, 123, 232, 249, 274; Mil.-Grenze 104; Mil.-Kollegium 272; Mil.-Lehrer-Institut 240; Mil.-Ober-Erz.-Häuser 226; Mil.-Pflanzschule 34; Mil.-Realschulen 346, 303; Militärtechnische Sch. 271; Niederösterreichische Ritter-Ak. 14; Pionier Offizierschule 216; Pionierschule 177, 179, 180, 184, 187, 215; Regimentsknaben-Erz.-Häuser 190 196; Schulkompagnieen (Schuleskadron) 228, 229; Technische Mil.-Ak. 273; Ungarische Leibgarde 127; Vorbereitungsschulen 297 — Preufsen: Académie des nobles IV 27, 35, 36; Art.-Ak. 92, 93, 94, 98, 99; Art.-Brigadeschulen 168, 169, 171; Art.-Mannschaftschulen 521, 526, 531, 538; Art.- und Ing.-Sch.

386, 389, 390, 391, 392 406, 417; Divisionsschulen 207, 208, 218; Garnison Frankfurt a. O. 133; Junge Offiziere bei den Regimentern 136, 137; Junkerschulen 124, 126, 134: K.-Haus Culm 74, Stolp 70; K.-K. 61, 64, 66, 310, 312, 315, 316, 320, 321, 324, 328, 329, 335, 336, 337, 349, 350, 351, 353, 354, 355, 356, 357, 358, 359, 360, 366, 367, 370, 371, 372, 373, 374, 375, 376, 377, 378; Kr.-Ak. 254, 256, 258, 259, 260, 264, 267, 273, 275, 282, 283, 284, 291. 299, 303, 305; Kgsch. 153, 159, 160; Mannschaftsschulen für Inf. und Kav. 538; Mil.-Waisenhaus 78, 79; Pagen 82, 83; Pionierschulen 536; Ritter-Ak. zu Berlin 11, 24; Schulabteilung 502, 504; Untoff.-Schulen 507, 508, 510, 511, 512: Untoff.-Vorschulen 512 — Sachsen: Art.-Ak. V 170; Art.-Sch. 197, 202, 203, 204, 206 (vom J. 1831), 212, 213, 214, 215, 220 (vom J. 1859); K.-K. 41, 44, 45, 52, 53, 54, 62, 66, 67, 75, 76, 83, 124, 125, 126, 136, 141, 142, 143, 144, 145, 146, 152, 155; Kursus für Offiziere 181, 182; Kgsch. 110; Mil.-Ak. 174, 177, 188, 190, 191; Mil.-Bild.-Anstalt 97, 98; Untoff.-Sch. u. Untoff.-Vorsch. 227, 228, 231 — Schaumburg-Lippe: Mil.-Sch. V 237, 255 — Schleswig-Holstein: Art.-Untoff.-Sch. V 268 — Westfalen: Mil.-Sch. V 302: Pagenhof 306 — Württemberg: Garnison-Vorbereitungsschulen V 361: Karlschule 316; Kgsch. 372, 380; Mil.-Institut 316; Off.-Bild.-Anstalt 320, 326, 328, 341, 354.

Geschäftstyl s. Militär-Geschäftstyl.

Geschützbedienung (Unterrichtsgegenstand) s. Artillerie, Exerzieren, Praktischer Kursus.

Gesellschaft für deutsche Erziehungs- und Schulgeschichte, II (Vorwort).

Gesellschaftlicher Verkehr (Vorträge über): Österreich-Ungarn: K.-Sch. III 433, 439, 441; Mil.-Ak. 378; Mil.-Realschulen 351, 365; Technische Mil.-Ak. 386.

Gesundheitspflege (Anordnungen und Einrichtungen): Bayern: K.-K. I 128, 148, 169, 206 — Hannover: K.-K. II 101 — Hessen-Cassel: K.-K. II 139, 197 — Mecklenburg: Mil.-Bild.-Anstalt II 296, 310 — Österreich-Ungarn: Gitschin III 9; Ing.-Ak. 88, 138; K.-Kompagnien 165; K.-Schulen 311, 448; Mil.-Ak. 28, 45, 52, 59; Pionierschule 182; Regimentsknaben-Erz.-Häuser 189 — Preufsen: K.-K. IV 55, 324; Kr.-Ak. 293; Oberfeuerwerker-Sch. 497; Ritter-Ak. zu Berlin 12 — Sachsen: Art.-Sch. 198 (vom J. 1851); K.-K. 49, 63, 91, 129, 130, 162); Mil.-Ak. 185 — Württemberg: Off.-Bild.-Anstalt V 334.

Gestüt der k. k. Mil.-Ak. III 75.

Gethe im Sächs. K.-K. V 77.

Geussu, v., Preufs. Gen., beaufsichtigt die Ing.-Ak. IV 111, desgl. das Lehrinstitut für junge Offiziere 113, 114, 115, 116, 119.

Gewehrfabrik in der Alservorstadt zu Wien: Sitz der Kriegsschule III 236.

Gewerbeschule zu Hannover: Von einem Ingenieur-Offizier besucht II 94.

Geyer, Schreiblehrer am Kurhess. K.-K. II. 206.

Geysa, v., Grhzgl. Hess. Ob., Vorsitzender der Schuldirektion II 261, 263.

Gherardy, Lehrer an der Ritter-Ak. zu Berlin IV 23.

Ghilain von Neymbycs, k. k. Ob., Kmdt. des Pionierkorps III 186, 215, 216, 246.

Giesse: Grhzgl. Hess. K.-Schule II 227; Militärische Vorträge an der Universität 225—228; Reitunterricht 248; Strafgelder der Professoren IV 22.

Giefshaus zu Berlin: Aufstellung einer Bibliothek IV 90; Unterricht daselbst 94, 387, 391.

Gille, Brschwg. Kriegsdirektor, ist gegen den Anschlufs an Preufsen I 357.

Girescourt, v., Kurhess. Hptm., Lehrer an der Art.-Sch. II 158; begutachtet den Lehrplan des K.-K. 179, 194; hält den Offizieren der Garnison Cassel Vorträge 209.

Gitschin: Ritterakademie I 4; III 5—12

3

34 Gesch. d. Militär-Erziehungs- u. Bildungswesens i. d. Landen deutscher Zunge.

Maser, Professor am Sächs. K.-K. V 34, 36, 42.
Mass, k. k. Lt., Lehrer an der Pionierschule III 171.
— Professor, Lehrer am Kurhess. K.-K. II 142, 143, 161.
Matz: Preuss. Inspektionsschule IV 135, 136.
Gliederung der Anstalten: Baden: Allgemeine Kgsch. I. 30, 32, 36; Art.-Sch. 27; École militaire 21; K.-Haus 43; K.-Institut 23, 25; Pionierschule 27 — Bayern: Art.- und Genie-Sch. II 224; Art. und Ing.-Sch. 211, 231, 237, 239; K.-K. 59, 113, 122, 123, 129, 130, 138, 146, 149, 157, 161, 170; Kr.-Ak. 281; Kgsch. 256, 262, 264, 274, 278, 279; Mannschaftsschulen 208; Marianische Ak. 72; Mil.-Ak. 76, 86, 96, 99, 105, 107; Oberfeuerwerker-Sch. 302; Regimentsschulen 250 — Braunschweig: K.-Institut I 332, 335; K.-K. 327, 329 — Colmar: Kgsch. I 364 — Hannover: Art.-Sch. II 31 33; Art.- und Ing.-Sch. 53; Garnison-Lehranstalt zu Lüneburg 22; Georgianum 9, 14; Ing.-Sch. 47, 48, 50; K.-K. 98, 104; Mannschaftsschulen 112, 114; Mil.-Ak. 83, 84; Mineur-Sch. 48 — Hessen-Cassel: K.-K. II 131, 137, 141, 162, 163, 173, 176, 183, 200 — Hessen-Darmstadt: Art.-Sch. II 229; Mil.-Sch. 231 — Mecklenburg: Mil.-Bild.-Anstalt II 293, 297, 299, 305, 311 — Münster: Mil.-Ak. II 320, 321 — Nassau: Kgsch. II 383, 385; Mil.-Sch. II 349, 355, 359, 372 — Oldenburg: Brigade-Mil.-Sch. 400, 405; Mil.-Sch. 396, 398, 410 — Österreich-Ungarn: Allgemein 203 (nach dem J. 1848), 217, 222 (im J. 1852), 238 (im J. 1859), 254 (im J. 1867), 266 (im J. 1868), 270 (im J. 1871), 338, 357 (im J. 1874), 395 (im J. 1887); Art.-Ak. 233; Art.-Hauptschule 210; Art.-Lyceum 100; Art.-Mannschaftsschulen 199; Art.-Stabsschulen 208, 212; Bombardier-Korps 103, 197, 208; Chaos-Stift 16; Galizische Garde 82; Genie-Ak. 233; Gitschin 7; Höherer Art. und Geniekurs 279; Ing.-Ak. 88, 89, 148, 150, 249; Ing.-Sch. Gumpendorf 84, 85; K.-Institute 230; K.-Kompagnien 155, 162, 165, 166, 169; K.-Schulen 303, 305, 419, 421, 428, 446, 456; Kgsch. 282, 284, 408; Landwehr-K.-Sch. 473, 474; Lombardisch-Venetianische Leibgarde 129; Mil.-Ak. 27, 28, 50, 54, 69 72, 107, 109, 110, 125, 126, 148, 150, 232, 249, 357; Mil.-Kollegium 272; Mil.-Lehrer-Institut 234; Mil.-Ober-Erz.-Häuser 226; Mil.-Pflanzschule 32; Mil.-Realschulen 356, 358; Mil.-Technische Sch. 271, 357; Mil.-Unter-Erz.-Häuser 225; Mil.-Waisenhaus 92; Pionierschule 171, 172, 179, 184, 186, 215; Pionier-Untoffsch. 200; Regimentsknaben-Erz.-Häuser 189, 190, 195; Schulkompagnien (Schuleskadron) 227-230; Stabsoffiziers-Kurs 413, 416; Technische Mil.-Ak. 357; Zentral-Inf.-Kurs 288 — Preussen: Académie des nobles IV 29, 36; Art.-Ak. 91, 92, 93; Art.-Brigadeschulen 169; Art.-Inspektionschulen; Art.-Mannschaftsschulen 520, 521, 527, 530; Art.- und Ing.-Sch. 388, 399, 407, 411, 420, **431, 434,** 445, 448, 454, 474; Divisionsschulen 205, 211, 212, 216, 217, 222, 223; Ing.-Ak. 103, 108; Junkerschulen 124; K.-Haus Culm 72, Stolp 69; K.-Kompagnie zu Magdeburg 47; K.-K. 53, 54, 62, 64, 67, 310, 315, 316, 317, 322, 323, 325, 327, 332, 334, 341, 344, 345, 347; Kr.-Ak. 253, 258, 285, 291, 292, 306; Kgsch. 152, 160, 228, 232, 247, 252; Lehrinstitut für junge Offiziere 116, 117; Mannschaftsschulen für Infanterie und Kavallerie 172, 538, für Pioniere 534, 535, 536; Mil.-Waisenhaus 79; Oberfeuerwerker-Sch. 488, 490, 491, 492, 493, 494, 496, 497; Pagen 83; Schulabteilung 500, 501, 503, 504; Untoff.-Schulen 507, 508, 509, 514; Untoff.-Vorschulen 518 — Sachsen: Art.-Ak. V 170; Art.-Sch. 167 (vom J. 1767), 196, 199, 205 (vom J. 1831), 209, 210, 212, 219 (vom J. 1859); Ing.-Ak. 221, 225; K.-K. 6, 9, 10, 13, 14, 22, 36,

51, 52, 60, 61, 69, 73, 76, 78, 80, 83, 90, 91, 119, 120, 123, 133, 135, 137, 146, 148, 149, 151, 159; Kgsch. 110, 113, 114; Mil.-Ak. 174, 188, 189; Mil.-Bild.-Anstalt 94, 96; Untoff.-Sch. und Untoff.-Vorschule 227, 229, 231 — Schaumburg-Lippe: Mil.-Sch. V 237, 241, 253, 263 — Schleswig-Holstein: Art.-Untoff.-Sch. V 268, 269 — Westfalen: Art.- und Genie-Sch. V 308; Mil.-Sch. 302 — Württemberg: Kgsch. V 362, 366, 369, 372, 375, 377; Mil.-Institut 317, 318; Off.-Bild.-Anstalt 319, 320, 323, 324, 337, 338, 342, 348, 351, 354, 359.

Gieses: Examinations-Kommission IV 183; Kriegsschule 250, 251.

Glückstadt: Schlesw.-Holst. Art.-Untoff.-Sch. V 269.

Gmünd, Besuch des Schiefsplatzes bei, V 330, 382.

Gnade: Bestehen der Prüfungen aus Gnade: Preufsen IV 185 — Württemberg V 185.

Gneisenau, v., Preufs. FM., unterrichtet Offiziere IV 137; Denkschrift vom Jahre 1807 142; Präses der Ober-Mil.-Ex.-Kommission 183, 184; sorgt 1816 in Coblenz für den Unterricht 210.

Geckel, Hofrat, Lehrer an der Bad. Kgsch. I 35, 46.

Göldner, Sächs. Estandartjunker, seine Beförderung zum Offizier V 175.

Geeler, v., Bad. Kap., Kmdt. des K.-Institutes I 23.

Gephardt, v., Sächs. Maj., Direktor der Ing.-Ak., V 226.

Görne, v., Preufs. Ob., Inspekteur der Infanterie-Schulen, IV 509.

Görtz-Wrisberg, Graf, Brschwg. Korps-Adjutant, beaufsichtigt die Offizieranwärter I 350.

Göttingen: Unterricht in Kriegswissenschaften an der Universität II 23.

Goldacker, v., Offiziere des Regiments nehmen teil an der Garnison-Lehranstalt zu Lüneburg II 22.

Golz, Preufs. Gen., General-Inspekteur des Ingenieurkorps IV 537.

Goltz, v. der, (Colmar), Preufs. Gen., Lehrer an der Allgemeinen Kgsch. IV 286.

Gomez, k. k. Ober-Lt., Lehrer an der Mil.-Ak. III 54.

Gordon, k. k. Maj., Kmdt. der Adeligen Mil.-Ak. und der Mil.-Pflanzsch. III 79.

Gessner, Lehrer an der Preufs. Junkerschule zu Potsdam IV 128.

Gottheld, Lehrer an der Kgsch. zu Berlin IV 160; Mitglied der Ober-Mil.-Ex.-Kommission IV 182.

Gouvernante im Mil.-Waisenhause zu Potsdam IV 79.

Gouverneurs s. Lehrer (bürgerliche) und Kondukteure.

Grabowski, v., Preufs. Pr.-Lt., unterrichtet Offiziere IV 136.

Grahn, Tänzerin zu Cassel, II 194.

Grahn, Zeichenlehrer am Kurhess. K.-K. II 206.

Gramich, Kmdt. der Bayer. Art.- und Genie-Sch. I 231.

Grammatik und Syntax, Unterrichtsklassen der Mil.-Ak. zu Wiener-Neustadt III 49, 50, 55.

Grands-Mousquetaires (Sachsen) sollen eine Pflanzschule für Reiteroffiziere bilden V 8, 14, 20.

Grantzow, Fechtmeister an der Ritter-Akademie zu Berlin (1707), IV 23.

Granzow, Tanzlehrer am Brschwg. K.-Institute I 338.

Graudenz: Preufs. Artillerie-Brigadeschule IV 168, 169, 171.

Gravenreuth, v., Bayer. Rat, I 103.

Gravius, Preufs. Kap., Lehrer an der Académie des nobles, IV 28, 37.

Grawert, v., Preufs. Gen., fördert die Ausbildung der Offiziere, IV 135, 136.

Graz: k. k. K.-Kompagnie III 159, 161 bis 167; K.-Sch. 294; Landwehr-Off.-Aspiranten-Sch. 334; Schulkompagnie 227; Vorbereitungsschule 299.

Greiffenclau, Karl Philipp, Fürstbischof von Würzburg, I 312.

Grenadiere im Preufs. K.-K. IV 67.

Grenz-Regimentsschulen, k. k., III 227, 238, 242.

— -**Schulkompagnien**, k. k., III 226, 227 270.

Griechen im Bayer. K.-K., I 144.
Griechische Sprache (Unterrichtsgegenstand): B a d e n: Allgemeine Kgsch. I 34 — B a y e r n: Ettal I 54; K.-K. 182, 186; Mil.-Ak. 86; Pagerie 318 — H a n n o v e r: Georgianum II 12, 14; Ritter-Ak. zu Lüneburg 26 — S a c h s e n: K.-K. V 71, 75.
— In B a d e n für den Offizieranwärter gewünscht I 35; in B a y e r n in der Mil.-Ak. nicht gelehrt I 86; in P r e u f s e n aus dem Lehrplane des K.-K. ausgeschlossen IV 336, Gegenstand einer Prüfung 197, 203, 204.
Grobade: (Hannover): Anfänge der Offizierschule des Generals von Estorff II 16.
Grolsheim, Hofmusikus zu Cassel, dichtet Kadettenlieder II 144.
Groeben, v. der, Preufs. Minister IV 20.
Groeben, Graf v. der, Preufs. Gen.: Plan für Neugestaltung der Divisionsschulen IV 226.
Gröfse s. Aufnahmebestimmungen.
Griessenback, Frhr. v., Kmdt. des Bayer. K.-K., I 146—155.
Grillow, Lehrer am Preufs. K.-K. IV 61.
Griesheim v., Preufs. Oberst, Lehrer an der Allgemeinen Kgsch. IV 286, an der Art.- und Ing.-Sch. 412; schreibt über das K.-K. 330.
Grisser, G. F. v., errichtet eine Stiftung zur Ausbildung von Ingenieuren im Chaos-Stift III 16.
Griepenkerl, Lehrer am Brschw. K.-Institute I 338.
Groimas, v., Preufs. Gen., äussert sich über die von Art.- und Ing.-Offizieren nachzuweisenden Kenntnisse, IV 482.
Grofs-Lichterfelde: Preufs. Haupt-K.-Anstalt IV 343—384.
Grofswardein: k. k. Regimentsknaben-Erz.-Haus III 225.
Grote, de, Bayer. Ob.-Lt., leitet einen Ing.-Kursus zu Ingolstadt I 213.
Grüberger, Studiendirektor am Bayer. K.-K. I 66, 74.
— **v.**, Preufs. Maj., Direktor des K.-Hauses zu Culm, IV, 73—75.
Grumbkow, v., Preufs. Minister, IV, 23.

Grundlisten: Bad. Allgemeine Kgsch. I 33.
Grunewald, Lehrer am K.-K. zu Cassel II 142.
Gues: k. k. Mil.-Ober-Erz.-Haus III 226, 239, 251, 264, 270, 272; Mil.-Unterrealschule 337, 404.
Güther, Frhr. v., Preufs. GL., sorgt für den Unterricht von Offizieren und Mannschaften IV 137.
Guides werden in Württemberg zu Offizieren ausgebildet V 394.
Guilhomme, Preufs. Pr.-Lt., unterrichtet Artillerieoffiziere IV 90.
Gumpendorf: k. k. Ing.-Sch. III 63.
Gundling, Lehrer an der Ritter-Ak. zu Berlin, IV 19, 23.
Gurse, k. k. Ob., Kmdt. der Kgsch. III 283.
Gustav Adolf, Herzog von Mecklenburg-Güstrow, läset seine Pagen unterrichten II 279.
Gymnasium militare: Vorschlag zur Errichtung III 13.
Gymnastik (Unterrichtsgegenstand): B a d e n: Allgemeine Kgsch. I 33, 36; K.-Haus 47; K.-Institut 24 — B a y e r n: Ettal I 54; K.-K. 63, 86. 124, 138, 167, 174, 189, 192, Kr.-Ak. 283, 284; Kgsch. 256, 260, 265, 266; Pagerie 319 — B r a u n s c h w e i g: K.-Institut I 337; Unterrichtskursus für Offizieranwärter 354; Wolfenbüttel 323 — H a n n o v e r: K.-K. II 103; Kavallerie-Lehranstalt 71, 73 — H e s s e n - C a s s e l: K.-K. II 162, 166, 185, 186, 187, 188, 190, 194, 196, 204 — M e c k l e n b u r g: Mil.-Bild.-Anst. II 307, 308, 314; Divisionsschule 294, 299, 303 — N a s s a u: Kgsch. II 384; Mil.-Sch. 365 — O l d e n b u r g: Mannschaftsschulen II 416; Brigade-Mil.-Sch. 400, 404; Mil.-Sch. 412 — O e s t e r r e i c h - U n g a r n: Art.-Ak. III 233; Art.-Hauptschule 212; Bombardierkorps 208; Genie-Ak. 233; Gitschin 10; Grenzschulen 238; K.-Schulen 252, 257, 298, 299, 309, 433, 439, 441, 455; Landwehr-K.-Schulen 472; Lombardisch-Venetianische Leibgarde 130; Mil.-Ak. 39, 62, 107, 116, 232, 249,

274, 275, 377; Mil.-Lehrer-Institut 234, Mil.-Ober-Erz.-Häuser 226; Mil.-Realschulen 352, 365, 369; Militärtechnische Schule 272; Mil.-Unter-Erz.-Häuser 225; Pionierschule 216; Regimentsknaben-Erz.-Häuser 225; Schulkompagnieen (Schuleskadron) 228, 229; Technische Mil.-Ak. 273, 386; Vorbereitungsschulen 297, 304; Zentral-Inf.-Kurs 289 — Preufsen: Art.-Mannschaftsschulen IV 529, 531, 533; Art.- u. Ing.-Sch. 426, 428; Divisionsschulen 206, 208, 223; K.-K. 64, 310, 313; 316, 324, 329, 340, 362, 363; Kgsch. 239, 243, 244, 251; Oberfeuerwerker-Schule 495; Ritter-Ak. zu Berlin 11; Untoff.-Sch. 513, 518; Untoff.-Vorschulen 512 — Sachsen: K.-K. V 41, 45, 57, 59, 63, 65, 84, 140, 150, 152, 153; Kgsch. 111; Mil.-Bildungs-Anstalt 97, 98, 105; Untoff.-Sch. und Untoff.-Vorschule 227, 232 — Schleswig-Holstein: Art.-Untoff.-Sch. V 268 — Westfalen: Pagenhof V 306 — Württemberg: Kgsch. V 365, 373, 380; Offi.-Bild.-Anstalt 320, 327, 328, 341, 354.

H.

Habermehl, Grhzgl. Hess. Ober-Lt., Lehrer an der Mil.-Sch. II 260.

Hädels, v., Nass. Ob., Direktor der Mil.-Sch. II 358, 366, 370, 372, 377; Vorsitzender einer Kommission 377; Zögling der Westfälischen Art.- und Genie-Sch. V 306.

Hadik, Graf, k. k. Hofkriegsrats-Präsident III 72, 101.

Hagemann, Hann. Lt., Lehrer an der Ing.-Sch. II 47, 49, 50.

Hagen, Lehrer an der Preufs. Art.-Ak. zu Königsberg IV 99.
— Lehrer an der Art.- und Ing.-Sch. zu Berlin IV 412.

Hagenau: Besuch des Schiefsplatzes durch Preufs. Kriegsschüler IV 243.

Hagenberg: Unterricht für die Zöglinge der Mil.-Sch. auf dem Wilhelmsteine V 259.

Hahn, Grhzgl. Hess. GL., entwirft den Plan für eine Kriegsschule II 221; ist Lehrer an derselben 223; überwacht den Unterricht 224; vorläufiges Aufhören seiner Wirksamkeit 228; übernimmt die Schuldirektion 230.
— v., Preufs. Gen., Kurator der Art.- und Ing.-Sch. IV 427.

Hainburg: k. k. K.-Institut III 230, 239, 268, 270; K.-Schule 419; Regiments-Vorbereitungs- und Offiziersaspiranten-Sch. der Pioniertruppe 291; Schulkompagnie 227, 228, 239, 268, 270; Untoff.-Sch. der Pioniertruppe 292.

Hake, v., Hann. Kriegsrat II 40, 42.
— Preufs. Gen. und Kriegsminister IV 395, 499.

Halberstadt: Unterricht der Offiziere der Garnison IV 135.

Halle: Unterricht der Freikorporale der Garnison IV 137.

Haldensleben: Seminar zu, V 286.

Hall: k. k. Regimentsknaben-Erz.-Haus III 225.

Hallberg, Frhr. v., Bayer. Ob., I 220—222.

Hallog, Baron, k. k. Hptm., Kmdt. der Pionierschule III 185.

Halli, Bayer. Oberfeuerwerkmeister I 212.

Hamburg, Freie Stadt, nimmt teil an den Hann. Unterrichtsanstalten II 93, 108, 109, 409; schliefst eine Konvention mit Oldenburg II 399; Lösung derselben 409; Wiederanknüpfung 412.

Hamel, de, alter Bayer. Kadet I 64.

Hameln, Hann. Mineurschule II 47, 49.

Hamflag, k. k. Ob.-Lt., führt die Oberaufsicht über die Ing.-Sch. zu Gumpendorf III 65.

Hammerstein, Frhr. v., Hann. Ob., urteilt über die Kavallerie-Lehranstalt II 73.

Hanau: Académie militaire, II 271—276; Vorträge für die Offiziere der Garnison 212.

Handfertigkeiten (In Sachsen gebrauchte Bezeichnung). Schreiben und Zeichnen.

Handlanger der kurpfälzischen Artillerie werden wissenschaftlich geprüft I 305.

Handwerk (Erlernen) Bayern: Mil.-Ak. I 77, 87, 95 — Österreich-Ungarn:

Mil.-Waisenhaus III 91 — Preufsen:
Mil.-Waisenhaus IV 80; Schulabteilung 501, 502, 503.
Massakes, v., Preufs. Gen., Kommando zur Allgemeinen Kriegsschule IV 272
Massemann, v., (Druckfehler „Hanmann") Preufs. Kapitän, Expedient der Ober-. Mil.-Ex.-Kommission IV 182.
Massig, Frhr. v., k. k. GFM., Unterdirektor der Mil.-Ak. III 41, 47, 57.
Nassauer (Kurfürstentum und Königreich): Allgemein I 11; Anstalten und Einrichtungen II 3—115; Kommando von Offizieren zur Preufs. Kgs.-Ak. IV 269.
— (Stadt): Sitz von Kgl. Hannoverschen Mil.-Ers. und Bild.-Anstalten II 3—115; einer Preufs. Art.-Brigadeschule IV 528, Kgsch. 242, 250, 251.
Nardegg, v., (J. v. H.), Württbg. Gen. V 357.
Nardenberg, v., Hann. FM., fordert Gutachten behufs Errichtung von Offizier-Bildungsanstalten II 20, billigt einen Plan 27.
Hardenberg, Fürst, Preufs. Staatskanzler IV 209.
Narrsch, Graf, Vorstand des Chaos-Stiftes zu Wien III 15.
— **Gralen**, Zöglinge der Ritter-Ak. zu Gitschin III 11, 12.
Marsch, Baron, k. k. FZM. und Genie-Prodirektor III 65.
Bartlieb, Frhr., v., k. k. FML. Kmdt. der Technischen Mil.-Ak. III 389.
— v., gen. Walsporn, Direktor der Bayer. Art. und Ing.-Sch. I 236.
Hartmann, v., Hann. Gen., beeinflufst die Ergänzung der Art.-Offiziere II 97.
— Preufs. Gen. d. Kav., besucht die Allgemeine Kgsch. IV 272.
— Preufs. GM. und Inspekteur der Kriegsschulen IV 250.
Hartmann, Grhzgl. Hess. Maj., Lehrer an der Mil.-Sch. II 260, begutachtet dieselbe 262.
— k. k. Ob., Kmdt. der Mil.-Ak. III 381.
— Preufs. GL., macht Mitteilungen über die Hann. Art.- und Ing.-Sch. II 114.
Hartung, Lehrer an der Academie des nobles und an der Kriegsschule zu Berlin IV 44, 160, an der dortigen Art.- und Ing.-Sch. 391, 392.
Harttung, Capitaine d'armes am Sächs. K.-K. V 34.
Hass, Hann. Lt., Lehrer an der Mineurschule I 49, 50.
Hasse, Professor am Sächs. K.-K., V 51, 59, 69, 71.
Hasser, v., k. k. Maj., führt die Aufsicht über die Pionierschule III 174, 178.
Hasegwitz, Graf, betreibt die Errichtung der k. k. Mil.-Ak. III 23, 24.
— k. k. Ob., Kmdt. d. Mil.-Ak. III 251, 273.
— Preufs. Ob., Kmdr. des K.-K. IV 348.
Haskwitz, Preufs. Pr.-Lt. unterrichtet Offiziere IV 136.
Hauptzeugamt, k. k., tritt für einen eigenartigen Offiziersersatz ein III 101.
Hauskaplan: Seine Stellung im Bayer. K.-K. I 67.
Hauslab, Ritter v., k. k. FZM. III 259.
Hausordnung s. Innerer Dienst.
Hausmann, Sächs. GM., Oberzeugmeister V 168.
Hautboisten: Preufsen: K.-K. IV 67 — Sachsen: K.-K. V 10.
Hautboistenschule: Preufsen: Mil.-Waisenhaus IV 80 — Sachsen K.-K. V 32, 35.
Havemann, Gestütmeister, unterrichtet an der Hann. Art.-Sch. II 43.
Haymerle, Ritter v., besucht die k. k. Kgsch. III 236; Gegner des System Pechmann 335.
Hebberling, Kmdt. des Bayer. K.-K. 181 bis 185, Kmdt. der Kgsch. 260.
Hecker, Lehrer an der Preufs. Art.-Ak. zu Berlin IV 98.
Heeresorganisation (Unterrichtsgegenstand): Bayern: Kr.-Ak. I 283, 284; Pagerie 319 — Braunschweig: Unterrichtskursus für Offiziersanwärter I 351 — Hannover: Generalstabs-Ak. II 81 — Hessen-Cassel: Mannschaftsschulen II 209 — Hessen-Darmstadt: Mil.-Sch. II 245, 261 — Nassau: Kgsch. II 384; Kgsch. Siegen 331, 338 — Oesterreich-Ungarn: Art.-Hauptschule III 212; Bombar-

dierkorps 208; K.-Schulen 257, 299, 301, 309, 420, 430, 437, 440, 456; Kgsch. 236, 288; Landwehr-K.-Schule 472; Mil.-Ak. 232, 274, 275, 374; Stabsoffiziersaspiranten-Schule 281; Stabsoffiziers-Kurs 414, 477; Technische Mil.-Ak. 381; Zentral-Infanterie-Kurs 289 — Preufsen: K.-K. IV 324, 348; Kgsch. 236, 239, 241, 251 — Sachsen: Kursus für Offiziere V 182, 194; Mil.-Ak. 177 — Schleswig-Holstein: Art.-Untoff.-Sch V 268; — Schweiz: Polytechnikum V 291, 292.

Heldeck, Frhr. v., Bayer. GL. I 156.

Helden, Preufs. Kap., Lehrer an der Art.-Ak. zu Berlin IV 98.

Heldern: Übungsplatz für die Militärschule auf dem Wilhelmsteine V 247.

Helm, Professor an der Württbg. Off.-Bild.-Anstalt V 331, 333.

Helmberg, v., Hann. Pr.-Lt. II 109; Preufs. GL. IV 157.
— Oldenbg. Hptm., Verfasser eines Leitfadens II 414.

Helnemann, v., Maj., Kmdt. der Westfälischen Mil.-Sch. V 307.

Meldring, v., Westfäl. Gen. und Gouverneur des Pagenhofes V 303.

Heller des Lehrers in den Preufsischen Art.-Mannschaftsschulen IV 524, 525.

Hellwig, Professor an der Westfäl. Mil.-Sch. V 303.

Hennig, v., Lehrer an der Preufs. Allgemeinen Kgsch. IV 264, 265, 266, 274.

Heraldik (Unterrichtsgegenstand): Bayern: Ettal I 54 — Österreich-Ungarn: III 55 — Preufsen: Ritter-Ak. zu Berlin IV 11.

Herder, Stallmeister der Ritter-Ak. zu Berlin IV 19.

Hermann, Lehrer an der Nass. Mil.-Sch. II 352, 353.

Hermannstadt: k. k. K.-Schule III 294, 419, 420; Vorbereitungsschule 299.

Hermbstadt, Lehrer an der Preufs. Allgemeinen Kgsch. IV 264.

Hersfeld: Preufs. Kriegsschule zu, IV 250, 251.

Hertel, Lehrer an der Ritter-Ak. zu Liegnitz III 14.

Hertenstein, v., Jesuitenschüler, disputiert über Befestigungskunst V 276.

Herz v. Herzberg, Joh. Daniel, will eine Kadettenschule auf Aktien gründen I 315.

Herzberg: Campement bei, dient zum Unterrichte der Offizierschule zu Nordheim II 18.

Herzogs-Garten-Gebäude in München I 136, 143.

Hess, Frhr. v., k. k. FZM. I 15; III 202, 203, 215, 217.

Hessen-Cassel (Landgrafschaft und Kurfürstentum): Allgemein I 11; Anstalten und Einrichtungen II 119—218; Offiziere besuchen die Universität Göttingen 24; Truppen marschieren durch Nordheim 18.
— -**Darmstadt** (Landgrafschaft und Grofsherzogtum): Allgemeines I 7, 12; Anstalten und Einrichtungen II 219 bis 267.
— -**Nassau** (Landgrafschaft): Allgemein I 6; Anstalten und Einrichtungen II 271—276.
— -**Homburg** (Landgrafschaft): Nimmt teil an der Grhzgl. Hess. Mil.-Sch. II 267; an der Nass. Mil.-Sch. 375.

Hessert, Grhzgl. Hess. Off., Lehrer an der Mil.-Sch. II 264.

Hetzgarten in Berlin, zur Unterbringung der Kadetten benutzt IV 46; Neubau daselbst 61.
— NB. Auf S. 53 und S. 56 ist irrtümlich „Holzgarten" gedruckt.

Heusinger, Professor am Sächs. K.-K. V 70, 71.

Heyaltz, v., Kap.-Lt. der Sächs. K.-Kompagnie V 15, 19.

Heyland, Hann. Fähnrich, Lehrer an der Ing.-Sch. II 47, 50.

Heymann, Nass. Hptm., bildet sich zum Lehrer aus II 360; 2. Direktor der Mil.-Sch. 377.

Hieronymus, König von Westfalen V 301, 302, 310, 312.

Hildebrand, Stallmeister, erbietet sich zum

Unterrichts an der Kr.-Ak. zu Berlin IV 289.
Hildebrandt, Kurhess. Maj., hält den Offizieren der Garnison Cassel Vorträge II 212.
Hilfsfeuerwerker der Preufs. Oberfeuerwerker-Schule IV 492, 494.
Hilfskurse der Bayer. Art.- und Genie-Sch. I 229.
Hill, Landgräflich Hessischer Lt., Lehrer an der Kgsch. zu Darmstadt II 223.
Hilleprandt, Anton Edler v., besucht die Kriegsschule zu Wien, III 236.
Niederste, v., Preufs. Gen., Kommando zur Allgemeinen Kriegsschule IV 272; Lehrer an dieser 286; Kurator der Art.- und Ing.-Sch. 444; General-Inspekteur der Artillerie 482, 527.
Hirschbaum, k. k. Hptm., Kmdt. der Ing.-Sch. zu Gumpendorf III 85.
Hirschfeld, v., Mecklbg. Flügel-Adj., thätig bei Errichtung der Mil.-Bild.-Anstalt II 290; ihr Kommandant 291.
— Oldenbg. Hptm., thätig bei Errichtung der Mil.-Sch. II 394.
Historici: Unterrichtsklasse der k. k. Mil.-Ak. III 50.
Hobert, Lehrer an der Preufs. Art.-Ak. zu Berlin IV 98; an der dortigen Kriegsschule 154, 158, 259; an der dortigen Art.- und Ing.-Sch. 392.
Hocker, Lehrer der K.-Kompagnie zu Ansbach IV 80.
Höherer Artillerie-Kurs (Österreich-Ungarn) III 233, 235, 240, 276.
Höherer Artillerie- und Genie-Kurs (Österreich-Ungarn) III 404.
Höherer Genie-Kurs (Österreich-Ungarn) III 235, 240, 265, 276.
Höherer Kurs, Österreich-Ungarn: Bombardierkorps III 198, 208; Mil.-Ak. 122, 123, 126 — Sachsen: Art.-Sch. vom J. 1859 V 212, 218; K.-K. 123.
Höhere Offizierschule in Baden I 50.
Hölder, Württbg. Ober-Kriegsrat V 344, 351.
Höller, k. k. Ober-Lt., legt den Plan zu einer Kriegsschule vor III 203.
Höpfner, v., Preufs. Ob., Lehrer an der

Allg. Kgsch. IV 268; Direktor der Schule 272, 274; Lehrer an der Art.- und Ing.-Sch. 412.
Hörvermögen: Bayern: I 152.
Hoff, v., Lehrer an der Académie des nobles zu Berlin IV 37, 42, 44.
Hofmann, v., Preufs. Gen., Zögling des Militär-Knaben-Erz.-Institutes zu Annaburg IV 516.
Hoffmann, Preufs. Ob., Direktor der Art.- und Ing.-Sch. IV 475.
Hoffmann von Donnersberg, Frhr. v., k. k. GM., Kmdt. der Technischen Mil.-Ak. III 272.
Hofkriegsrat, k. k., setzt die Anstellung von Kadetten bei der Artillerie durch III 101.
Hofmeister am K.-K. zu Cassel (Einkommen) II 189; der Preufsischen Pagen I V 82. (Vgl. Lehrer, bürgerliche.)
Hogrewe, Hann. Ob.-Lt., entwirft einen Plan für Kriegsstudien des Leib-Garde-Regiments II 21; Lehrer an der Ing.-Sch. 46; verfafst einen „Unterricht" 49.
Hohenlohe, Kraft, Prinz zu, Preufs. Gen., Kommando zur Allgemeinen Kgsch. IV 272.
Holleben, v., Preufs. Gen., Präses der Mil.-Ex.-Kommission IV 148, 175, 176, 178, 198, 203, 213, 266, 267, 331; V 154.
Holtzendorff, v., s. Holtzendorff.
Holzhaus, Direktor der Sächs. Unteroffizier- und Unteroffiziervorschule V 226.
Holtze, Oberlehrer am Kadettenhause zu Berlin IV 336.
Holtzendorff, v., Preufs. Gen., verfafst ein Artilleriekollegium IV 86; errichtet eine Art.-Regimentsschule 87.
— Preufs. Gen., Gen.-Inspekteur des Mil.-Erz.- und Bild.-Wesens IV 173, 214—217, 262, 263, 385.
Holtzmann, v., Preufs. Ob., Verfasser eines Artilleriekollegiums IV 86.
Homilius, Sächs. Gen., Studiendirektor des Mil.-Bild.-Institutes V 94; Direktor der Art.-Sch. 197.
Honorare: Baden: Für Prüfungen I 30; für Unterricht 23, 32, 39, 45 —

Bayern: Für Unterricht I 84, 129
Hannover: Für Unterricht II 7, 10, 23, 25, 30, 42, 47, 84 —
Preußen: Für Unterricht I 355; IV 87, 122, 153, 209, 224, 265, 288, 293, 332, 396, 418, 476, 489, 533 —
Sachsen: Für Unterricht V 96, 134, 156, 197 — **Schaumburg-Lippe:** Für Unterricht V 255 — **Schleswig-Holstein:** Für Ausbildung von Offizieranwärtern V 270 — **Schweiz:** Für Unterricht V 276, 277 — **Württemberg:** Für Unterricht V 321, 331, 332, 358, 365.

Hepfe, Kurhess. Maj., Lehrer am K.-K. II 171, 182; hält Vorträge für die Offiziere der Garnison Cassel 210.

Hersig, Ordinarius des Kadettenhauses zu Berlin IV 339.

Herrer, Sächs. Pr.-Lt., entwirft den Plan für die Ing.-Bildungs-Anstalt V 179.

Hessless, Franz. Sprachmeister am K.-K. zu Cassel II 175, 189.

Hospitanten: Mecklenburg: Mil.-Bild.-Anstalt II 311, 314 — Preußen: Art.- und Ing.-Sch. IV 419, 429, 430; Divisionsschulen 213, 216; K.-K. 310, 333, 382; Kr.-Ak. 269, 294, 306 — Sachsen: K.-K. V 149.

Hotze, k. k. GM., Kmdt. des Stabsoffizierskurses III 415.

Hottinger, Heinr., wird für den Dienst der Stadt Zürich ausgebildet V 283.

Heyer, Sächs. Maj., Direktor der Art.-Sch. V 167.
— v., Preuß. Ob., Mitglied von Kommissionen IV 385, 387.

Hügel, v., Württbg. Gen. und Kriegsminister V 337, 343—350.

Hülsen, Preuß. Professor, schreibt ein Lehrbuch IV 236.

Hüther, Lehrer an der Preuß. Junkerschule zu Wesel IV 134.

Hütz, Bayer. Hptm. I 130.

Hugo, v., Hann. Feuerwerker, Lehrer an der Art.-Sch. II 31, 34, 45.

Humanitätswissenschaft (Unterrichtsgegenstand in Österreich-Ungarn) III 123.

Humanisten, Zöglinge der Marianischen Akademie zu München I 73.

Humbert, Preuß. Maj., schreibt über Befestigungskunst IV 100, unterrichtet darin 129.
— v., Preuß. Pr.-Lt., Lehrer an der Junkerschule zu Potsdam IV 128.

Hundeshagen, Bibliothekar, zum Lehrer der Nass. Mil.-Sch. vorgeschlagen II 353.
— Prof., unterrichtet an der Académie militaire zu Hanau II 273, 274.

Huth, v., Dänischer Gen., sendet einen Bericht nach Cassel II 155.

Huth, Grhzgl. Stallmeister, erteilt Reitunterricht II 247.

I.

Iber, Lehrer an der Académie militaire zu Hanau II 274.

Ideler, Lehrer an der Kriegsschule zu Berlin IV 155, 158.

Illyrisch, (Unterrichtsgegenstand): Österreich-Ungarn: III 228.

Impfung der Blattern, eingeführt in der Mil.-Ak. zu Wiener-Neustadt III 51.

Infanterie-Kadettenschulen (Österreich-Ungarn) III 419, 420, 421, 428, 442, 450, 456.

Infanterieschule, Grhzgl. Hess., zu Darmstadt (1819) II 228.

Inhma (Gegenstände des Unterrichtes in der k. k. Mil.-Ak.) III 49.

Ingenieur-Akademie: Brüssel III 19; Dresden V 220; Potsdam IV 103; Wien III 17, 86, 133; Würzburg I 311.
— **-Bildungsanstalt,** Sächsische V 173, 198.
— **-Kadetten** (Ingenieur-Korps-Kadetten), k. k., 142, 151, 152 (heißen Unterlieutenants).
— **-schulen** (s. auch Artillerieschulen): Allgemein I 5; Hannover II 45—50; Chaos-Stift zu Wien III 17, 83; Gumpendorf bei Wien III 83.

Ingolstadt: Verwendung von Bayer. Kadetten beim Festungsbau I 63; Besuch der Universität durch Zöglinge der Mil.-Ak. I 94; Besuch der Festung durch Kadetten 166; Büchsenmeisterschule 210, 212; Vorlesungen über Ingenieurkunst, sowie anderweiter Unterricht in letzterer 213; Art.-Untoff.-Sch. 220;

Besuch durch die Art.- und Genie-Sch. 228, 229, 230, 233; durch die Art.- und Ing.-Sch. 243; durch die Kgsch. 261, 274; durch die Kr.-Ak. 287, 292; durch die Oberfeuerwerkerschule 303; Absicht, die letztere nach Ingolstadt zu verlegen 303; Festungsbauschule 304; Unterricht von Mannschaften der Garnison im Christentume 305; Mannschaftsschulen 306.

Innere Kadetten (Bayern) I 60.

Innerer Dienst: Baden: K.-Haus I 44; K.-Institut 23 — Bayern: K.-K. I 59, 128, 143, 148, 175, 187, 200, 205; Kgsch. 258; Marianische Ak. 74; Mil.-Ak. 84, 86, 88, 100, 104; Pagerie 320 — Braunschweig: K.-Institut I 331, 336; K.-K. 327; Unterrichtskursus für Offizieranwärter 354 — Colmar: Kgsch. I 364 — Hannover: Georgianum II 12; K.-K. 98, 100, 104; Pagen 5 — Hessen-Cassel: K.-K. II 133, 137, 138, 162, 164, 167, 170, 173, 182, 196 — Hessen-Hanau: Académie militaire II 273 — Mecklenburg: Mil.-Bild.-Anstalt II 296, 306, 308 — Nassau: Lehrkompagnie II 363, 368, 369, 379 — Österreich-Ungarn: Allgemeine Anordnungen für die Erz.- und Bild.-Anstalten III 266 (1868), 359 (1874), 395 (1887); Art.-Stabsschulen 207; Bombardierkorps 208; Chaos-Stift 16; Galizische Garde 82; Generalstabsschulen 205; Gitschin 10; Ing.-Ak. 18, 88, 89, 134, 137, 149; K.-Kompagnieen 165; K.-Sch. 302, 311, 446, 452, 455; Lombardisch-Venetianische Leibgarde 129, 131; Mil.-Ak. 30, 55, 66, 71, 111, 112, 117, 118, 123, 275; Mil.-Pflanzschule 33; Pionierschule 181, 187; Regiments-Knaben-Erz.-Häuser 189, 190, 195; Stabsoffiziers-Kurs 413, 416; Truppenschulen 255; Ungarische Leibgarde 80; Vorbereitungs-Schulen 293 — Preußen: Académie des nobles IV 28, 34; Art.-Ak. 92, 93, 97; Art.-Brigadeschulen 170; Art.- und Ing.-Sch. 392, 394, 407, 412, 429, 434, 436, 452; Divisionsschulen 210, 222; Ing.-Ak. 107; Junkerschulen 123, 125, 134; K.-Haus Culm 73, 74, Stolp 70: K.-K. 46, 48, 55, 56, 57, 63, 68, 318, 325, 328, 344, 361; Kr.-Ak. 253, 264, 265, 271, 273, 280, 288, 293; Kgsch. 152, 160, 228; Mannschaftsschulen für Art. 522, 527, 531, 532, Pioniere 537, übrige Truppen 538; Oberfeuerwerker-Sch. 497; Pagen 83; Ritter-Ak. zu Berlin 12, 18, 25, zu Colberg 8; Schulabteilung 17; Untoff.-Sch. 510; Untoff.-Vorschulen 516 — Sachsen: Art.-Sch. V 200, 206 (vom J. 1831); Ing.-Ak. 223; K.-K. 6, 13, 14, 22, 29, 36, 37, 38, 44, 46, 48, 49, 59, 61, 65, 70, 71, 77, 82, 129, 140, 150, 152, 157, 159, 164; Kgsch. 112, 115; Mil.-Ak. 183, 188, 189; Mil.-Bild.-Anstalt 106; Untoff.-Sch. und Untoff.-Vorschule 228; — Schaumburg-Lippe: Mil.-Sch. V 238, 241, 243, 259 — Westfalen: Art.- und Genie-Sch. V 308, 311; Mil.-Sch. 304 — Württemberg: Garnison-Vorbereitungsschule V 361; Kgsch. 363, 369; Off.-Bild.-Anstalt 325, 340.

Innerhofer, k. k. Maj., führt die Aufsicht in der Mil.-Ak. III 116.

Innsbruck: k. k. K.-Sch. III 294, 419, 420; Landwehroffiziers-Aspiranten-Sch. 334; Vorbereitungsschule 334.

Inspekteur der Preuß. Art.- und Ing.-Sch. IV 399, 409, 454.

Inspektion (Aufsichtsbehörde): Bayern: Mil.-Erz.- und Bild.-Anstalten I 181, 193, 230, 237, 262, 295—299 — Preußen: Kriegsschulen IV 250 bis 252; Infanterieschulen 506—519.

Inspektionsschulen in Preußen: Artillerie IV 487; Infanterie 130.

Inspizienten der Preuß. Ober-Mil.-Kommission IV 198.

Inspizierung der k. und k. Mil.-Erz.- und Bild.-Anstalten III 394; der Kgsch. 409; der K.-Schulen 446, 453.

Institut für die Berlinische Inspektion s. Lehrinstitut für junge Offiziere.

Instruktive Beschäftigungen der k. k. Offiziere und Kadetten III 322.

Isar-Kaserne in München: Bayer. K.-K. dort untergebracht I 58.
Issendorf, v., Sächs. GM., Inspekteur der Unteroffizier-Schule V 229.
Italienische Sprache (Unterrichtsgegenstand): Bayern: Ettal I 54; K.-K. 149, 165 — Oesterreich-Ungarn: Adelige Mil.-Ak. III 79; Art.-Ak. 233; Art.-Hauptschule 211; Bombardierkorps 199, 208; Galizische Garde 82; Genie-Ak. 233; Gitschin 5, 6, 10; K.-Sch. 428; Lombardisch-Venetianische Leibgarde 130; Mailänder Erz.-Haus 196; Mil.-Ak. 27, 29, 30, 56, 66, 107, 123, 232, 249, 274; Mil.-Ober-Erz.-Häuser 226; Mil.-Pflanzschule 33, 34; Niederösterreichische Ritter-Ak. 14; Pionierschule 180, 216; Schulkompagnieen 229 — Preufsen: Kr.-Ak. IV 288; Pagen 82; Ritter-Ak. zu Berlin 11, 24 — Sachsen: K.-K. V 85; Mil.-Ak. 188, 191 — Schaumburg-Lippe: Mil.-Sch. V 237, 255.
Itzstein, v., Bad. Abgeordneter I 31.
Itzehoe: Schlesw.-Holst. Art.-Untoff.-Sch. V 269.

Jacobi: Johann Jacobi von Wallhausen, Schriftsteller u. Direktor der Kriegsschule zu Siegen II 326, 342.
— Hann. GL., schreibt über Offiziersersatz in Braunschweig II 346; Lehrer an der Hann. Art.- und Ing.-Sch. II 54; sein Einflufs auf die Generalstabs-Ak. 81, auf die Mil.-Ak. 92; Gen.-Inspekteur des K.-K. 109.
— Preufs. Maj., Direktor der Art.- und Ing.-Sch. IV 446.
— Preufs. Pr.-Lt., unterrichtet über Artilleriewissenschaft IV 86.
Jäger, Hann. Gen., unterrichtet an der Kav.-Lehranstalt II 71, 72.
Jägersche Schriftskala zur Prüfung des Sehvermögens III 340.
Jähns, Preufs. Ob.-Lt., Lehrer an der Kr.-Ak. IV 286.
Jahn, k. k. Ob.-Lt., Lehrer an der Pionierschule III 184.
— **Ludwig**, Kundgebungen für ihn im Preufs. K.-K. IV 314.

Jahnisch, Lehrer an der Junkerschule zu Potsdam IV 128.
Jahnus, v., Ob.-Lt., Kmdr. der Ansbacher K.-Kompagnie IV 80.
Jahnus von Eberstädt, Sächs. Gen., Kmdt. der K.-Kompagnie V 18.
Jasmund, v., Mecklbg. Hptm., Direktor der Mil.-Bild.-Anstalt II 306.
Jaszbereny: Offizierbildungskurs für Honved-Kavallerie III 481.
Jenz, v., Preufs. Ob., Inspekteur der Inf.-Sch. IV 512—513.
Jerusalem, Abt, thätig bei Errichtung des Collegium Carolinum zu Braunschweig I 324.
Jesuiten (Lehrthätigkeit): Österreich-Ungarn: Gitschin III 6, 10; Theresische Ritter-Ak. 21 — Preufsen: K.-Haus Culm IV 72 — Schweiz: Luzern V 246.
Joachimsthalsches Gymnasium zu Berlin (Beabsichtigte Teilnahme der Zöglinge der Académie des nobles am Unterrichte des) IV 27.
Johann Georg, Kurfürst von Brandenburg erläfst eine Pageninstruktion IV 81.
— **der Ältere**, Graf von Nassau, zieht einen Buchdrucker in sein Land II 335.
— **der Mittlere**, Graf von Nassau I 4: regt an zur Errichtung des Collegium Mauritianum II 119; errichtet die Kriegsschule zu Siegen 325—346.
— Erzherzog von Österreich III 75, 90, 106, 133.
— **Salvator**, Erzherzog von Österreich (Johann Orth), Kmdt. des Stabsoffiziers-Kurses III 411.
— Prinz zu Pfalz-Birkenfeld, Kurpfälzischer Gen.-FZM. I 214.
— **Georg II.**, Kurfürst von Sachsen V 4, 166.
— **Georg III.**, Kurfürst von Sachsen V 4.
— **Georg IV.**, Kurfürst von Sachsen I 4, V 8.
— Prinz, später König von Sachsen V 89, 124, 170.
John, Frhr. v., k. k. FML., führt die Oberaufsicht über die Kriegsschule III 282, 283, 284.

44 Gesch. d. Militär-Erziehungs- u. Bildungswesens i. d. Landen deutscher Zunge.

Josef II., Römischer Kaiser I 8, III 3, 21, 72, 86, 93, 95, 100, 102; V. 317.
— **II.**, Prinz von Sachsen-Hildburghausen I 64.
Josefalsches Mil.-Waisenhaus III 91.
Josefstadt: k. k. Regimentsknaben-Erz.-Haus zu III 225; Vorbereitungsschule 299.
Jossa, v., Nass. Maj., äufsert sich über die Mil.-Sch. II 348.
Jülich: Preufs. Unteroffizier- und Unteroffizier-Vorschule IV 505—519.
Jüterbog: Kommando zur Preufs. Feldartillerie-Sch. in IV 474.
Jung, Lehrer an der Art.-Ak. zu Breslau IV 97.
Jungken-Möntzer, v., Hessen-Casselscher GL., als Gouverneur des K.-K. bezeichnet II 136.
Junk, liefert Gewehre für das Sächs. K.-K. V. 33.
Junker der Preufsischen Regimenter werden mit den Kadetten unterrichtet IV 61.
— (Bezeichnung für Preufsische Kadetten) IV 314.
Junkergarde (Bayern 1827) I 137.
Junkernhaus in München I 162, 224, 230.
Junkerschulen: Potsdam IV 123; Wesel 134.
Junkerprüfung in Bayern I 252, 280.
Jury der Westfäl. Art.- und Genie-Sch. V 307, 308.
Justizlaut im Sächs. K.-K. getanzt V 22.

K.

Kadetten: Baden: Wiedereinführung der Bezeichnung I 113 — Bayern: Zöglinge einer Ausbildungsklasse I 113 — Hannover: Besuchen die Mil.-Ak. II 83 — Hessen-Darmstadt: Werden etatsmäfsig II 236 — Nassau: Bezeichnung für Offizieranwärter II 348, 361 — Österreich-Ungarn: Verschiedene Arten III 152, 162; Ernennung (1866) 259, (1869) 291 — Sachsen: Gemeinsamer Name für die Zöglinge der Mil.-Bild.-Anstalt und der Kgsch. V 92—117.

Kadetten-Akademie zu Berlin IV 45.
— **-Anstalt** zu Hannover II 96.
— **-häuser**: Baden I 42 — Österreich-Ungarn: III 26, 72 (Bezeichnung für die Mil.-Ak.) — Preufsen: IV 52—78, 307—384.
— **-Institut**: Baden: I 22 — Braunschweig: I 331—344 — Österreich-Ungarn: III 230—231, 268, 270.
— **-Kompagnieen**: Ansbach IV 80 — Österreich-Ungarn: III 154—169 — Preufsen: IV 44 — Sachsen: V 9.
— **-korps**: Bayern: I 57, 108 — Braunschweig: I 327—331 — Hannover: II 95—109 — Hessen-Cassel: (1777—1806) 130—154, (1815 bis 1866) 159—207 — Preufsen: IV 45—81, 152, 307—384; nimmt Mcklbg. Kadetten auf II 304 — Sachsen: V 4—92, 118—165 — Württemberg V 315.
— **-Noder**: Hannover: II 67 — Hessen-Cassel: II 144.
— **-schulen**: Akademische (auf Aktien zu gründen) I 315 — Hessen-Darmstadt: II 227 (1814) — Österreich-Ungarn: III 202 (durch Radetzky in Italien errichtet); 250 (1852); 256 (1866); 291, 294 (1869); 418 (1875). Sachsen: V 113 (Teil der Kgsch). — Württemberg: V 375, 378 (Teil der Kgsch.).
Kadet-Expektanten in Hannover II 85, 86, 89, 96, 110.
— **-Offiziers-Stellvertreter** in Österreich-Ungarn III 290.
Kaehler (K.-Pascha), Preufs. Ob., Lehrer an der Kgs.-Ak. IV 286.
Kämmerin: Bayern: K.-K. I 60, 73 — Preufsen: K.-Haus Culm IV 73, 74, Stolp 69.
Kärcher, Diakon, Lehrer an der Badischen École militaire I 22.
Kahnlahren (Unterrichtsgegenstand) s. Rudern.
Kalisch: Preufs. K.-Haus IV 77, 308, 321.
Kalkstein, v., Unterricht beim Preufs. Infanterie-Regimente IV 134.

Kallenbach, Württbg. Lt., führt ein Protokoll V 346.
Kaltenborn, v., Kadet zu Cassel, spricht ein Gedicht bei der Prüfung II 162.
Kameke, v., Preufs. Minister (1707) IV 20, 22.
— Preufs. Gen., Kurator der Art.- und Ing.-Sch. IV 444, 445; Gen.-Inspekteur d. Ing.-Korps 485, 534; Kriegsminister 486.
Kamesitz bei Peterswardein: Filiale des K.-K. Mil.-Ober-Erz.-Hauses Petrinia; Mil.-Ober-Erz.-Haus 239, 270; Vorbereitungsschule 299.
Kameradschafts-Prälektur in der k. k. Mil.-Ak. III 27.
Kammerpages am Preufs. Hofe IV 22.
Kamptz, v., Mecklbg. Ob., befürwortet die Errichtung einer militärischen Unterrichtsanstalt II 288.
— Preufs. Kap., unterrichtet Offiziere IV 136.
Kannewurf, v., Preufs. Gen., beurteilt den Lehrplan des K.-K. IV 66.
Kapitulanten-Schulen: (vgl. Mannschaftsschulen, Truppenschulen): Bayern: I 309 — Preufsen: IV 535, 536, 537—539.
Kappkadetten im Mil. - Waisenhause zu Potsdam IV 79.
Kapläne: Lehrer der k. k. Regiments-K.-Sch. III 170.
Karansebes: k. k. Mil.-Ober-Erz.-Haus III 226.
Karl Theodor, Kurfürst von Bayern: Begründet die Kurpfälzische Mil.-Bild.-Anstalt I 214; ordnet Prüfungen für Offiziere an 252; nach Vereinigung der wittelsbachischen Lande 68, 71, 75, 101.
— Prinz von Bayern I 139. 159, 179.
— Herzog von Braunschweig, errichtet ein Kollegium Carolinum I 325.
— **Wilhelm Ferdinand**, Herzog von Braunschweig: Wird vom Abt Jerusalem erzogen II 324; ändert den Lehrplan des Kollegium Carolinum 325.
— Herzog von Braunschweig, errichtet ein K.-K. I 327.

Karl VI., Römischer Kaiser, errichtet eine Ingenieurschule I 5.
— Landgraf von Hessen-Cassel, errichtet ein Kollegium Carolinum II 123.
— Herzog von Mecklenburg - Strelitz, Preufs. Gen.: Wird in der Académie des nobles unterrichtet; kommandierender General des Gardekorps 206, 499, 500; Mitglied einer Kommission 312.
— Erzherzog von Österreich III 4, 75, 76, 133, 153.
— **Eugen**, Herzog von Württemberg, begründet die Hohe Karlsschule V 315.
— König von Württemberg V 369, 371.
Karlsruhe in Baden: Sitz der Badischen Mil.-Erz.- und Bild.-Anstalten: I 19 ff.; eines Preufs. K.-Hauses IV 361, 382.
Karls-Schule, Hohe, V 315 (Württemberg).
Karlstadt: k. k. K.-Sch. III 420.
Karten (Art des Kriegsspiels) II 333.
Karthaus bei Brünn: k. k. K.-Sch. III 420.
Karussellreiten (Unterrichtsgegenstand): Ettal I 54.
Kaschau: k. k. K.-Sch. III 294, 419, 420; Mil.-Ober-Erz.-Haus 226, 239, 270; Mil. - Unterrealschule 338, 404; Off.-Bild.-Anstalt für die Honved 481; Vorbereitungskurs für Offiziersanwärter der Honved 484; Vorbereitungsschule 299.
Kastrametation s. Taktik.
Katte, Schreiblehrer am Bayer. K.-K., I 139, 150.
Katte, v., Preufs. Gen.,, läfst Offiziere unterrichten IV 137.
Katzeler, v., Preufs. Gen., kaserniert die Divisionsschüler IV 210.
Kausmann, Professor, schreibt über die Ritter-Ak. Liegnitz III 14.
Kessler, v., Württbg. Hptm., Lehrer an der Off.-Bild.-Anstalt V 328, 329, 332.
Kavalier-Korps in Württemberg V 315, 324.
Kavallerie - Brigaderequitationen, k. k. III 258.
— **-Equitations-Institut**, k. k. III 247.
— **-Kadettenschulen**, k. k. III 419, 420, 421, 428, 435, 442, 450, 453 (wo zu lesen ist Z. 11 v. o. III, Z. 12 III, Z. 13 I, Z. 15 II bezw. III und IV), 456.

Kavallerie-Lehranstalt, Hannoversche II 70—73.
— **Regimentsequitationen**, k. k. III 256.
— Vgl. Kadettenschulen.
— **-offiziere**: Preufsen: Brauchen nicht Mathematik zu lernen IV 130; Seydlitz sucht vergeblich sie wissenschaftlich fortbilden zu lassen 132; sie werden unterrichtet 137 — Sachsen: Es werden geringere Anforderungen an ihre Kenntnisse gemacht V 78, 89, 117, 174 — Württemberg: Anforderungen V 320, 324, 354 — Braunschweig: Es werden geringere Ansprüche an ihre Kenntnisse gemacht I 342—344.

Kayser, v., Preufs. Ob.-Lt., Direktor der Art.- und Ing.-Sch. IV 427.

Kees, Ritter v., k. k. Ob, Kmdt der Mil.-Ak. III 273.

Kegels, k. k. Hptm., Kmdt. der Pionierschule III 181, unterrichtet an dieser 184, scheidet aus 185.

Kehrbach, Dr., Herausgeber der Monumenta Germaniae paedagogica I (Vorrede).

— Gewässer bei Wiener Neustadt III 42.

Keibel, Zögling der Ing.-Ak. zu Potsdam IV 112.

Keller, Bayer. Ob.-Lt., trägt im K.-K.-Militärmoral vor I 184.

Kellermann, Landgräfl. Hess.-Casselscher Ob.-Lt., Direktor der Art.-Sch. II 155, 156.

Kellner, Johann David, empfiehlt vergeblich die Ritter-Ak. zu Berlin (1722) IV 25.
— zum Lehrer an der Art.-Sch. zu Hannover vorgeschlagen II 155, 156.

Kessel, v., Preufs. Gen., urteilt über die Untoff.-Sch. IV 506.

Kesselsdorf, Schlacht bei, veranlafst die Gefangennahme sächsischer Kadetten V 28.

Kessler, v., Preufs. Gen., Gen.-Inspekteur des Mil.-Erz.- und Bild.-Wesens IV 179, 236, 251.

Kezdi Vasarhely: k. k. Regimentsknaben-Erz.-Haus III 194.

Kiesewetter, Professor, unterrichtet am Lehrinstitute für junge Offiziere zu Berlin IV 113, 115, 116; verfafst eine Denkschrift (1807) 142; Lehrer an der Kgsch. 160.

Kindler, Preufs. Lt., kommandiert zur Allg. Kgsch. IV 260.

Kinsky, Franz, Fürst, k. k. Gen.-Art.-Direktor III 100!
— **Franz, Graf**, k. k. Gen., Direktor der Mil.-Ak. I 8, 98; III 25, 57—76.

Kintzl, k. k. Kap.-Lt., urteilt über die Mil.-Ak. III 120, verfafst eine Denkschrift über die Kad.-Kompagnieen 159.

Kirchbach, v., Preufs. Gen., Kommando zur Allgemeinen Kgsch. IV 272.

Kirchgang:
Bayern: Mil.-Ak. I 80; K.-K. 132, 163 — Braunschweig: K-Anst. 1 336 — Hannover: Pagen II 5 — Hessen-Cassel: K.-K. II 139, 170 — Münster: Mil.-Ak. II 321 — Oldenburg: Mil.-Sch. II 412 — Österreich-Ungarn: Allgemein i. J. 1852 III; Ing.-Ak. 89, 137, 144, 150; Mil.-Ak. 29, 62, 66, 113, 123; Mil.-Pflanzschule 33; Pionierschule 182 — Preufsen: Académie des nobles IV 29; Art.-Brigade-Sch. 522; Art.- u. Ing.-Sch. 407; K.-K. 325, 383; Kgsch. 230; Oberfeuerwerker-Sch. 497; Ritter-Ak. zu Berlin 12, 17 — Sachsen: K.-K. V 28, 49, 65, 88, 151, 162 — Westfalen: Mil.-Sch. V 304.

Kissingen: Gewerbeschule zu, erwirbt das physikalische Kabinet der Mil.-Sch. zu Darmstadt II 267.

Kittler, k. k. Maj., leitet die Mil.-Pflanzschule III 32.

Klagenfurt: k. k. Vorbereitungsschule III 299.

Klaproth, Lehrer an der Art.-Ak. zu Berlin IV 95, 98; an der Kgsch. 155, 158.

Kleist, v., Preufs. Ob., Sous-Direktor der Académie des nobles IV 40, 41, 44.
— Preufs. Pr.-Lt., wird in dem Lehrinstitute für junge Offiziere unterrichtet IV 115.
— Preufs. Gen, eröffnet eine Inspektionsschule IV 135.

Kleist v. Nollendorf, Graf. Preufs. Gen., wird in der Inspektionsschule zu Berlin unterrichtet IV 131.
Klassifikation s. Zeugnisse.
Klausenburg: k. k. Off.-Bild.-Anstalt für die Honved III 481; Vorbereitungskurs für Offiziersaspiranten der Honved 484; Vorbereitungsschule 299.
Kleber, Franz. Gen. I 62, II 320.
Kleemann, Kmdt. der Bayer. Art.- und Gen.-Sch. I 230, 231; Direktor der Kr.-Ak. 288.
Kleinheldt, Frhr. v., k. k. GM., Kmdt. der Mil.-Pflanzschule III 32, 39; der Adelichen Mil.-Ak. 79.
Klein-Strappen: Sächs. Soldatenknaben-Erz.-Institut V 226—232.
Klengel, v., Sächs. Ob., überreicht den Vorschlag zur Errichtung eines K.-K. V 5, 7.
Kletschke, Preufs. Feldprobst, erhält Befehle über den durch Feldprediger zu erteilenden Unterricht IV 138.
Klette, v., Sächs. Maj., Direktor der Art.-Sch. V 167.
Klingenberg, Frhr. v., Bayer. Ob.-Wachtmeister I 57, 58, 63, 67.
Klingengeld im Sächs. K.-K. V 32.
Klingelhöfer, Hann. Kap., thätig bei Einrichtung der Kadettenanstalt II 96.
Kloeden, v., Preufs. Ob., Inspekteur der Inf.-Sch. IV 506—509.
Kloster Brück: Genie-Ak. III 233; Genie-K.-Sch. 303; Höherer Genie-Kurs 235; Mil.-Ober-Erz.-Haus 239; Unterbringung von Zöglingen der Mil.-Ak. 75.
Klosterneuburg: Erz.-Anstalt für Söhne von Grenzoffizieren III 238; Genie-K.-Sch. übt Brückenschlag 304; Pionierkorps-Sch. 246; Schulkompagnie 227, 230.
Klosterpagen (Preufsen) IV 82.
Knachfufs, Preufs. Pr.-Lt., Lehrer an der Kgsch. zu Berlin IV 160.
Knesebeck, v. dem, Hann. Lt., besucht die Generalstabs-Ak. II 81.
Knebel, v., Oldenbg. Maj. II 393.
Knebelgarde (Oldenburg) II 393.
Knobelsdorf, v., Preufs. Gen., läfst Offiziere unterrichten IV 133.

Knobelsdorf, v., Preufs. Maj., Kmdr. des K.-Hauses Culm IV 308.
Knöfel, Sächs. Oberlandbaumeister, erbaut das K.-Haus zu Dresden V 22.
Knoll, k. k. GM., Kmdt. der Mil.-Ak. III 249, 250.
— Württbg. Lt., Lehrer an der Off.-Bild.-Anstalt V 331.
Koch, Bayer. Oberfeuerwerksmeister I 211—212.
— Würzburgischer Ob.-Wachtmeister, Lehrer an der Ing.-Ak. I 312—314.
Köhler, Grhzgl. Hess. Ob., Mitglied eines in Schulangelegenheiten berufenen Komites II 228.
— Mecklbg. Hptm., Direcktor der Divisions-Sch. II 303, 309, 310; sein Plan für eine Mil.-Bild.-Anstalt 305.
— Preufs. Ob., Direktor der Art.- und Ing.-Sch. IV 474.
— Sächs. GM., berichtet über die Art.-Sch. V 170.
Koeler, Kurfürstlich. Hess. Ob., Lehrer an der Art.-Sch. II 158, Direktor der Mil.-Studien- und Ex.-Kommission 213.
Köln: Preufs. Art.-Brigadeschule IV 521.
König, Preufs. Pr.-Lt., Lehrer an der Art.-Ak. zu Berlin IV 98; am Lehrinstitute für junge Offiziere 114, 115, 116; an der Kgsch. 155, 156.
Königer, Grhzgl. Hess. Hptm., Lehrer an der Mil.-Sch. II 264.
— Kurfürstlich Hess. Hptm., Lehrer am K.-K. II 194, 200, 206.
Königsberg in der Neumark: Unterricht der Offiziere der Garnison IV 138.
— in Preufsen: Art.-Ak. IV 95, 99; Art.-Brigadeschule 167, 168, 169, 171, 521, 528; Divisionsschule 210, 224; Ex.-Kommission 146, 147, 164, 183; Inspektionsschule 130, 132; K.-Kompagnie 45; Kgsch. 152, 163; Unterbringung von Berliner Kadetten im J. 1806, 307.
Königseggsches Gartengebäude zu Wien III 84.
Köpenick, Plan das Preufs. K.-K. dorthin zu verlegen IV 311.
Köpke, Lehrer an der Kgsch. zu Berlin IV 155, 158, 264.

48 Gesch. d. Militär-Erziehungs- u. Bildungswesens i. d. Landen deutscher Zunge.

Köpp, Lehrer an der Nass. Mil.-Sch. II 352.
Kötteritz, v., Preufs. Kap., Direktor des K.-Hauses zu Stolp IV 69, 70.
Koldewey, Dr., schreibt über Topographie und Statistik der Lehr- und Lernbücher I Vorrede; Schriftsteller I 323.
Kollegienhaus zu Königsberg i. Pr. IV 99.
Koller, Frhr. v., k. k. Gen. d. Kav. und Kriegsminister III 336, V 399.
Kollmann, k. k. Hptm., beantragt Errichtung eines Gymnasii militaris III 13.
Kolloquien, Hilfsmittel für den Unterricht III 65.
Kompagnie-Chargenschulen der k. k. Fufstruppen (1866) III 256.
Kompagnieschulen (vgl. Mannschaftschulen, Truppenschulen): Hannover: II 114 — Oldenburg: II 413 — Österreich-Ungarn: 101, 199, 205 — Preufsen: Artillerie IV 167, 168, 520, 524; Pioniere 534, 535, 536.
Kompagnie-Unteroffizierschulen (Österreich-Ungarn) III 458.
Kompagnie-Vormeister-Schulen (Österreich-Ungarn) III 315.
Konduitenlisten s. Zeugnisse.
Konrektor: Preufsen: IV 108 — Sachsen: V 187, 197, 206, 209 — Schaumburg-Lippe: V 238.
Kongregationen, Pater, Präses der militärischen: Unterrichtet Soldaten der Garnison Ingolstadt im Christentume I 305.
Konskriptionsfreie Kadetten der Nass. Lehrkompagnie II 361, 362, 364.
Konskriptionspflichtige Kadetten der Nass. Lehrkompagnie II 361, 362, 364.
Konstabler s. Büchsenmeister.
Kontrolluhren für Aufwärter I 147.
Koppen, Lehrer an der Académie militaire zu Hanau II 274.
Kornenburg: Unterrichtseinrichtungen für das k. k. Pionierkorps (1810) III 170; Pionierschule (1811—1814) 171—172, (1816—1828) 174—183.
Korporalschaft im Sächs. K.-K. V 149.
Korpsältester im Sächs. K.-K. V 150, 159.
Korpsjunker im Bayer. K.-K. I 162.

Korpskadetten in Bayern I 58, 59; in Österreich III 152.
Korpsschulen: Hessen-Darmstadt: II 244, 261, 266 — Österreich: III 99, 197 (Artillerie) — Preufsen: IV 224 (vgl. Divisionsschulen).
Korrektionsabteilung d. Württembergischen Kriegsschule V 363, 377.
Korrepetitoren in den k. k. Mil.- Erz.- u. Bild.-Anstalten III 390; in den Kadettenschulen 443. — Vgl. Repetitoren.
Kosak, Ritter v., k. k. GM., Kmdt. der Mil.-Ak. III 381.
Kosmann, Lehrer der Art.-Ak. zu Berlin IV 95.
Kracht, v., Sächs. Kadet, hat eine Rauferei V 31.
Kränzl, M., unterrichtet in der Büchsenmeisterei I 212.
Krakau: k. k. Schulkompagnie III 239, 270, 271; Vorbereitungsschule 299.
Krankenburg im Sächs. K.-K V 130.
Kraus, Preufs. Auditeur, Schriftführer der Ex.-Kommission im J. 1808 IV 146.
Kreith, Graf, Bayer. Ob. I 70, 71—72.
Krems: k. k. Filiale des Mil.-Ob.-Erz.-Hauses zu Sankt-Pölten III 266; Offizier-Aspiranten-Schule 264; Regimentsknaben-Erz.-Haus 225; Schulkompagnie 227.
Kremsier: k. k. Regimentsknaben-Erz.-Haus III 193.
Krumsmünster: Ritterakademie I 56, III 20.
Kretschmann, M. v., Kmdt. des Bayer. K.-K. I 155—163; errichtet eine Stiftung 179.
Kriebel, Direktor der Bayer. Art.- und Ing.-Sch. I 236, 237.
Kriege, Teilnahme am, von Kadetten etc.: Bayern: I 61, 64, 94, 123 — Mecklenburg: II 283 — Preufsen: IV 45 — Sachsen: V 14.
Kriegsakademie: Bayern: I 280—289 — Preufsen (bis 1859 Allgem. Kriegsschule): IV 178, 253—307; Besuch durch fremdherrliche Offiziere II 290, 395.
Kriegsbaukunst (Unterrichtsgegenstand): Bayern: Art.- und Genie-Sch. I 224, 227, 228; Art.- und Ing.-Sch. 244;

K.-K. 63; Mil.-Ak. 79, 105, 166 — Braunschweig: Collegium Carolinum I 324; Wolfenbüttel 323 — Colmar: Kgsch. I 361 — Hannover: Art.- und Ing.-Sch. II 54 — Hessen-Cassel: Collegium Carolinum II 125, 126 — Österreich-Ungarn: Art.-Korpsschule III 100; Chaos-Stift 16; Höherer Genie-Kurs 240; Ing.-Ak. 18, 90, 149, 152; Ing.-Sch. Gumpendorf 84, 85; Kremsmünster 20; Militärgrenze 104, 105; Niederösterreichische Ritter-Ak. 14: Pionier-K.-Schule 441; Pionier-Offizier-Sch. 216; Pionierschule 177, 179, 180, 187, 216; Ritter-Ak. Liegnitz 14, 15; Technische Mil.-Ak. 273, 382; Theresianische Ritter-Ak. 21 — Preufsen: Art.- und Ing.-Sch. IV 390, 405; Ing.-Ak. 106; K.-Kompagnie Colberg 46; Ritter-Ak. zu Berlin 11, 24, zu Colberg 8 — Sachsen: Art.-Sch. V 31, 204; Ing.-Ak. 223, 225; Kursus für Offiziere 181, 182, 194; Mil.-Ak. 179, 188, 190, 191 — Schaumburg-Lippe: Mil.-Sch. V 262 — Schweiz: Akademie zu Bern V 281; Kunstschule daselbst 282 — Westfalen: Art.- und Genie-Sch. V 308 — Württemberg: Polytechnikum V 395.

Kriegsgeschichte (Unterrichtsgegenstand): Baden: Höhere Kgsch. I 50 — Bayern: K.-K. I 120; Kr.-Ak. 283, 287, 290; Kgsch. 260; Regimentsschulen 251; Untoff.-Aspirantenschulen 309 — Braunschweig: Unterrichtskursus für Offiziersanwärter I 354 — Hannover: Generalstabs-Ak. II 81; K.-K. 103; Kav.-Lehranstalt 71, 72; Mil.-Ak. 84, 90, 91, 92 — Hessen-Cassel: Collegium Carolinum II 125; K.-K. 140, 141, 165 — Hessen-Darmstadt: Mil.-Sch. II 245, 261, 262 — Mecklenburg: Art.-Sch. II 289 — Nassau: Kgsch. II 384; Mil.-Sch. 371 — Oldenburg: Brigade-Mil.-Sch. II 404, 405, 410, 411 — Österreich-Ungarn: Art.-Hauptschule III 212; Art.-Offiziersschulen 210; Bombardierkorps 208; Höherer Art.-Kurs 241, 277, 280; Höherer Genie-Kurs 241, 277, 280; K.-Schule 301; Kgsch. 236, 241, 408; Mil.-Ak. 123, 371; Technische Mil.-Ak. 273, 381; Zentral-Inf.-Kurs 289 — Preufsen: Art.- und Ing.-Sch. IV 417, 449, 450, 452, 456, 460—464, 466, 471—473, 476; Junkerschule 126; K.-K. 316; 334; Kr.-Ak. 258, 259, 264, 267, 268, 273, 274, 275, 280, 284, 287, 291, 290, 305; Kgsch. 152; Lehrinstitut für junge Offiziere 117, 120, 122 — Sachsen: Art.-Sch. V 197, 200, 204 (vom J. 1831), 207 (vom J. 1859); Kursus für Offiziere 195; Mil.-Bild.-Anstalt 97, 98; Untoff.-Sch. 270 — Schleswig-Holstein: Bild.-Anstalt für Offiziere V 270 — Schweiz: Hochschule zu Bern V 288; Polytechnikum 291, 293, 294, 297 — Württemberg: Karlsschule V 316; Kgsch. 365, 378; Off.-Bild.-Anstalt 354, 357.

Kriegskollegium des Herzogtums Braunschweig I 327 (Anm.), 355.

Kriegskunst und Geschichte der Kriegskunst (Unterrichtsgegenstände): Bayern: Art.- und Ing.-Sch. I 231, 232; Kr.-Ak. 283 — Hessen-Darmstadt: Korpsschule II 244; Mil.-Sch. 231 — Oldenburg: Brigade-Mil.-Sch. 404, 405 — Österreich-Ungarn: Art.-Hauptschule III 212; Bombardierkorps 208; Mil.-Ak. 112, 113, 116, 119, 123, 249, 275 — Preufsen: Art.- und Ing.-Sch. IV 420, 422, 428, 437, 439, 441, 442; Kr.-Ak. 266, 267, 275 — Sachsen: Art.-Sch. IV 208 (vom J. 1859); Kursus für Offiziere 181, 194; Mil.-Ak. 188, 189, 191.

Kriegsschulen: Baden: Allgemeine I 29—38; Höhere 38—41 — Bayern: I 10, 157, 159, 254—275 — Hessen-Cassel: II 168 (beim K.-K. eingerichtet) — Hessen-Darmstadt II 266 (Umbenennung der Mil.-Sch.) — Nassau: Siegen II 325—346; Wiesbaden 381—390 — Österreich-Ungarn: III 235, 241, 282, 405 (zu Wien seit 1852) — Preufsen: IV

50 Gesch. d. Militär-Erziehungs- u. Bildungswesens i. d. Landen deutscher Zunge.

152 (vom J. 1810); 225—252 (vom J. 1859); Allgemeine s. Kriegsakademie — Sachsen: V 109—117 — Württemberg: V 319—385.

Kriegsschulinstruktion s. Kriegsschulordnnung.

Kriegsschul-Kommission: In Baden I 45, ersetzt durch eine Direktion der Militär-Bildungsanstalten I 46.

Kriegsschulordnung: Bayern: I 277 — Preufsen: IV 227.

Kriegsspiel: Bayern: Art.- und Ing.-Sch. I 232; Kgsch. 274 — Hannover: Offizierschule zu Nordheim II 18 — Nassau: Kgsch. Siegen II 333 — Österreich-Ungarn: Gehört zu den Instruktionsbeschäftigungen der Offiziere III 325 (Inf.), 326 (Art), 329 (Pion.) — Preufsen: Art.- und Ing.-Sch. IV 446, 460; Kr.-Ak. 267, 272, 274; Kgsch. 240 — Schweiz: Hochschule Bern V 288, 289.

Kriegswesen (Unterricht über Geschichte des): Preufsen: Kr.-Ak. IV 258, 266, 299, 300, 305 — Württemberg: Polytechnikum V 395.

Kriegswissenschaften (Unterrichtsgegenstand): Braunschweig: Collegium Carolinum II 125 — Hannover: Art.- und Ing.-Sch. II 53; Generalstabs-Ak. 81, 82 — Hessen-Cassel: K.-K. II 140, 141, 142 — Hessen-Darmstadt: Mil.-Sch. II 230, 245, 261 — Nassau: Kgsch. Siegen II 331 — Oldenburg: Mil.-Sch. II 394, 398 — Österreich-Ungarn: Mil.-Ak. III 116; Militärgrenze 104 — Preufsen: Junge Offiziere bei den Regimentern (1799) IV 136; K.-K. 324; Kr.-Ak. 257, 284.

Krisan, Lehrer an der Nass. Mil.-Sch., II 353.

Kroatische Sprache: Unterrichtsgegenstand in den k. k. K.-Sch. III 429.

Krüger, Zeichenmeister der Académie des nobles zu Berlin IV 44.

Kruse v., Nass. Gen., II 227, 360.

Köckbusch, v., Sächs. Sek.-Lt., Fähndrich des K.-K. V 33.

Kühne, Preufs. GL., Direktor der Kgsch. zu Engers, IV 225. — — Preufs. Lt., Lehrer an der Art.- und Ing.-Sch. IV 391, 392.

Külp, Prof., Lehrer an der Mil.-Sch. zu Darmstadt, II 260.

Küster, erteilen Unterricht IV 173 (Preufsen).

Kufahl, Lehrer am K.-Hause zu Berlin, IV 68, 69; Mitglied der Ober-Mil.-Ex.-Kommission 82.

Kuhn, Bernerischer Maj., wird ausgebildet V 279.

Kuhn, Franz Frhr. v., k. k. FZM. und Kriegsminister, III 267, 275, 283, 335, 336.

Kuhpockenimpfung im Berliner Kadettenhause IV 68.

Kulturgeschichte: Unterrichtsgegenstand in der k. k. Kgsch. III 288, 408.

Kunersdorf, Schlacht bei, veranlafst die Räumung des Berliner K.-Hauses, IV 60.

Kunstgeschichte: Unterrichtsgegenstand in der Académie des nobles zu Berlin IV 27, 34.

Kunsthaus in Cassel dient zur Unterbringung des K.-K. II 137.

Kunstschule zu Bern V 282.

Kuntze, Hann. Ob.-Lt., steht an der Spitze der Ing.-Sch. 49, 50.

Kunz. Bad. Ob.-Lt., Vorsitzender der Studien-Kommission I 41. — Prof. an der Westf. Mil.-Sch. V 303.

Kuratorium (seit 1887, Vorstand) der Preufs. Art.- und Ing.-Sch. IV 387, 399, 400, 401, 408, 410, 412, 413, 415, 430, 444, 445, 454.

Kurs für die Militär-Verwaltungs-Branche: Nimmt Schüler der k. k. Genie-K.-Sch. auf III 305; zur Heranbildung von Rechnungs-Wachtmeistern 314.

Kurse für Offiziersaspiranten: Braunschweig: I 354 — Württemberg: V 367, 394.

Kurse für Offiziere: Sachsen V 180—183, 194—195.

Kuttenberg: k. k. Mil.-Ober-Erz.-Haus III 226, 239, 270.

L.

Labassée, Tanzlehrer am K.-K. zu Cassel II 194, 206.
Labey, Lehrer an der Académie des nobles zu Berlin IV 44.
Laborie, eröffnet eine Akademie zu Berlin (1683) IV 7.
Lacy, Graf, k. k. Hofkriegsraths-Präsident, III 40, 203.
Lademann, Preufs. Ob., Direktor der Art.- und Ing.-Sch. IV 427.
Lagerhaus in Berlin IV 19.
Lagerübungen in Bayern: I 125, 132, 133, 167.
Laibach: k. k. Vorbereitungsschule III 419.
Laimgrube zu Wien (vgl. Stiftskaserne): Bombardierkorps III 102; Chaos-Stift IV 15, 22; Ing.-Ak. 86, 136; Trinkwasser 88, 136.
Lambert, Fechtmeister der Junkerschule zu Potsdam IV 128.
Landersatz der Preufsischen Unteroffizier-Schulen IV 515.
Landesberg, v., Hann. Ob.-Lt., Chef der K.-Anstalt II 96.
Landsberg an der Warthe: Unterricht der Offiziere der Preufs. Garnison IV 137.
Landwehr-Kadetten-Schule (Österreich-Ungarn) III 473.
Landwehr - Offiziers - Aspiranten - Schulen (Österreich-Ungarn) III 334, 407, 472.
Landwehr-Stabsoffiziers-Kurs III 474 (Österreich); 484 (Honved).
Landwehroffizier nimmt teil am Unterrichte der Preufs. Art.- und Ing.-Sch. IV 419.
Landwirtschaftslehre (Unterrichtsgegenstand): Österreich - Ungarn: Grenz-Schulkompagnieen III 229 — Schaumburg-Lippe: Mil.-Sch. V 237, 257, 262.
Lang, J. B., Sekretär der k. k. Mil.-Ak. III 53.
Langaloir: Unterricht der Offiziere des Preufs. Füsilier-Bataillons IV 136.
Langhans, unterrichtet preufsische Offiziere IV 101.
Langlois, Tanzmeister an der Ritter-Ak. zu Berlin IV 23.
Langsamlesen I 81 (Bayer. Mil.-Ak. I 789).

Lanz, Ingenieur, leitet die Artillerieschule zu Bern V 282.
La Roche, Frhr. de Jarrys v., Dir. der Bayer. Art.- und Ing.-Sch., I 236.
Laslus, Hann. Fähnrich, unterrichtet an der Mineurschule II 47.
Lasselaye, v., Bad. Ob.-Lt., Vorsitzender der Studien-Kommission I 41.
Lateinische Sprache (Unterrichtsgegenstand): Baden: Allgemein I 35 — Bayern: Ettal I 54, K.-K. 116, 124, 138, 139, 149, 164, 171, 172, 189, 190; Marianische Ak. 73; Mil.-Ak. 79, 81, 83, 92 — Braunschweig: K.-Institut I 337 — Hannover: Georgianum II 11, 13, 14; K.-K. 103 — Hessen-Darmstadt: Allgemein II 246, 249, 251 — Mecklenburg: Mil. - Bild. - Anstalt II 299, 307, 308, 314 — Österreich-Ungarn: Art.-Lyceum III 100; Chaos - Stift 17; Gitschin 10; Ing.-Sch. Gumpendorf 84; Mil.-Ak. 49, 50, 54, 55, 66, 107, 112, 115, 117, 121, 123, 274; Militärgrenze 104; Mil. - Pflanzschule 31, 33, 34; Niederösterreichische Ritter-Ak. 14 — Preufsen: Académie des nobles IV 27, 34; K.-K. 315, 319, 324, 328, 329, 336, 337, 349, 350, 351, 353, 354, 355, 356, 357, 358, 359, 360, 368, 370, 371, 372, 373, 374, 375, 376, 377, 378; Mil.-Waisenhaus 78; Pagen 82, 83; Ritter-Ak. zu Berlin 11 — Sachsen: Art.-Sch. V 212, 213, 214 (vom J. 1859); K.-K. 57, 62, 64, 66, 67, 70, 71, 75, 85, 123, 124, 125, 136, 141, 143, 144, 145, 146, 149, 152 — Württemberg: Kgsch. V 380; Mil.-Institut 318; Off.-Bild.-Anstalt 320, 322, 326, 328, 331, 350.
Lattre, v., Preufs. Gen., Kommandeur des K.-K. IV 348, 365; Direktor der Kr.-Ak. 292, 307.
Lauer, k. k. FML., III 88.
Laufbrücke, der k. k. Mil.-Ak. geschenkt III 76.
Laufer, Lehrer der Gymnastik in Schwerin II 294.
Lauterbach, Landbaumeister, unterrichtet an der Ritter-Ak. zu Wolfenbüttel I 324.

4*

Lebzeltern, Frhr. v., k. k. FML., Direktor der Mil.-Ak. III 124, 125.
Lechfeld: Besuch durch die Bayer. Mil.-Bild.-Anstalten I 228, 229, 230, 233, 243, 287, 292.
Leclair. Preufs. Kap., unterrichtet in Befestigungskunst IV 100, 101, 102.
Lecoq, v., Preufs. Gen., Direktor der Junkerschule zu Potsdam IV 123, 128. — Sächs. Gen., V 175.
Lecoq, Sächs. Maj., Direktor der Ing.-Ak. V 226.
Lehmann, Max, Lehrer an der Preufs. Kgs.-Ak. IV 286.
Lehmannsche Bergzeichnung und ihr Erfinder: Preufsen: IV 160, 209, 439, 527 — Sachsen: V 44, 59, 85 — Württemberg: V 330.
Lebwess, Lehrer an der Preufs. Art.- und Ing.-Sch. IV 412, 448.
Legion (Englisch-Deutsche): Unterrichtseinrichtungen II 51; Einflufs auf die Mil.-Erz.- und Bild.-Anstalten in Hannover 61, 73.
Lehrinstitut für junge Offiziere (Preufsen 1801—1806) IV 113.
Lehr- und Lernbücher (Art der Beschaffung): Bayern: Art.- und Ing.-Sch. I 248; K.-K. 174, 179, 192; Kgsch. 258, 276; Regimentsschulen 251 — Hessen-Darmstadt: Mil.-Sch. II 233, 246 — Österreich-Ungarn: Allgemein (1852) III 218; Chaos-Stift 16; Gitschin 10; Höherer Art.- und Genie-Kurs 277, 280; Ing.-Ak. 144; K.-Kompagnieen 158, 159; K.-Schulen 258, 302, 305, 307. 310; Kgsch. 406; Mil.-Ak. 50, 124, 371; Pionierschule 184; Regiments-Vorbereitungsschulen 293 — Preufsen: Art.- und Ing.-Sch. IV 392, 402; Divisionsschulen 208, 223; K.-K. 369. 379; Kr.-Ak. 265; Kgsch. 232; Mannschaftsschulen (Art.) 522, 524, 527, 529, 530, 532; Oberfeuerwerker-Sch. 489 — Sachsen: Art.-Sch. (von 1831) V 200; K.-K. 13, 84, 133; Mil.-Ak 177, 180; Mil.-Bild.-Anstalt 95 — Schaumburg-Lippe Mil.-Sch. V 239 — Schweiz: Art.-Sch. Bern V 282 — Westfalen: Mil.-Sch. V 304 — Württemberg: Off.-Bild.-Anstalt V 351.

— (Geordnet nach den Namen der Verfasser oder, wenn diese nicht genannt sind, nach den Anfangsworten der Titel, unter allgemeiner Bezeichnung der Unterrichtsfächer und unter Fortlassung der amtlichen Vorschriften, welche an den betreffenden Stellen des Textes nachgewiesen sind): **Adelung** (Dtsch.) IV 209; V 53 — **Aesops Fabeln** (k. k. Soldatenknaben-Erz.-Häuser) III 95 — **Aghte** (Nat.) I 36 — **Alter** (Gesundheitslehre) III 376 — **Ancillon** (Gesch.) V 54 — **Anfangsgründe** der praktischen Artillerie (Hannover) II 33 — **Anleitung** der Realschule zu Berlin zur Kriegsbaukunst I 326; II 123 — **Arcy** (Art.) V 245 — **Arnstein** (Math.) III 300 — **Artillerieunterricht** (Wien 1845) III 199 — **Aufschläger** (Franz.) II 373 — **August** (Lat.) IV 328 — **Backenberg** (Kgsw.) II 350; V 59 — **Badisches** Mil.-Strafrecht I 47 — **Ballagi** (Ungarisch) III 366 — **de la Barre** (Gesch.) IV 61 — **Batteux** (Kunstgeschichte) IV 34 — **Baumgärtner** (Nat.) II 241, 374 — **Baur** (Mefskunde) III 309 — **Bauschinger** (Nat.) IV 328 — **Bayle** (Phil.) IV 27 — **Beauvais** (Franz.) III 372; IV 321, 329. Vgl Études. — **Beck** (Phil.) V 352 — **Beck und Lindner** (Gesch.) IV 379 — **Becker** (Dtsch.) V 352; IV 321 — **Becker** (Gesch.) IV 209 — **Beckerhinn** (Nat.) III 382 — **Beilagen** zu den Normen für die Genie-Ausrüstung fester Plätze (Österreich-Ungarn 1882) III 385 — **Belidor** (Bef. und Math.) I 215, 325; II 123; IV 108; V 239, 244, 245, 246, 255, 260, 261 — **Benigni von Mildenburg** (Gesch.) III 192 — **Berghaus** (Erdk.) III 346 — **Berneck** (Kriegsgeschichte) III 372 — **Bernewitz** (Dtsch.) II 372 — **Bertrand** (Math.) III 382 — **Beszédes** (Ung.) III 366 — **Bezout** (Math.) IV 107 — **Bilguer** (Lehrbuch für Mannschaftsschulen) II 287 — Böhmisches Sprachbuch III 363 — Böttiger (Gesch.) I 334 — Bohnenberger (Math.) V 329 — Bolley (Nat.) III 382 — Bonnel (Lat.) IV 328 — Borel (Franz.) III 343; V 367 — Bossuet (Math.) IV 107 — Bourchalas (Math.) II 260 — Brand (Art.) V 352 — Brandes (Math.) V 341 — Brandt (Kgsw.) V 288 — Bréant (Franz.) III 372 — Bredow (Gesch.) II 76; IV 209 — Bröder (Lat.) V 71 — Brüel (Franz.) V 57 — Brunner (Bef.) III 278, 375 — Buch der Erfindungen (Nat.) III 373 — Buchhols (Gesch.) IV 35 — Büsching (Erdk) IV 61 — Burg (Math. und Zeichnen) II 289, 374; III 373; IV 525 — Caesar (Lat.) I 33; IV 328, 352, 353, 355, 373, 374, 375; V 71, 143 — Campe (Phil.) V 52 — Cannabich (Erdk.) II 76, 241 — Cebulsky (Böhmisch) IV 308 — Čenký (Böhmisch) III 341, 363, 366 — Choura (Math.) III 364, 368, 373 — Cicero (Lat.) I 190; IV 27, 329, 377; V 144 — Clairac (Ref.) IV 108 — Clausewitz (Kgsw.) V 288 — Clausius (Nat.) III 382 — Code Frédéric (Rechtswissenschaft) IV 27 — Comenius, Janus linguarum III 65 — Corneille (Franz.) IV 378 — Cornelius Nepos (Lat.) I 33, 190; IV 321, 351; V 142 — Cugnot (Bef.) IV 108 — Curtius (Lat.) IV 329, 377; V 144 — Czibulz (Kgsw.) III 258 — Daniel (Erdk.) III 308 — Debes (Erdk.) IV 349, 355, 379 — Debes, Kirchhoff und Kropatscheck (Erdk.) IV 355, 379 — Débonale (Franz.) II 350; V 71 — Decker (Kgsw.) I 36, 47; V 329, 330 — Demel (Franz.) V 311 — Desaguliеr (Math.) IV 107 — Descartes (Phil.) IV 27 — Dippold (Gesch.) IV 209 — Direktiven für den Unterricht in der Taktik (Österreich-Ungarn 1882) III 375 — Dirschel (Math.) III 278 — Dolezal (Erdk.) III 346 — Donat (Lat.) III 10 —

Drechsel (Rel.) III 351 — Drexelii Sonnenwend III 10 — Drummond de Melfort (Kgsw.) II 37 — Dubelmann (Rel.) IV 351, 352, 379 — Dubic (Nat.) III 300 — Dufour (Bef.) V 289 — Egger (Dtsch.) III 366 — Eichhorn (Gesch.) V 54 — Eisenlohr (Nat.) V 352 — Emsmann (Nat.) IV 354, 379 — Eschenbach (Art.) III 278 — Études de la littérature militaire II 185, 192 (wohl Beauvais, s. d.) — Erxleben (Nat.) II 350 — Etzel s. O'Etzel — Euclid (Math.) IV 89; V 329 — Euler (Art. und Math.) I 219; V 245 — Eutrop (Lat.) V 71 — Fabri (Erdk.) II 76; III 116, 155 — Faltys (Böhmisch) III 344, 363 — Fellöcker (Nat.) III 347, 367 — Fesser (Math.) III 387 — Feuquières (Kgsw.) IV 58 — Fischer (Math.) IV 321 — Fischer (Rel.) III 351 — Fischmeister (Bef.) III 200 — Florian (Franz.) II 241; V 71, 329 — Florus (Lat.) V 71 — Förster (Dtsch.) IV 531 — Foth (Rechnen) IV 352 — Fragebuch für Artillerie (Preußen um 1800) IV 88 — Franceson (Franz.) IV 321, 328, 329 — Franke (Lat.) V 143 — Freaux (Baukunst) III 116, 206 — Frégier (Art.) V 246 — Frint (Rel.) III 116, 148 — Fromm (Lat.) IV 352, 353, 356, 372, 373, 374, 375, 376 — Galletti (Gesch.) II 350 — Gandtner (Math.) IV 379 — Gantzer (Math.) IV 357 — Garthe (Math.) I 334 — Gaspari (Erdk.) II 350; IV 209; V 53 — Gaspari (Gesch.) IV 109 — Gassendi (Kgsw.) V 330 — Gatti (Gesch.) III 297, 299, 300, 309 — Gaudy (Bef.) II 123 — Gayer (Topographie) IV 108 — Gedike (Franz.) IV 526 — Gemmingen-Massenbach (Erdk.) III 372 — Genetische Skizzen IV 234; V 149 — Geographie für die k. k. Kadettenschulen (1860) III 258 — Gérard (Franz.) V 352 — Gesenius (Engl.) IV 352, 355, 375, 376 — Gindely (Gesch.) III 346, 363 — Giftschütz (Rel.) III 116 — Glass (Gesch.) II 143 — Gockel (Dtsch.) I 35 46 — Göthe (Dtsch.) IV 354, 368, 376 — Götzinger (Dtsch.) II 372; V 367 — Gomez (Terrainlehre) III 54 — Gottgetreu (Nat.) III 382 — s'Gravesande (Nat.) V 245, 255 — Grevenitz (Art.) V 245 — Grotius (Rechtswissenschaft) IV 27 — Gruber (Baukunst) III 383 — Grüner und Wildermuth (Franz.) I 47 — Grundzüge des österreichischen Zivil- und Staatsrechtes III 351 — Grunert (Math.) I 334 — Gugitz (Baukunst) III 383 — Guizot (Franz.) IV 357, 358, 377 — Hackewitz (Bef.) I 36 — Häseler (Math.) II 34 — Hahn (Bef.) IV 108 — Hahn (Dtsch.) II 349 — Haindl (Math.) III 369 — Hallerstein (Math.) IV 351, 352, 354, 355, 356, 357, 358, 359 — Handbuch für die k. k. Genie- und Pionieroffiziere III 385 — Handbuch für die Nass. Artillerie II 373 — Handl (Nat.) III 345, 367 — Hann, Hochstetter und Pokorny (Nat.) III 345, 347, 372 — Harms und Kallius (Rechnen) IV 349, 370, 371, 372 — Hartner (Math.) III 178, 287, 373 — Hartung (Dtsch.) IV 526 — Hartung (Gesch.) IV 109 — Hauer (Dtsch.) III 256 — Hauser (Bef. und Math.) III 116, 179, 184 — Hauser (Gesch.) II 367, 370, 373 — Hauser (Art.) II 373 — Havemann (Gesch.) I 334 — Heilermann und Dieckmann (Math.) IV 358, 379 — Heinrich (Vorschriften) III 344, IV 524 — Heinsius (Dtsch.) II 241, 366; IV 209; V 71 — Heiss und Eschweiler (Math.) III 368 — Herr (Math.) III 373, 382 — Herrig (Engl.) IV 354, 356, 358, 376, 377 — Herrig (Franz.) IV 354, 355, 356, 375, 376 — Hess (Nat.) III 373 — Heusinger (Erdk.) V 71 — Heyse (Dtsch.) II 289; III 306, 316, 366 — Hieser (Math.) III 308 — Hilfsbuch für die k. k. Schreibschulen (1868) III 256 — Himmlische Bergstrasse III 10 — Hirzel (Franz.) I 47 — Hochstetter und Büsching (Nat.) III 367 — Hoffmann (Art.) IV 528 — Hoffmann (Bef.) I 47 — Hoffmeister (Kgsw.) III 376 — Holleben (Kgsw.) IV 321 — Holtze und Berduschek (Gesch.) IV 379 — Holtze und Fischer (Gesch.) IV 353, 354, 356, 357 — Homer (Sagen) IV 372 — Hopf und Paulsieck (Dtsch.) IV 349, 350, 351, 352, 353, 355, 356, 357 — l'Hôpital (Nat.) V 245 — Horaz (Lat.) I 190 — Hotze (Kgsw.) III 375, 454 Huber (Math.) III 300, 309 — Hübner (Erdk.) IV 27 — Hübner (Rechtswissenschaft) III 373 — Hübner-Leutner (Rechtswissenschaft) III 373 — Ideler und Nolte (Franz.) IV 321, 329 — Jieček (Böhmisch) III 344, 363, 366 — Inhaltsverzeichnisse (erweiterte) für den Unterricht an der Bayerischen Art.- und Ing.-Sch. I 248 — Instruktion über Gesundheitspflege (Österreich-Ungarn) III 376 — Instruktionsbuch für die k. k. Kavallerie III 314 — Iwanski (Dtsch.) III 297, 304, 309, 371 — Janker und Noë (Dtsch.) III 366 — Jesser (Math.) III 300, 309 — Jochmann (Nat.) IV 358, 379 — Journal de Francfort (Franz.) V 57 — Juptner (Art.) III 278 — Junker (Phil.) V 52 — Kästner (Math.) II 123; V 245 — Kambly (Nat.) IV 355, 357 — Kant (Phil.) IV 35 — Verbot seiner Schriften I 101 — Karmarsch (Nat.) III 278 — Karsten (Math.) IV 89 — Kauer (Nat.) III 287 — Kauffmann (Math.) V 352 — Khevenhiller (Kgsw.) I 64 — Kiepert (Gesch.) III 346, 363 Kiesewetter (Phil.) IV 118 — Kinsky (Kgsw.) I 98 — Kirchhoff (Erdk.) IV 349, 355, 379 — Kirchner (Gesundheitslehre) III 376 — Klun (Erdk.) III 287, 346, 363 — Knigge: Über den Umgang mit Menschen III 351 — Knirr (Math.) III 364 —

Köchert (Art.) III 287, 302 —
Kocziczka (Gymnastik) III 363, 369
— Kohlhepp (Mil.-Verwaltung) III
374 — Kohlrausch (Gesch.) I 174;
II 370 — Kosak (Technologie) III
373 — Kozenn (Erdk.) III 363 —
Krebs und Delaunay (Nat.) III
382 — Kries (Math.) V 341 — Krist
(Nat.) III 345 — Kronauer (Nat.)
III 382 — Krug (Kgsw.) IV 208 —
Kühnemann (Gesch.) II 350 — Kurr
(Erdk.) V 352 — Lacroix (Math.)
II 241; IV 209 — Lafontaines
Fabeln in den k. k. Soldatenknaben-
Erz.-Häusern III 95 — Lamberger
(Math.) III 364, 368 — Landsberg
(Dtsch.) II 372 — Landwehr (Gesch.)
IV 369 — Lanfrey (Engl.) IV 358,
379 — Lankmayr (Art.) III 374 —
Leblond (Art.) I 219 — Lefebvre
[Le Febure] (Bef.) IV 36, 108, 122 —
Legendre (Math.) V 340, 341, 351
— Lehmann (Zeichnen) I 131; II
241, 260, 289, 374; IV 209 — Lehr-
buch der Befestigungskunst (Öster-
reich-Ungarn 1872) III 287, 302 —
Lehrbuch der Geschichte (Österreich-
Ungarn 1882) III 363 — Lehrbücher
der österreichischen Normalschulen
(1821) III 115, 189, 190, 192 — Lehr-
plan für Freihandzeichnen (Öster-
reich-Ungarn 1875) III 350 — Lehr-
schriften des k. k. Militär-Geogra-
phischen Institute (1882) III 376 —
Leibnitz (Phil.) IV 27 — Leipold
(Erdk.) III 372 — Leitfaden für
Befestigungskunst (Österreich-Ungarn
1872) III 298 — Leitfaden für
Geographie (Österreich-Ungarn 1872)
III 287, 300 — Leitfaden für Hand-
feuerwaffen (Österreich-Ungarn 1868)
III 258 — Leitfaden für Infanterie-
Equitationen (Österreich-Ungarn 1885)
III 415 — Leitfaden für die Preufs.
Artillerie (1834) II 289 — Leit-
faden für das Sanitäts-Hilfspersonal
(Österreich-Ungarn 1882) III 376 —
Leitfäden für die Bayerische Kriegs-
schule (1878) I 276, 277 — Leit-
fäden für die Preufsischen Kriegs-

schulen (1875) IV 235 — Lenker
(Math.) II 373 — Leonhardi (Math.)
II 241; V 72, 181 — Leroy (Math.)
V 352 — Lesebuch für Soldaten
(Preufsen) IV 524 — Lessing (Dtsch.)
IV 368, 376 — Letoschek (Erdk.)
III 363 — Liedley (Nat.) III 364
— Limpöckh (Zeichnen) III 258 —
Lindner (Dtsch.) IV 369 — Lindner
(Math.) II 374 — Livius (Lat.) IV
377, 378; V 145 — Locke (Phil.)
IV 27, 35 — Lohse (Dtsch.) II 241
— Lorenz (Nat.) IV 118 — Ludo-
wieg (Math.) I 334 — Lübsen
(Math.) III 287, 308, 309, 373 —
Lynker (Zeichnen) II 241, 260 —
Macaulay (Engl.) IV 357, 358 —
Machold (Zeichnen) III 377 —
Malchus (Erdk.) III 206; V 352 —
Maldonero (Kriegsrecht) I 64 —
Malebranche (Phil.) IV 27 —
Malzel (Bef. und Zeichnen) III 179
— Mann (Lat.) IV 357 — Mannert
und Meusel (Statistik) III 116 —
Maresch (Art.) III 278 374, —
Marin (Maschinenkunde) III 278 —
Martyrographia Augustini III 10
— Massenbach (Kgsw.) IV 108 —
Matzke: Seine Bearbeitung von Vega
verboten II 136 — Mauvillon
(Kgsw.) I 320; II 124, 143 —
Mazuth (Gesch.) III 363 — Mei-
dinger (Franz.) III 148; IV 209 —
Meinecke (Erdk.) II 367, 370 —
Memminger (Gesch.) V 341 —
Mémoires de Brandebourg
(Gesch.) IV 35 — Meyer (Math.) III
373 — Meyer Hirsch (Math.) IV
321 — Mikoletzky (Math.) III 368
— Militär-Briefsteller (Öster-
reich-Ungarn) III 179 — Militär-
Gesangbuch (Preufsen) IV 349 —
Miller (Bef.) V 352 — Miller
(Kgsw.) V 342, 352 — Močnik (Math.)
III 257, 287, 296, 297, 348, 364, 368
— Molière (Franz.) IV 357, 377,
378 — Mollik (Bef.) III 384 —
Montesquieu (Franz.) IV 358 —
Moritz (Dtsch.) IV 209 — Mousson
(Nat.) III 382 — Moxin (Franz.) II

241, 353; IV 321; V 329 — **Müller** (Gesch. des Festungskrieges) IV 463 — Müller (Math.) V 341 — Müller (Nat.) II 260 — Müller (Pferdewesen) III 376 — Müller (Phil.) II 226 — Müttner (Nat.) III 278 — Muschenbrock (Nat.) IV 89, 107; V 255 — Muszinski und Pschoda (Terrainlehre) III 278; 376 — Nauendorff (Kgsw.) III 287 — Neuhauser (Gesch.) III 346, 363 — Neumann und Gohlen (Dtsch.) III 344, 363 — Nibelungenlied (Dtsch.) IV 368, 371 — Niedergesäfs (Dtsch.) III 363, 366 — Noack (Rel.) IV 354, 356, 357, 358, 379 — Noël et Chapsal (Franz.) II 370; V 341, 352 — Noizet et Saint Paul (Bef.) V 330 — Nollet (Math.) IV 107 — Nollet (Nat.) V 255 — O'Etzel (Kgsw.) I 36, 47; V 342, 352 — Ohm (Math.) IV 328 — Ollendorf (Allgemein) III 257 — Ollendorf (Böhmisch) III 308 — Ollendorf (Ungarisch) III 308 — de l'Orme (Bef.) V 239, 245 — Osterwald (Gesch.) IV 369 — Otto (Math.) II 289 — Ovid (Lat.) I 33; V 71, 144, 145 — Pabst (Anstandslehre) III 365 — Pabst (Rechnen) II 241, 289 — Papacino d'Antoni (Bef.) IV 107; V 246 — Parnassus (Lat.) III 10 — Paulus (Gesch.) V 352 — Penther (Baukunst) II 26 — Perrin (Franz.) IV 329 — Peschel (Bef.) II 374 — Pfleiderer (Math.) V 329 — Phädrus (Lat.) I 33; V 71 — Physikalisch-mathematischer Grundrifs der Artillerie (Schaumburg-Lippe) V 246 — Piesko (Nat.) III 308 — Pillwax (Pferdewesen) III 376 — Pirscher (Bef.) II 226 — Pischon (Dtsch.) IV 321 — Pischon (Gesch.) IV 321 — Pisko (Nat.) III 278 — Plessner (Rechnen) II 289 — Plötz (Franz.) III 343, 372; IV 350, 351, 352, 356, 372, 373, 374, 375, 376; V 141, 142 — Plümicke (Art.) IV 329, 525 — Pölitz (Dtsch.) V 53 — Pölitz (Erdk.) V 53 — Pölitz (Gesch.) II 241, 260; V 53, 54, 71, 341, 352 — Pokorny (Nat.) III 347 — Praktischer Soldat im Felde (Österreich-Ungarn) III 258 — Pukl (Bef.) III 369, 374 — Püttmann und Rehrmann (Franz.) IV 369, 376 — Pütz (Gesch.) III 174, 258, 287 — Rank (Böhmisch) III 344, 366 — Ray de Saint-Genies (Kgsw.) II 22 — Regeln für Rechtschreibung (Österreich-Ungarn) III 363, 371 — Reiche (Bef.) II 367, 370, 373; IV 208, 526 — Reichl (Dtsch.) III 366 — Reichlin-Meldegg (Kgsw.) III 206 — Reinbeck (Dtsch.) II 349; V 341 — Reifs (Nat.) III 345 — Reitsemeier (Gesch.) IV 209 — Reiter (Art.) III 298, 308 — Reitsner (Zeichnen) III 368, 376 — Remy (Math.) V 239, 244, 246 — Reyneau (Nat.) V 245 — Richter (Lat.) IV 349, 370, 371, 372 — Richter (Rechnen) IV 321 — Riedel und Schmidt (Baukunst) III 383 — Rieth (Mil.-Verwaltung) III 374 — Ritter (Erdk.) III 382 — Robertson (Engl.) IV 357 — Robins (Art.) V 245 — Roefser und Lindner (Dtsch.) IV 369 — Rogniat (Kgsw.) V 330 — Rollin (Gesch.) IV 27, 61 — Roon (Erdk.) I 36, 47, 334; II 200, 373; IV 321 — Roquette (Franz.) IV 328 — Roscoe, übersetzt von Schorlemmer (Nat.) III 278, 378 — Roth und Lex (Gesundheitslehre) III 376 — Rothpletz (Kgsw.) V 295 — Rott (Erdk.) IV 369 — Rudtorffer (Erdk.) III 206 — Rüdiger (Nat.) V 245 — Rüdorff (Nat.) IV 358, 379 — Rühle von Lilienstern (Kgsw.) V 330 — Ruhl (Baukunst) III 383 — Rummer (Math.) I 36, 46 — Rumpf (Dtsch.) I 334, II 372 — Sachs (Franz.) III 343 — Saldern (Kgsw.) II 37 — Sallust (Lat.) IV 358, 378; V 145 — Salmon (Math.) III 382 — Saluce (Art.) V 245 — Salzmann (Phil.) V 52 — Sammlung von Konstruktions-Details der Kriegsbaukunst (Österreich-Ungarn) III 384 — Sanders (Dtsch.) III 363, 366 — Sanguin (Franz.) II 334, 366, 373 — Schabus (Nat.) III 287 — Schadek (Gymnastik) III 353 — Schäffer (Baukunst) III 383 — Scharnhorst (Kgsw) II 77 — Schedel (Zeichnen) III 206, 258, 296, 297, 308 — Schell (Math.) III 373 — Schels (Kgsw.) V 330 — Scherfer (Math.) III 64 — Schiller (Dtsch.) IV 354, 368 — Schilling (Math.) II 21 — Schillmann (Gesch.) IV 349, 350 — Schlömilch (Math.) III 382 — Schmarda (Math.) III 287, 297, 298 — Schmied (Zeichnen) III 278 — Schmidt (Erdk.) IV 209 Schmidt (Gesch.) IV 326; V 367 — Schmidt (Math.) III 300, 373, 382 — Schmidt (Nat.) II 374 — Schmidt und Flofs (Gesch.) IV 369 — Schnedar (Math.) III 300, 308, 309, 350 — Schnell (Math.) II 241 — Schnuse (Math.) V 352 — Scholl (Dtsch) V 352 — Scholl (Math.) II 279 — School for scandal (Engl.) II 373 — Schorlemmer s. Roscoe — Schrader (Nat.) V 55 — Schramm (Dtsch.) V 53 — Schreiber (Math.) III 373 — Schreibtheken III 349 — Schriftvorlagen (Österreich-Ung.) III 364 — Schubert (Math.) III 364, 368 — Schütz (Gesch.) III 115, 155 — Schulz (Lat.) IV 328 — Schulz (Math.) IV 321 — Schulz (Rel.) IV 349, 350, 351, 352, 353 — Schumann (Math.) IV 357 — Schuster (Rel.) IV 349 — Schwab (Nat.) III 347 — Scribe (Franz.) I 334, 335 — Segner (Math.) IV 89 — Seeholtz (Bef.) V 239, 245 — Seeling und Rieth (Kgsw.) III 374 — Ségur (Franz.) II 370, 374 — Seubert (Kgsw.) III 375 — Shakespeare (Engl.) IV 357, 358, 376 — Sherwood (Engl.) II 373 — Siebelis (Lat.) IV 356, 357 — Silberschlag (Wasserbau) III 65 — Simpson (Math.) IV 89 — Skichersk (Zeichnen) III 278 — Soldat als Beistand der Polizei (Weimar 1802) II 349 — Sonklar (Erdk.) III 258, 297, 299, 346, 363, 372 — Sönneken (Rundschrift) IV 354 — Spruner und Bär (Erdk.) III 346 — Spruner und Bretschneider (Gesch.) III 346 — Stadler (Gesch.) I 63 — Stein (Erdk.) I 334 IV 209 — Stein (Gesch.) IV 209 — Stein (Nat.) II 350 — Stender (Math.) V 352 — Stenzler, Lindner und Landwehr (Gesch.) IV 369 — Stettner (Ung.) III 344 — Stiegler (Math.) I 63 — Stieler (Erdk.) III 346, 363; V 352 — Storch (Rel.) IV 352 — Strass (Gesch.) IV 209 — Strafsburger Dialogenbuch II 373 — Strehl (Math.) III 364, 368 — Streifsler (Zeichnen) III 350 — Strobueber, Dienstvorschriften für österreichisch-ungarische Truppenschulen III 313 — Struensee (Art.) IV 107, 108, 208; V 239, 245 — Struensee (Bef.) I 219, 326; II 21, 26, 37, 129, 226; IV 107, 108, 208 — Stubba (Math.) III 364 — Sulzer (Phil.) II 125 — Szemak (Ungarisch) III 363 — Szvorényi (Ungarisch) III 344, 366 — Tacitus (Lat.) I 190 — Technischer Unterricht für die k. k. Genietruppen (1871) III 279, für die k. k. Pioniertruppe (1852) 374 — Tellkampf (Math.) V 367 — Thaten und Charakterzüge österreichischer Feldherren III 192 — Theobald s. Venturini — Thesaurus epoliticus III 10 — Thibaut (Math.) II 289 — Thiers (Franz.) IV 357, 377 — Thomé (Nat.) III 347 — Tielke (Bef.) I 219; IV 108 — Tilscher (Math.) III 309 — Toepler (Ungarisch) III 346, 363, 366 — Toussaint-Langenscheidt (Franz.) III 308 — Trimegistus (Gitschin) III 10 — Tunkler (Bef. und Zeichnen) III 178, 278, 309, 350, 385 — Tyr (Kgsw.) III 375 — Uebel (Kgsw.) V 288 — Unterberger (Bef. und Math.) I 216; II 37; III 155, 190, 192; IV 526 — Unterricht im Freihandzeichnen (Österreich-Ungarn 1874) III 364 —

Unterricht im Stoßfechten (Österreich-Ungarn 1874) III 353 — Urban (Gesundheitslehre) III 376 — Valentini (Kgsw.) V 330 — Vallière (Bef.) I 219; V 239, 244 — Vauban (Bef.) I 19; IV 108; V 239, 244, 255; Vega (Math.) I 36 (vgl. Matzke); III 184, 206; V 341, 351 — Venturini, Auszug von Theobald (Kgsw.) III 116 — Vergil (Lat.) IV 358, 378 — Vernaelken (Dtsch.) III 308 — Vicar of Wakefield (Engl.) II 373 — Vieth (Nat.) II 350 — Villemain (Franz.) IV 57 — Villicus (Math.) III 364 — Voelter (Erdk.) III 367 — Vogel (Art.) V 239, 245, 246 — Vogel, Müllenhof und Kienitz-Gerloff IV 350, 379 — Vogt (Kgsw.) IV 321 — Voltaire (Franz.) II 241, 367, 370, 374; IV 321, 328; V 57, 329 — Von einem deutschen Soldaten (Dtsch.) III 351 — Vorlagen zum Freihandzeichnen (Österreich-Ungarn) III 350 — Wagner (Bef.) III 384 — Wagnitz (Rel.) V 52 — Waldstätten (Kgsw.) III 287, 296, 297, 299, 309, 317, 375 — Walter (Gesch.) II 370, 373 — Wanka (Terrainlehre und Zeichnen) III 258, 287, 297, 298, 300 — Wartmann (Nat.) I 36 — Wasserthal (Bef.) III 258, 287, 301 — Weber (Gesch.) I 47; II 106; III 287, 297, 299, 301, 308 — Wegener (Rel.) IV 369 — Weinbrenner (Math.) III 184 — Weiss von Schleussenburg (Bef. und Baukunst) III 278, 309, 383 — Weller (Lat.) V 142 — Welsperg (Bef.) III 309 — Werner (Gymnastik) II 190 — Wernicke (Nat.) III 382 — Westfälischer Moniteur (Franz.) II 350 — Whensel (Math.) V 352 — Wigand (Erdk.) II 143 — Wittstein (Math.) II 106 — Wöhler (Nat.) II 374; V 352 — Wolf (Math.) I 125 — Wolf (Nat.) V 255 — Wolf (Phil.) IV 35 — Wolff (Rel.) I 334 — Wurmb (Bef.) III 385 — Xylander (Kgsw.) I 36, 47 — II 241, 260, 374 — Zaffauk (Kgsw. und Zeichnen) III 300, 349 — Zanthier (Kgsw.) II 37 — Zastrow (Bef.) II 374; III 206; V 352 — Zeichnungsschlüssel (Österreich - Ungarn) III 349 — Zimmermann (Math.) IV 524 — Zodiakus (Gitschin) III 10 — Zumpt (Lat.) IV 328 — Zwick (Nat.) III 382.

Lehrer (bürgerliche): Baden: Allgemeine Kgsch. I 30; K.-Haus 45; K.-Institut 23 — Bayern: Allgemein (1866) I 297; Art.- und Ing.-Sch. 238; K.-K. 62, 111, 114, 129, 139, 154, 157, 168, 169, 177, 180, 197, 199; Kapitulantenschulen 310; Mannschaftsschulen 308; Mil.-Ak. 84, 91, 103, 106; Oberfeuerwerker-Sch. 300 — Braunschweig: K.-Institut I 336, 338 — Hannover: Georgianum II 10; K.-K. 100 — Hessen-Cassel: K.-K. II 135, 143, 160, 169, 182, 188 — Hessen-Darmstadt: Art.-Sch. II 230; Mil.-Sch. 233, 241 — Mecklenburg: Mil.-Bild.-Anstalt II 296, 310, 314 — Nassau: Kgsch. II 382, 386; Kgsch. Siegen 342; Mil.-Sch. 348, 349 — Österreich-Ungarn: Allgemein III 245 (1859) 358 (1875), 398 (1887); Chaos-Stift 16; Galizische Garde 82; Gitschin 7; Höherer Art.- und Genie-Kurs 276; Ing.-Ak. 90, 143, 148; Ing.-Sch. Gumpendorf 84, 85; Kgsch. 285, 405; Lombardisch-Venetianische Leibgarde 129; Mil.-Ak. 44, 46; Mil.-Kollegium 272; Mil.-Lehrer-Institut 234; Mil.-Pflanzschule 34; Mil.-Waisenhaus 91, 92; Ungarische Leibgarde 80 — Preußen: Académie des nobles IV 30, 31, 34, 39; Art.- und Ing.-Sch. 388, 391, 434, 447, 454, 476; Divisionsschulen 208, 209; Junkerschule zu Wesel 134; K.-K. 309, 313, 317, 318, 327, 332, 339, 343, 348, 383, Kr.-Ak. 265, 286, 293; Kgsch. 152; Mannschaftsschulen 173, 539 (Art.), 521, 522, 531, 532 (Pion.) 536; Oberfeuerwerker-Sch. 488, 492, 493, 494; Ritter-Ak. zu Berlin 15; Schulabteilung 502; Untoff.-Sch. und Untoff.-Vorschulen 500, 510, 511 — Sachsen:

Art.-Sch. vom J. 1859 IV 209; K.-K. 13, 21, 30, 36, 62, 71, 76, 92, 119, 138, 156; Mil.-Ak. 184, 185, 188; Mil.-Bild.-Anstalt 94; Untoff.-Sch. und Untoff.-Vorschule 227, 228, 231 — Westfalen: Art.- und Genie-Sch. V 307; Mil.-Sch. 305; Pagenhof 306 — Württemberg: Kgsch. V 331, 332, 358, 366, 367, 375 — Off.-Bild.-Anstalt 321, 327, 328.
— (Offiziere als Lehrer): Baden: K.-Haus I 45; K.-Institut 23 — Bayern: Allgemein (1866) I 297; Art.- und Ing.-Sch. 233, 238; K.-K. 62, 111, 135, 147, 154, 168, 177, 180, 186, 187, 200; Kapitulantenschulen 310; Kr.-Ak. 284, 294; Kgsch. 258, 278; Mannschaftsschulen 308; Oberfeuerwerker-Sch. 300, 302 — Braunschweig: Unterrichtskursus für Offizieranwärter I 351, 355 — Hannover: Art.-Sch. II 27; Georgianum 10; Ing.-Sch. 47, 48, 49; K.-K. 98, 99; Mannschaftsschulen 112; Mil.-Ak. 84 — Hessen-Cassel: Fortbildung der Offiziere II 211, 212; K.-K. 143, 163, 169, 182, 188, 194; Mannschaftsschulen 207, 209 — Hessen-Darmstadt: Art.-Sch. II 230; Mil.-Institut 224; Mil.-Sch. 241 — Mecklenburg: Divisionsschule II 310; Mil.-Bild.-Anstalt 296 — Nassau: Kgsch. II 382, 386; Mil.-Sch. 358, 368, 369, 379 — Oldenburg: Brigade-Mil.-Sch. II 400, 407; Mil.-Sch. 398; Mannschaftsschulen 415, 416 — Österreich-Ungarn: Allgemein im J. 1852 III 218, 225, im J. 1859 244, im J. 1868 268, im J. 1874 358, im J. 1887 397; Art.-Hauptschule 211; Art.-Stabsschulen 207; Bombardier-Korps 209; Galizische Garde 82; Generalstabsschulen 205; Höherer Art.- und Genie-Kurs 276; Ing.-Ak. 89, 90, 139, 144, 147; Ing.-Schule Gumpendorf 84, 85; K.-Kompagnien 155, 156, 158, 167; K.-Sch. 292, 294, 303, 304, 422, 456; Kgsch. 237, 242 — Lombardisch-Venetianische Leibgarde 129, 131; Mil.-Ak. 27, 37, 44, 46, 57, 70, 73, 108, 115; Mil.-Kollegium 272; Mil.-Ober-Erz.-Häuser 226; Mil.-Pflanzschule 33; Mil.-Unter-Erz.-Häuser 225; Pionierschule 172, 174, 178, 183; Regimentsknaben-Erz.-Häuser 188, 195; Truppenschulen 312; Ungarische Leibgarde 80; Zentral-Kav.-Sch. 248 — Preufsen: Art.- und Ing.-Sch. IV 388, 434, 476; Divisionsschulen 212, 222, 225; K.-K. 323, 332, 339, 359; Kr.-Ak. 277, 286; 293; Kgsch. 226, 230, 231, 244; Mannschaftsschulen 539, (Art.) 519, 521, 529, 532, (Pion.) 536; Schulabteilung 502; Untoff.-Sch. 508, 510, 511 — Sachsen: Art.-Sch. V 197 (vom J. 1831), 209 (vom J. 1859); K.-K. 70, 119, 137, 138, 148; Mil.-Ak. 174, 183, 184, 188; Mil.-Bild.-Anstalt 94, 95; Untoff.-Sch. 228 — Schaumburg-Lippe: Mil.-Sch. V 242, 254 — Westfalen: Art.- und Genie-Sch. V 307; Mil.-Sch. 305; Pagenhof 306 — Württemberg: Kgsch. V 366, 367, 375; Off.-Bild.-Institut 321, 332, 358.
— (Unteroffiziere als) s. Unteroffiziere als Erzieher und Lehrer.
Lehrgenossen (Württemberg) V 321, 333, 337, 350, 351, 352, 369.
Lehrinstitut für junge Offiziere (Preufsen) IV 113.
Lehrkompagnie (Nassau) II 361—368.
Lehrkurs: Mathematischer für Unteroffiziere der Bayerischen Artillerie I 219.
Lehrpläne: Baden: Allgemeine Kgsch. I 32, 35; Art.-Sch. 26; Höhere Kgsch. 38, 40; Höhere Off.-Sch. 50; K.-Haus 46, 48; K.-Institut 23; Pionierschule 28 — Bayern: Allgemein im J. 1866 I 297; Art.- und Genie-Sch. 224, 228; Art.- und Ing.-Sch. 211, 213, 215, 230, 231, 234, 239, 247; Ettal 54; K.-K. 63, 64, 66, 105, 123, 138, 148, 157, 164, 171, 178, 180, 181, 185, 188, 204; Kr.-Ak. 283, 284, 286, 288, 289; Marianische Ak. 73; Kgsch. 258, 260, 261, 264, 273; Mil.-Ak. 77, 87, 93, 101, 105; Pagerie 316; Regimentsschulen 251 — Braunschweig: Col-

legium Carolinum I 324; K.-Institut 332, 333, 334, 335, 337; K.-K. 331; Unterrichtskursus für Offizieranwärter 351; Wolfenbüttel 323 — H a n n o v e r : Art.-Sch. II 27, 29, 32, 33; Art.- und Ing.-Sch. 53, 54; Generalstabs-Ak. 73, 77, 80; Georgianum 11, 13; Ing.-Sch. 46, 49, 50; K -K. 102, 109; Kav.-Lehranstalt 71; Mannschaftsschulen 112, 113, 115; Mil.-Ak. 84, 87, 90; Pagen 5; Offizierschule zu Nordheim 17; Ritter-Ak. zu Lüneburg 25 — H e s s e n - C a s s e l : Art.-Sch. II 155, 156, 158; Collegium Carolinum 123, 125; Collegium Mauritianum 120; Fortbildung der Offiziere 211; K.-K. 132, 137, 159, 164, 172, 176, 182, 184, 188, 192, 195, 200; Mannschaftsschulen 207 — H e s s e n - D a r m s t a d t : Entwurf für eine Kgsch. II 221; Mil.-Sch. 230, 231, 235, 237, 259 — H e s s e n - H a n a u : Académie militaire II 273, 274 — M e c k l e n b u r g : Art.-Sch. II 289; Brigade-Sch. 289; Divisionsschule 303; Mil.-Bild.-Anstalt 294, 296, 298, 305, 307, 308, 314; Mil.-Sch. 283 — M ü n s t e r : Mil.-Ak. II 321 — N a s s a u : Kgsch. II 383, 387; Kgsch. Siegen 327, 337; Lehrkompagnie 364, 366, 367, 370, 379; Mil.-Sch. 349, 352, 355 — O l d e n b u r g : Brigade-Mil.-Sch. II 400, 401, 402; Mannschaftsschulen 412; Mil.-Sch. 394, 396, 397, 398, 409, 411 — Ö s t e r r e i c h - U n g a r n : Allgemein im J. 1852 III 218, 231; im J. 1859 240; Adelige Mil.-Ak. 78; Art.-Ak. 232; Art.-Hauptschule 211; Art.-Korpsschule 99; Art.-Lyceum 100; Art.-Mannschaftsschulen 199, 200, 205, 206; Art.-Offizierschulen 208; Art.-Stabsschulen 206, 214: Bombardierkorps 102, 197, 208; Chaos-Stift 16; Einjährig-Freiwillige 461; Feldgendarmerie 313; Galizische Garde 82; Genie-Ak. 233; Generalstabsschulen 204; Gitschin 5; Grenzschulen 104, 228, 238; Höherer Art.-Kurs 240, 276, 280; Höherer Genie-Kurs 240, 276, 280; Ing.-Ak. 18, 88, 89, 140, 148; Ing.-Sch. Gumpendorf 84, 85; K.-Kompagnieen 155, 158, 169; K.-Institute 240; K.-Schulen im J. 1852 252, im J. 1869 297, im J. 1875 419, im J. 1889 453; Kgsch. 236, 240, 283, 285, 288, 408; Landwehr-K.-Schule 472; Landwehr-Stabsoffizierskurs 476; Lombardisch-Venetianische Leibgarde 129; Mannschaftsschulen 311, 458; Mil.-Ak. 27, 29, 38, 40, 44, 49 54, 63, 66, 73, 107, 112, 115, 117, 121, 123, 124, 125, 126, 232, 249, 250, 274, 370, 371; Mil.-Kollegium 272; Mil.-Lehrer-Institut 234, 241; Mil.-Ober-Erz.-Häuser 226; Mil.-Pflanzschule 31, 34; Mil.-Realschulen 341, 362; Mil.-Technische-Sch. 271; Mil.-Unter-Erz.-Häuser 225; Mil.-Waisenhaus 91; Niederösterreichische Ritter-Ak. 14; Offizierschulen 251; Pionierschule 171, 175, 178, 187, 215; Pionier-Offizierschule 216; Pionier-Unteroffizierschule 201: Regimentsknaben-Erz.-Häuser 188, 189, 196; Ritter-Ak. Liegnitz 14, 15; Savoyische Ritter-Ak. 22; Schulkompagnieen (Schuleskadron) 228; Soldatenknaben-Erz.-Häuser 94; Stabsoffiziers-Aspiranten-Schule (Art.) 281; Stabsoffizierskurs 412, 415, 416; Technische Mil.-Ak. 272, 370, 381; Ungarische Leibgarde 80, 127; Untoff.-Bild.-Sch. vom J. 1872 316 (Art.), 322 (Fuhrwesen, später Train), 320 (Genie), 313 (Inf.), 314 (Kav.), 321 (Pioniertruppe); Untoff.-Sch. vom J. 1852 252; Vorbereitungsschulen 296; Zentral-Inf.-Kurs 289; Zentral-Kav.-Kurs 290; Zentral-Kav.-Sch. 248 — P r e u ß e n : Académie des nobles IV 27, 30, 31; Art.-Ak. 91, 93, 99; Art.-Brigadeschulen 167; Art.-Inspektionsschulen 487; Art.- und Ing.-Sch. 386, 388, 389, 391, 396, 401, 404, 414, 417, 420, 428, 431, 436, 442, 445, 449, 452, 455, 468, 476; Divisionsschulen 205, 207, 212, 218, 220, 222; Ing.-Ak. 106; Inspektionsschulen (1779) 130, 132; Junge Offiziere und Junker bei den Regimentern (1799) 138; Junkerschulen (1804) 123, 126, 134; K.-Ak. 46; K.-Haus Culm 72, Kalisch 77, Stolp 70; K.-Kompagnie Ansbach 80, Colberg 46, Magdeburg 49; K.-K. 54,

58, 60, 64, 66, 309, 310, 313, 314, 317, 320, 324, 326, 328, 333, 335, 338, 349, 367, 370; Kr.-Ak. 253, 254, 258, 259, 263, 264, 267, 272, 275, 278, 280, 285, 286, 291, 292, 298, 305, 309, 310, 313, 314, 317, 320, 324, 326, 328, 333, 335, 338, 349, 367, 370; Kgsch. 152, 158, 160, 239, 251; Lehrinstitut für *junge Offiziere 113, 116, 117, 121; Mannschaftsschulen 519, 520, 521, 523, 524, 527, 530, 532, 533 (Art.), 172, 538 (Inf. und Kav.), 534, 535, 536, 537 (Pioniere); Mil.-Waisenhaus 78, 79; Oberfeuerwerker-Sch. 488, 493, 494; Ritter-Ak. zu Berlin 11, 24, Colberg 8; Schulabteilung 500, 502; Untoff.-Sch. 507, 509, 512; Untoff.-Vorschule 512 — Sachsen: Art.-Ak. V 170; Art.-Sch. 167 (1766), 197, 205 (1831), 212, 219 (1859); Ing.-Ak. 222; K.-K. 6, 11, 15, 20, 21, 26, 36, 40, 45, 51, 60, 62, 65, 70, 75, 83, 123, 124, 135, 140, 149, 152, 153, 155; Kgsch. 110; Kursus für Offiziere 180, 194; Mil.-Ak. 174, 176, 179, 188, 190; Mil.-Bild.-Anstalt 96, 105; Untoff.-Sch. und Untoff.-Vorschule 227, 228, 231 — Schaumburg-Lippe: Mil.-Sch. V 236, 238, 242, 254, 256 — Schleswig-Holstein: Art.-Untoff.-Sch. V 268, 269; Bild.-Anstalt für Offiziere 270 — Schweiz: Art.-Sch. zu Bern V 282; Polytechnikum 290, 292, 296 — Westfalen: Art.- und Genie-Sch. V 307, 311; Mil.-Sch. 302, 305; Pagenhof 306 — Württemberg: Garnison-Vorbereitungsschulen V 361; Guiden 294; Hohe Karls-Sch. 316; Kgsch. 363, 364, 366, 370, 371, 375, 380; Mil.-Institut 318; Off.-Bild.-Anstalt 320, 326, 328, 340, 342, 350; Regiments-Offizierszöglinge 389.

Lehrweise (vgl. Applikatorische Lehrweise und Lehrpläne): Hannover: Art.-Sch. II 37 — Hessen-Cassel: Fortbildung der Offiziere II 210; K.-K. 181 — Hessen-Hanau: Académie militaire II 275 — Nassau: Mil.-Sch. II 350 — Österreich-Ungarn: Höherer Art.- und Genie-Kurs III 227, 280; K.-Sch. 423, 427, 442; Kgsch. 236, Landwehr-Stabsoffizier-Kurs 476; Mil.-Ak. 39, 49, 59, 61, 63, 64, 65, 69, 110, 119, 121, 124, 273, 275; Mil.-Lehrer-Institut 234; Mil.-Pflanzschule 34; Offizierschulen (1852) 249; Stabsoffizier-Kurs 412, 416: Truppenschulen 337 (1874), 389 (1882) — Preufsen: Académie des nobles IV 26, 34, 39; Akademie für junge Offiziere 118; Art.-Brigadeschulen 519, 520, 523, 525, 528; Art.-Schulen (18. Jhrb.) 89, 90 (19. Jhrb.) 152; Art.- und Ing.-Sch. 390, 391, 398, 409, 412, 420, 430, 444, 446, 460, 468; Divisionsschulen 223; Friedrichs des Grofsen 132; Ing.-Ak. 102; Inspektionsschule Glatz 136; Institut für die Berlinische Inspektion 121, 122; K.-Haus Stolp 71; K.-K. 58, 60, 63; Kr.-Ak. 263, 265, 268, 277, 278, 297, 298; Kgsch. 159, 231, 233, 249; Lehrinstitut für junge Offiziere 113; Oberfeuerwerker-Sch. 489, 494; Ritter-Ak. zu Berlin 16, 21; Schulabteilung 504; Untoff.-Sch. 510 — Sachsen: Art.-Sch. V 167 (1766), 200 (1831), 218 (1859); K.-K. 15, 21, 51, 71, 77, 119; Mil.-Ak. 183; Mil.-Bild.-Anstalt 95 — Schaumburg-Lippe: Mil.-Sch. V 238, 242, 254, 256, 259 — Schweiz; Polytechnikum V 292 — Württemberg: Off.-Bild.-Anstalt V 329.

Leib-Dragoner-Regiment (Hessen-Cassel): Unterrichtserfolge der Mannschaftsschulen II 208.

Leipziger, v., Sächs. Geheimer Kriegsrat, führt eine Untersuchung V 30.

Leitfäden s. Lehrbücher und Lehrweise.

Lemberg: k. k. K.-Sch. III 294, 419, 420; Landwehr-Offiziersaspiranten-Sch. 334; Mil.-Ober-Erz.-Haus 226; Regimentsknaben-Erz.-Haus 193, 225; Vorbereitungsschule 299.

Leothe, v., Hann. Minister: Urteil über die Pagenerziehung II 5—15.

Lentz, Kurhess. Prem. Lt., Lehrer am K.-K. II 206.

Leo, Preufs. Ob., Direktor der Art.- und Ing.-Sch. IV 474.

Lessbardt, Sächs. Ob.-Leut., Direktor der Art.-Sch. V 196, 199.

Leopold, Fürst von Anhalt-Dessau, fördert die Errichtung einer K.-Kompagnie zu Magdeburg IV 47.
— Prinz von Bayern, nimmt am Unterrichte des K.-K. teil, I 179.
— Prinz von Braunschweig, läfst Freikorporale unterrichten IV 134.
— **II.**, Römischer Kaiser, III 74, 81.
— Erzherzog, Erbauer der Burg in Wiener-Neustadt III 26.

Lersa, Franz, Lehrer an der Kgsch. zu Colmar I 364.

Lesen (Unterrichtsgegenstand): Baden: Art.-Sch. I 27; Pionierschule 28 — Bayern: Mannschaftsschulen I 307; Mil.-Ak. 87; Regimentsschulen 251; Untoff.-Aspiranten-Sch. 309 — Hannover: Mannschaftsschulen II 113 — Hessen-Cassel: Art.-Sch. II 155; K.-K. 140, 162; Mannschaftsschulen 207, 209, 316 — Oldenburg: Mannschaftsschulen II 414, 416; Mil.-Sch. 396 — Österreich-Ungarn: Ing.-Ak. III 89; Mannschaftsschulen 205, 256, 458 (Art.); Mil.-Ak. 44, 49, 54, 64, 115, 123; Mil.-Pflanzschule 31, 34; Mil.-Waisenhaus 91; Pionierschule 171, 175, 179; Pionier-Untoff.-Sch. 201; Regimentsknaben-Erz.-Häuser 189, 190, 196; Soldatenknaben-Erz.-Häuser 95; Unteroffizierschulen 252 (1852) — Preufsen: K.-Haus Culm IV 72, Stolp 70; K.-K. 64, 66, 315; Mannschaftsschulen 520, 524, 527 (Art.), 172, 538 (Inf. und Kav.), 536 (Pioniere); Mil.-Waisenhaus 79; Pagen 82; Schulabteilung 500, 502; Untoff.-Sch. 507, 509, 511 — Sachsen: Mil.-Ak. V 190.

Leseschule: Unterrichtsklasse der k. k. Mil.-Ak. III 54.

Lessgewang, Graf, plant eine Ritterakademie in Dresden zu errichten V 19.

Lesle, Lehrer an der Ritterakademie zu Colberg IV 9.

Lesser, v., Dän. Kap., Vorsteher einer Art.-Untoff.-Sch. V 268.

Leuterding, Kap., Inspektionsoffizier am Brschwg. K.-K. I 331.

Leutschau: Filiale des k. k. Mil.-Ober-Erz.-Hauses Kaschau III 226.

Liebe, Preufs. Pr.-Lt., Lehrer an der Art.-Ak. zu Königsberg IV 99; übernimmt das Kommando des K.-Hauses Culm 308.
— Preufs. Ob., Direktor der Art.- und Ing.-Sch. IV 399.
— Schlesw.-Holstein, Pr.-Lt., Vorsteher der Art.-Untoff.-Sch. V 268, 269.

Liebenau: k. k. K.-Sch. III 419, 420; Schulkompagnie 227, 239, 270, 271.

Liebenroth, v., Preufs. Kap., wird dem Direktor der Kgsch. zu Breslau beigegeben IV 163.

Liebrecht, Lehrer am K.-Hause zu Berlin IV 69.

Liechtenstein, Fürst Franz, k. k. Gen.-Kav.-Inspektor III 247.
— Fürst Wenzel, k. k. Gen.-Art.-Direktor III 98.

Liegnitz: Ritter-Ak., III 14.

Liesgang, Prof., stellt in Österreich Vermessungen an III 85.

Liegelsheim, v., Preufs. Ob., Kmdr. des K.-K. IV 43, 66, 69, 76, 79, 307—312.

Linsingen, v., Chef des Hann. K.-K. II 105.

Linz: Filiale des k. k. Mil.-Ober-Erz.-Hauses Sankt-Pölten III 226; Vorbereitungsschule 299, 419.

Lipowsky, Lehrer an der Bayer. Mil.-Ak. I 86, 102.

Litteraturgeschichte s. Deutsche Sprache.
— (Unterricht über ausländische): Preufsen: K.-K. IV 334; Kr.-Ak. 258, 259, 260, 263, 267, 273, 283, 284, 287.

Lloyd, Engl. Gen., II 319.

Lobzow bei Krakau: k. k. K.-Sch. III 419, 420.

Lochau, v. der, Preufs. Gen., wohnt dem Unterrichte der Art.-Off. bei, IV 90.

Lösecke, v., wird ausgeschlossen von der Aufnahme in das Georgianum zu Hannover II 8.

Löw, v., leitet das Georgianum zu Hannover II 6—15.

Löwenberg: Unterricht der Preufs. Offiziere der Garnison IV 137.

Logik (Unterrichtsgegenstand) s. Philosophie.

Lobhauer, Professor an der Hochschule zu Bern V 287.

Lokaldirektion der k. k. Mil.-Ak.: Eingerichtet III 106, aufgehoben 126; eingerichtet bei der Ing.-Ak. 147.

Lokalties s. Zeugnisse.

Lombardisch-Venetianische Leibgarde, k. k. III 128.

Lombardische Wiesen der k. k. Mil.-Ak. III 76.

Loos, v., Lehrer an der Académie des nobles zu Berlin IV 42.

Lorraine im Sächs. K.-K. getanzt V 22.

Lossberg, v., Westf. Gen., Gouverneur des Pagenhofes V 307.

Luck, v., Preufs. Gen., Gen.-Inspekteur des Mil.-Erz.- und Bild.-Wesens IV 175, 176, 186, 193, 219.

Ludwici, Brschwg. Gen., I 352.

Ludovika-Akademie, kgl. Ungarische III 481.

Ludewieg, Hann. Kap., Zögling der Westfäl. Art.- und Genie-Sch. V 307.

Ludwig, Grofsherzog von Baden I 23.

— I., König von Bayern I 136, 144, 155, 220, 221, 252.

— II., König von Bayern I 179, 300.

— IX., Landgraf von Hessen-Darmstadt II 224.

— X., Landgraf von Hessen-Darmstadt, später Grofsherzog Ludwig I., II 221, 223, 226, 227.

— XIV., König von Frankreich V 5.

— Eugen, Herzog von Württemberg V 317.

— Bad. Major, Vorsitzender der Studien-Kommission I 41.

— Ritter v., k. k. GM., Kmdt. der Technischen Mil.-Ak. III 389.

Ludwigsburg: Württbg. Off.-Bild.-Anstalt und deren Nachfolgerinnen V 319 bis 395; Unterrichtskursus für Offizierszöglinge 365.

Lübeck (Freie Stadt): Konvention mit Oldenburg II 399, 409, 412.

Lüder, Hann. Ob.-Lt., Pagenhofmeister II 5—15.

Lüders, v., Bayer. Kriegsminister I 163.

Lüneburg: Hann. Garnison-Lehranstalt II 21; Ritterakademie I 5, II 25.

Lützow, v., Mecklenbg. Maj., Direktor der Mil.-Bild.Anstalt II 310.

Lützow, v., Preufs. GM., Vorsitzender einer Ex.-Kommission (1809) IV 147; bearbeitet den Entwurf zur Errichtung von Unterrichtsanstalten 148, 151, 309.

— Preufs. GM., Direktor der Allg. Kgsch. IV 270.

Lustattaque (Ettal 1734) I 55.

Lutz, Kmdt. der Bayer. Kgsch. I 260.

Lux, Bad. Maj., Pagenhofmeister I 20.

Luxemburg, Grhzgtm., nimmt Teil an der Nass. Kgsch. II 387, 388.

Luzern sorgt für Unterricht in den Kriegswissenschaften V 276.

Lyncker, v., Grhzgl. Hess. Ob., leitet eine K.-Sch. II 227, Mitglied eines Komité 228, Präsident der Schuldirektion 245.

Lyncker, v., Grhzgl. Hess. Ob.-Lt., Lehrer an der Mil.-Sch. II 260.

M.

Mährisch-Weifskirchen: Art.-Ak. III 232; k. k. K.-Sch. 420; Mil.-Ober-Erz.-Haus 226; Mil.-Technische-Sch. 271; Mil.-Unter-Realschule 398; Schuleskadron 227.

Magdeburg: Preufs. Art.-Brigade-Sch. IV 528; Divisionsschule I 346; Ex.-Kommission IV 183; Inspektions-Sch. 130, 131; K.-Kompagnie 47; Unterricht der Offiziere des Inf.-Regiments von Kalkstein 134.

— v., k. k. Hptm., Kmdt. der Pionier-Offizierschule III 216.

Maglrus, Johannes, hält Vorlesungen zu Frankfurt und Berlin (17. Jhrh.) IV 5.

Magister matheseos trägt in Bern Kriegsbaukunst vor V 282; des k. k. Bombardier-Korps III 197, 209.

Magnus, Lehrer an der Art.- und Ing.-Sch. zu Berlin IV 412.

64 Gesch. d. Militär-Erziehungs- u. Bildungswesens i. d. Landen deutscher Zunge.

Maier, M., unterrichtet zu Waldeck in der Oberpfalz in der Büchsenmeisterei I 212.

Mailand: k. k. Erz.-Haus (Collegio militare) III 194—196; K.-Kompagnie 167.

Maillot de la Treille, Bayer. Kriegsminister I 137.

Mainz: Preufs. Art.-Brigadeschule IV 528; Divisionsschule 210; Ex-Kommission 183.

Malaisé, v., (Eugen), Direktor der Bayer. Art.- und Ing.-Sch. I 236.

— (Ferdinand), Kmdt. des Bayer. K.-K. sowie der Art.- und Ing.-Sch. I 179 bis 181; Inspekteur der Mil.-Bild.-Anstalten 296, 298.

— (Maximilian), Direktor der Bayer. Kgsch. I 279.

Malerei: Nassau: Mil.-Sch. II 371 — Sachsen: K.-K. V 162.

Malsburg, v. der, verschafft einen Lehrer für das K.-K. in Cassel II 171.

Manschetten: Tragen von (K.-K. Ing.-Ak.) III 137.

Manger, Kurpfälzischer Ing.-Lt., Lehrer an der Haupt-Kriegsschule zu Mannheim I 219.

Manipulationsschulen, K.-K. III 256, 314, 318, 319, 459.

Mannheim, Kurpfälzische Art.- und Ing.-Sch. I 214: Haupt-Kgsch. 69, 75, 219.

Manskopf, Preufs. Maj. am K.-Hause zu Berlin IV 334.

Mannschaftsschulen (vgl. Kapitulantenschulen, Truppenschulen): Baden: I 27 — Bayern: I 305 — Hannover: II 18, 27, 32, 53, 54, 112 — Hessen-Cassel: II 155, 207 — Hessen-Darmstadt: II 225, 226, 244, 261, 266 — Mecklenburg: II 285, 287, 289, 315 — Nassau: II 355, 379 — Oldenburg: II 396, 413 — Österreich-Ungarn: III 99, 100, 103, 104, 186, 196, 203 205, 225, 246, 253. 255, 311, 458 — Preufsen: IV 85, 166, 172, 519 — Sachsen: V 102 — Schaumburg-Lippe: V 237, 250 — Schleswig-Holstein: V 271.

Manson, v., Bayer. GL., errichtet eine Art.-Sch. I 221.

Manstein, v., Preufs. GM., Schüler König Friedrichs des Grofsen IV 132; unterrichtet junge Offiziere 133; beaufsichtigt die Mil.-Erz.- und Bild.-Anstalten 37.

Manteuffel, Frhr. v., Preufs. FM., besucht die Allgemeine Kgsch. IV 272; erspart Verpflegungsgelder I 187.

Manteuffel, v., Sächs. Finanzminister, sorgt für das K.-K. V 68.

Manz, v., Bayer. GM., entwirft den Plan für die Kgsch. I 254.

Mappiren s. Messkunde.

Marburg (Hessen): Die Universität wird mit dem Collegium Mauritianum verschmolzen II 122; Herstellung der Universität 122; Kriegswissenschaftlicher Unterricht an derselben 126—130.

Marburg an der Mur: k. k. K.-Institut 230, 239, 270; Mil.-Ober-Erz.-Haus III 225.

Marcy, Abt, beaufsichtigt die Skolaren der Ing.-Ak. zu Wien III 18.

Mardorf, Kurhess. Stallmeister, Lehrer am K.-K. II 206.

Maria Anna, Herzogin in Bayern I 69—75.

Maria, Landgräfin von Hessen-Hanau II 271.

Maria Theresia, Kaiserin und Königin I 5; III 20, 21, 24, 25, 30, 31, 40, 46, 48, 51, 56, 77, 83, 84. 91, 94, 152.

Marianische Landes-Akademie (Bayern) I 69.

Marienberg: Sächs. Untoff.-Sch. und -Vorschule V 228—232.

Marienthal: Klosterschule, ersetzt durch das Collegium Carolinum zu Braunschweig I 324.

Marienwerder: Preufs. Untoff.-Sch. IV 509—515.

Marine, Teilnahme am Unterrichte der Preufs. Oberfeuerwerker-Sch. IV 491 bis 496.

Marinoni, Subdirektor der Ing.-Ak. zu Wien III 18.

Markoff, Preufs. Pr.-Lt., Lehrer an der Junkerschule zu Wesel IV 131.

Marschall von Biberstein, Preufs. Ob., Kmdt. des K.-Hauses zu Berlin IV 310, 312.

Marsfeld bei München: Militärbauten I 209.

Marsigly, v., Inspektor der Ritter-Ak. zu Berlin (1705) IV 20.
Marssen, Professor, unterrichtet preussische Offiziere IV 101, 102.
Martens, Hann. Lt., zum Lehrer an der Art.-Sch. vorgeschlagen II 31.
— Hessen-Hanauischer Kapt., Lehrer an der Académie militaire II 273.
— v., Württbg. Maj., Lehrer an der Off.-Bild.-Anstalt V 328; Mitglied einer Kommission 344.
Martini, Ritter, v., k. k. FML., Direktor der Mil.-Ak. III 124.
Martis et Minervae alumnis (Inschrift des K.-Hauses zu Berlin) IV 62.
Marville, Lehrer am K.-K. zu Cassel II 142.
Massenbach, Frhr. v., Kmdr. des Bayer. K.-K. I 208.
— v., Preufs. Kap., Lehrer an der Ing.-Ak. IV 105.
Massow, v., wirbt für die Preufs. K.-Kompagnie zu Magdeburg IV 48.
Massmann, Turnlehrer am Bayer. K.-K. I 138.
Mathematik (Unterrichtsgegenstand) — Vgl. Rechnen —: Baden: Allg. Kgsch. I 32 33, 36; Art.-Sch. 27; École militaire 21; Höhere Kgsch. 38, 40, 50; K.-K. 46; Pionier-Sch. 28 — Bayern: Art.- und Genie-Sch. I 224, 228, 229; Art.- und Ing.-Sch. 231, 232, 233, 245; Ettal 54; K.-K. 63, 65, 66 118, 121, 123, 124, 149, 165, 171, 172, 189, 191; Kr.-Ak. 283, 284, 286, 287, 290, 291; Kgsch. 261, 265; Marianische Ak. 73; Mil.-Ak. 79, 81, 82, 83, 87, 92; Oberfeuerwerker-Sch. 303; Pagerie 317, 318; Regimentsschulen 251 — Braunschweig: Collegium Carolinum I 324; K.-Institut 332, 334, 337; Mannschaftsschulen 359 — Hannover: Art.-Sch. II 32, 41, 45; Art- und Ing.-Sch. 53, 54, 55; Garnison-Lehranstalt zu Lüneburg 21; Georgianum 11, 14; Generalstabs-Ak. 80, 81, 82; Ing.-Sch. 47, 48, 49, 50; K.-K. 103, 107, 109; Kav.-Lehranstalt 71, 72; Mannschaftsschulen 114; Mil.-Ak. 84, 85, 87, 88, 89, 90, 91, 92; Mineur-Sch. 47, 48, 50; Offizierschule zu Nordheim 17; Pagen 5 — Hessen-Cassel: Art.-Sch. II 155, 156, 158; Collegium Carolinum 125. 126; K.-K. 140, 141, 142, 159, 162, 165, 173, 177, 178, 179, 184, 185, 186, 188, 192, 193, 202, 203, 204 — Hessen-Darmstadt: Art.-Sch. II 229; Inf.-Sch. 228; Korpsschule 244, 266; Mil.-Institut 224; Mil.-Sch. 231, 238 — Hessen-Hanau: Académie militaire II 273, 274 — Mecklenburg: Art.-Sch. II 289; Divisionsschule 304; Mil.-Bild-Anstalt 294, 298, 307, 308, 314; Mil.-Sch. 283 — Münster: Mil.-Ak. II 321 — Nassau: Kgsch. II 384, 387; Mil.-Sch. 348, 350, 352, 353, 355, 356, 357, 360, 367, 370, 373, 379; Offiziere 380 — Oldenburg: Brigade-Mil.-Sch. II 400, 402, 405; Mil.-Sch. 396, 398, 410, 412; Mannschaftsschulen 414 — Österreich-Ungarn: Art.-Ak. III 233; Art.-Hauptschule 211; Art.-Korpsschule 99; Art.-Lyceum 100; Art.-Mannschaftsschulen 200; Art.-Stabsschulen 206, 214; Bombardier-Korps 197, 199, 208; Chaos-Stift 16; Galizische Garde 82, Generalstabsschulen 204; Genie-Ak. 233; Gitschin 5, 7, 10; Grenzschulen 104, 238; Höherer Art.-Kurs 235, 241, 277, 280; Höherer Genie-Kurs 241, 277, 280; Ing.-Ak. 18, 88, 89, 141, 142, 148, 149; Ing.-Sch. Gumpendorf 84; K.-Kompagnieen 155, 157, 160, 165; K.-Schulen 252, 257, 297, 298, 304, 306, 308, 309, 310, 420, 430, 437, 439, 440, 441, 455; Landwehr-K.-Schule 472; Lombardisch-Venetianische Leibgarde 130; Mil.-Ak. 27, 29, 30, 38, 54, 55, 56, 64, 66, 107, 112, 115, 116, 117, 123, 124, 232, 249, 274, 275, 373; Mil.-Kollegium 272; Mil.-Lehrer-Institut 234, 240; Mil.-Pflanzschule 31; Mil.-Realschulen 347, 364, 367; Mil.-Technische Sch. 271; Niederösterreichische Ritter-Ak. 14; Offiziere des Gen.-Qmstr.-St. 203; Pionier-Off.-Sch. 216; Pionier-Sch. 171, 175, 177, 179, 180, 184, 187, 215, 216; Regimentsknaben-Erz.-Häuser 190, 196; Ritter-Ak. Liegnitz 14, 15;

Savoyische Ritter Ak. 22; Schulkompagnieen (Schuleskadron) 228, 229, 230; Technische Mil.-Ak. 273, 282; Ungarische Leibgarde 81, 127; Vorbereitungsschulen 296, 304; Zentral-Inf.-Kurs 289 — Preufsen: Académie des nobles IV 27, 35, 36; Art.-Ak. 91, 92, 93, 94, 98, 99; Art.-Brigadeschulen 168, 169, 207, 208, 218, 223; Art.-Inspektionsschulen 187; Art.-Schulen 88, 89; Art.- und Ing.-Sch. 386, 389, 390, 391, 396, 401, 402, 405, 416, 417, 420, 421, 422, 423, 437, 438, 440, 445, 449, 450, 452, 455, 456, 459, 461, 462, 465, 467, 470, 471, 472, 473, 476; Ing.-Ak. 106; Inspektionsschulen 130, 132, 133, 134; Junge Offiziere bei den Regimentern (1799) 136, 137, 138; Junker-Schule 124, 126, 134; K.-Kompagnie Colberg 46; K.-K. 60, 64, 66, 74, 310, 313, 316, 320, 321; Kgs.-Ak. 253, 256, 258, 259, 260, 264, 266, 267, 273, 282, 284, 286, 291, 298, 299, 304, 305, 324, 328, 329, 336, 337, 350, 351, 352, 353, 354, 355, 356, 357, 358, 359, 360, 370, 371, 372, 373, 374, 375, 376, 377, 378; Kgsch. 153, 157, 158, 160, 236; Lehr-Institut für junge Offiziere 117, 118, 121; Mannschaftsschulen (Art.) 520, 521, 524, 525, 528, 530, 531, 532; (Pioniere) 535; Mil.-Waisenhaus 78; Oberfeuerwerker-Sch. 488, 489, 495; Pagen 82, 83; Ritter-Ak. zu Berlin 11, 24 Colberg 8 — Sachsen: Art.-Sch. V 167 (von 1766), 197, 200, 203, 204, 205 (von 1831), 211, 213, 214, 215, 216, 217 (von 1859); Ing.-Ak. 222, 225; K.-K. 6, 21, 36, 40, 45, 54, 55, 62, 66, 70, 75, 83, 84, 85, 124, 125, 126, 127, 136, 142, 143, 144, 145, 146, 149, 150, 152, 153, 155; Kursus für junge Offiziere 181, 182, 194; Mil.-Ak. 174, 177, 180, 188, 189, 191; Mil.-Bild.-Anstalt 98, 105; Untoff.-Sch. und Untoff.-Vorschule 228, 231 — Schaumburg-Lippe: Mil.-Sch. V 240, 244, 255, 262 — Schleswig-Holstein: Art.-Untoff.-Sch. V 268, 269 — Schweiz: Art.-Sch. zu Bern V 282 — Westfalen: Art.- und Genie-Sch.

V 307, 308, 310; Mil.-Sch. 302; Pagenhof 306 — Württemberg: Garnison-Vorbereitungsschulen V 361; Hohe Karlschule 316; Kgsch 364, 372, 380, 382; Mil.-Institut 318; Off.-Bild.-Anstalt 320, 321, 326, 328, 329, 340, 353, 357.

Matthäi, Professor an der Akademie zu Bern V 281.

Matthias, Kurbess. Ob.-Lt., Kmdr. des K.-K. II 199—206.

Maturitätsprüfung: Braunschweig: Einfluss auf die Beförderung zum Offizier I 347 (Vgl. Abiturientenprüfung, Absolutorialprüfung).

Matzel, k. k. Unter-Lt., Lehrer an der Pionierschule III 184.

Mauderode, v., Preufs. Major, thätig bei Begründung der Art.- und Ing.-Sch. IV 401, 402.

Mauvillon, Johann, Jakob, Brschwg. Ing.-Maj. Lehrer am Collegium Carolinum zu Cassel II 124, am dortigen K.-K. 132, 136, 143; am Collegium Carolinum zu Braunschweig I 326.

Maxberg in München I 58, 89, 230, 237, 264, 274, 275, 284.

Maximilian I., Kurfürst von Bayern, errichtet eine Büchsenmacherschule I 210, läfst die Pagen unterrichten 316.

— **II.**, Kurfürst von Bayern, fördert die Ritterakademie zu Ettal I 53, begründet eine Art.-Sch. 211.

— **III.**, Kurfürst von Bayern, errichtet das K.-K. I 56, stirbt 68.

— **Josef I.**, Kurfürst, später König von Bayern I 102, 109, 110, 123, 124, 129.

— **Josef II.**, König von Bayern, I 155, 159, 254.

— **Emanuel**, Herzog in Bayern, besucht die Kr.-Ak. I 294.

— Herzog von Leuchtenberg, stiftet Freiplätze im Bayer. K.-K. I 161.

— **Ferdinand**, Fürstbischof von Münster II 320.

Meckel, Preufs. Gen., Lehrer an der Kr.-Ak. IV 286.

Mecklenburg, Lehrer an der Art.-Sch. zu Kopenhagen II 155.

Mecklenburg-Schwerin (Herzogtum, später Grofsherzogtum): Allgemein I 13; Einrichtungen und Anstalten IV 279 bis 316; Teilnahme an Preufsischen Anstalten IV 270, 419, 428; liefert Schüler für Gitschin III 9.
Melbem, v., Kurhess. GM., Kmdr. des K.-K. II 183—191, 206.
Melsecke, Professor an der Westf. Art.- und Genie-Sch. V 307.
Meinert, Professor in Halle, unterrichtet Freikorporale IV 135; wird Ingenieuroffizier und Mitglied einer Kommission 148, 151; Mitglied der Studiendirektion der Kgsch. zu Berlin 154, 158, 160, 262; thätig bei Begründung der Art.- und Ing.-Sch. 387, 391.
Meister, Professor, unterrichtet zu Göttingen in den Kriegswissenschaften II 23.
Menset, Hessen-Cassel. K.-K. II 147, Sächs. K.-K. V 22, 58.
Merede de Brasleug, k. k. Unter-Lt., Lehrer an der Pionierschule III 184.
Merta, k. k. GM., Kmdt. der Kgsch. III 410.
Messerschmidt, Lehrer an der Allg. Kgsch. zu Berlin IV 275.
Militärwesen (Unterrichtsgegenstand): Baden: Allgemeine Kgsch. I 36; Höhere Kgsch. 38, 40 — Bayern: Art.- und Genie-Sch. I 224, 229; Art.- und Ing.-Sch. 246; Ettal 54; K-K. 125, 149, 164, 166, 171, 172; Kr.-Ak. 283, 286, 287, 290; Kgsch. 256, 261, 265, 266; Mil.-Ak. 87; Oberfeuerwerker-Sch. 303; Pagerie 318; Regimentsschulen 251 — Braunschweig: Collegium Carolinum I 324; K.-Institut 332, 334, 337; Mannschaftsschulen 359; Unterrichtskursus für Offizieranwärter 351, 354 — Hannover: Art.-Sch. II 34, 41; Art.- und Ing.-Sch. 55; Garnison-Lehranstalt zu Lüneburg 21; General-Stabs-Ak. 81; K.-K. 103, 107, 108; Ing.-Sch. 48, 49, 50; Mil.-Ak. 90, 91; Offizierschule zu Nordheim 17 — Hessen-Cassel: Art.-Sch. II 158; K.-K. 140, 141, 185, 187, 188, 193, 195, 203, 204 — Hessen-Darmstadt: Art.-Sch. II 229; Korpsschule 244; Mil.-Sch. 203, 204 — Mecklenburg: Divisionsschule II 303; Mil.-Bild.-Anstalt 294, 299, 307, 308, 314 — Nassau: Kgsch. II 384; Mil-Sch. 356, 374 — Oldenburg: Brigade-Mil.-Sch. II 400, 404; Mil.-Sch. 398, 410, 412 — Österreich-Ungarn: Adelige Mil.-Ak. III 79; Art.-Ak. 233; Art.-Hauptschule 212; Art.-Korpsschule 100; Art.-Stabsschulen 206, 214; Bombardier-Korps 197, 208; General-Stabs-Schulen 205; Genie-Ak. 233; Höherer Art.- und Genie-Kurs 277, 280; Ing.-Ak. 88, 89, 141, 144, 149, 152; Ing.-Sch. Gumpendorf 85; K.-Kompagnieen 155, 166; K.-Sch. 252, 257, 295, 297, 298, 300, 302, 308, 309, 310, 420, 431, 434, 441, 454, 455; Kgsch. 237, 288; Landwehr-K.-Sch. 472; Lombardisch-Venetianische Leibgarde 130, 131; Mil.-Ak. 65, 107, 116, 118, 232, 249, 274, 275, 379; Mil.-Technische Sch. 271, 272; Pionier-Offizierschule 216; Pionierschule 171, 177, 182, 187, 216; Savoyische Ritter-Ak. 22; Schulkompagnieen 229, 230; Technische Mil.-Ak. 273, 348; Ungarische Leibgarde 127 — Preufsen: Académie des nobles IV 36; Art.-Ak. 92, 93, 94; Art.-Brigadeschulen 168; Art.-Inspektionsschulen 488; Art.- und Ing.-Sch. 392, 408, 420, 421, 425, 432, 439, 445, 449, 452, 453, 456, 464, 465, 472, 473, 474, 476; Divisionsschulen 207, 218, 223, 224; Ing.-Ak. 106, 107; Junge Offiziere bei den Regimentern (1799) 136; Junkerschulen 127, 134; K.-Ak. 46; K.-K. 67, 310, 335; Kr.-Ak. 295, 261, 275, 280, 285, 291, 299, 301, 305; Kgsch. 153, 158, 159, 236, 239, 251; Lehrinstitut für junge Offiziere 117, 118, 121; Mannschaftsschulen (Art.) 521, 525, 528; Mil.-Waisenhaus 78; Oberfeuerwerker-Sch. 490, 495; Pagen 83; Ritter-Ak. zu Berlin 11; Untoff.-Sch. 507, 511 — Sachsen: Art.-Sch. V 200, 203, 205 (von 1831), 214, 215, 216, 217, 218 (von 1859); Ing.-Ak. 222;

68 Gesch. d. Militär-Erziehungs- u. Bildungswesens i. d. Landen deutscher Zunge.

K.-K. 45, 55, 56, 66, 69, 70, 75, 84, 124, 126, 127, 136, 145, 146, 149, 150, 152; Kursus für junge Offiziere 181, 182; Mil.-Ak. 177, 180, 191, 192; Mil.-Bild.-Anstalt 98, 105 — Schaumburg-Lippe: Mil.-Sch. V 248, 255 — Schleswig-Holstein: Bild.-Anstalt V 270 — Schweiz: Art.-Sch. zu Bern V 282; Hochschule zu Bern 287, 288, 289; Polytechnikum 292, 297 — Westfalen: Art.- und Genie-Sch. V 308; Mil.-Sch. 305 — Württemberg: Garnison-Vorbereitungsschulen V 361; Kgsch. 364, 365, 372, 381; Off.-Bild.-Anstalt 327, 331, 341, 354, 357.

Methodik: Unterrichtsgegenstand im K.-K. Mil.-Lehrer-Institute III 234, 240.

Metz: Kgsch. IV 243, 249, 250, 251.

Meusebach, v., Sächs. Ob., soll Reiteroffiziere ausbilden V 8.

Meyer, Bad. Maj., Lehrer an der École militaire I 22, 23, 24; Vorsitzender der Stud.-Kom. 41.

Meyer, Fechtmeister der Ritter-Ak. zu Berlin IV 23.

Meyerfeld, v., Kurhess. GM., Präses der Mil.-Studien- und Ex.-Kommission II 216.

Milrander, v., Preufs. GM., errichtet die K.-Kompagnie zu Colberg IV 46.

Milagsheim, v., Preufs. Ob., Kmdr. des K.-K. IV 57.

Militär-Akademieen: Bayern: I 75 — Hannover: I 11, II 77, 83, 95 — Münster: II 317 — Österreich-Ungarn: Allgemein III 231; Wien (Adelige) 77; Wiener-Neustadt (Theresianische) 23, 106, 232, 249, 275, 371 — Preufsen: I 5; IV 149 (Plan) — Sachsen: I 11, V 22 (Bezeichnung für das K.-K.), 171 — Schweiz: V 285 (zu Nyon geplant) — Württemberg: V 316 (Bezeichnung für die Hohe Karlschule).

Militär-Almanach, Badischer I 20.

Militärban-Werkmeisterkurs in Österreich-Ungarn III 305.

Militär-Bildungs-Anstalten: Mecklenburg: II 290—303, 304—309, 310—315 — Sachsen: V 92—109.

Militär-Erziehungshäuser, k. k., III 225, 238, 247, 268, 270.

Militär-Examinations-Kommissionen (vgl. Examinations-Kommissionen): Hessen-Cassel: II 212 — Mecklenburg: II 286, 298, 303.

Militärfabrikarten für Preufsische Kadetten IV 384.

Militärgeistliche s. Feldprediger.

Militärgeographie s. Erdkunde.

Militär-Geschäftsstyl (Unterrichtsgegenstand): — Vgl. Deutsche Sprache, Militär-Schreibwesen. — Bayern: Mil.-Ak. I 82, 83, 84, 92, 105, 166 — Braunschweig: K.-Institut I 334, 357; Unterrichtskursus für Offizier-Anwärter 351, 354 — Hannover: K.-K. II 107, 108; Mannschaftsschulen 207, 209 — Hessen-Darmstadt: Korpsschule II 266; Mil.-Sch. 231 — Mecklenburg: Mil.-Bild.-Anstalt II 294 — Nassau: Mil.-Sch. II 377 — Oldenburg: Brigade-Mil.-Sch. II 404, 405; Mannschaftsschulen 414, 416; Mil.-Sch. 410, 412 — Österreich-Ungarn: Art.-Ak. III 233; Art.-Hauptschule 211; Art.-Stabsschulen 206, 214; Bombardier-Korps 208; Generalstabsschulen 204; Genie-Ak. 233; Grenzschulen 238; Ing.-Ak. 151; Ing.-Sch. Gumpendorf 84; K-Kompagnieen 157, 160, 166; K.-Schulen 252, 297, 298; 300, 420, 428, 436, 440, 455; Lombardisch-Venetianische Leibgarde 130; Mil.-Ak. 107, 112, 116, 123, 232, 249, 274, 275, 371; Mil.-Lehrer-Institut 234, 240; Mil.-Technische Schule 271; Offiziere des Gen.-Qmstr.-Stabes 203; Pionier-Offizierschule 216; Pionierschule 171, 177, 179, 184, 187, 215; Pionier-Unteroffizierschule 201; Regimentsknaben-Erz.-Häuser 192, 196; Schulkompagnieen(Schuleskadron)228, 229; Technische Mil.-Ak. 273, 381; Truppenschulen 256; Vorbereitungsschulen 296, 304 — Preufsen: Art.-Brigadeschulen IV 66; Divisionsschulen 224; K.-K. 66, 324, 337, 378; Kgsch. 236, 239, 241, 251; Mannschaftsschulen (Art.) 528, 538, (Inf. und Kav.) 172,

Pioniere 535, 536; Schulabteilung 504; Untoff.-Sch. 227, 228, 231 — Sachsen: Art.-Sch. V 202, 204 (vom J. 1831), 207 (vom J. 1859); K.-K. 45, 54, 55, 56, 63, 66, 70, 124, 136, 146, 149, 153; Mil.-Ak. 177, 188, 189, 191; Untoff.-Sch. 227, 228, 231 — Schleswig-Holstein: Bild.-Anstalt V 268, 269 — Württemberg: Kgsch. V 364, 381; Off.-Bild.-Anstalt 341.

Militär-Gesundheitslehre (Unterrichtsgegenstand): Bayern: Kr.-Ak. I 291; Oberfeuerwerker-Sch. 303 — Mecklenburg: Mannschaftsschulen II 316 — Österreich-Ungarn: K.-Schulen III 424, 431, 437, 440, 455; Landwehr-K.-Sch. 472; Mil.-Ak. 376; Technische Mil.-Ak. 387 — Preufsen: Kr.-Ak. IV 287, 291, 299, 302, 305 — Sachsen: Untoff.-Sch. V 229.

Militärgrenze: Allgemeine Verhältnisse III 104; Anteil am Offiziersersatze 161; Sonderanstalten 226, 227, 238.

Militärgymnasium: Bayern I 157, 159.

Militär-Handbuch, Bayerisches: Verkauf zum Besten des K.-K., 1 179.

Militärhaus zu Oldenburg II 396.

Militär-Institute: Hessen-Darmstadt: II 223 — Württemberg: V 316.

Militär-Kollegium, k. k., zu Sankt-Pölten III 269, 270, 271.

Militär-Konventionen: Baden: von 1867 I 49, Zusatz I 50 (mit Preufsen) — Braunschweig: von 1849 I 351—353 (mit Preufsen) — Hessen-Darmstadt: von 1867 II 266 (mit Preufsen) — Mecklenburg: von 1849 II 302, 304; von 1868 315 (mit Preufsen) — Oldenburg: von 1834 mit Lübeck, Bremen u. Hamburg II 399, wird gelöst 409; mit Preufsen 412 — Sachsen: V 134 (mit Preufsen) — Württemberg: V 385 (mit Preufsen).

Militär-Lehrer-Institut zu Wiener-Neustadt III 234, 240, 268.

Militärlitteratur (Unterrichtsgegenstand) Braunschweig: Unterrichtskursus für Offizieranwärter I 354 — Preufsen: Divisionsschulen IV 223, 224; K.-K. 337.

Militär-Moral (Vortrag über): Bayer. K.-K. I 184.

Militär-Pflanzschulen: Österreich-Ungarn: III 25, 31, 43, 47 — Württemberg: V 316.

Militärrecht (Unterrichtsgegenstand. — Vgl. Rechtswissenschaft. — Baden K.-Haus I 47 — Bayern: Art.- und Genie-Schule I 229, 230; K.-K. 64, 183; Kr.-Ak. 283, 286, 287, 288, 291 — Hannover: Mil.-Ak. II 92 — Oldenburg: Brigade-Mil.-Sch. II 404; Mannschaftsschulen 416 — Österreich-Ungarn: Art.-Ak. III 243; Art.-Stabsschulen 206; Genie-Ak. 233; K.-Kompagnieen 165; K.-Schulen 257, 420; Landwehr K.-Schule 477; Lombardisch-Venetianische Leibgarde 129, 130; Mil.-Ak. 107, 112, 116, 121, 123, 232, 249, 275, 373; Stabsoffiziers-Kurs 414; Technische Mil.-Ak. 381; Ungarische Leibgarde 81 — Preufsen: Kr.-Ak. IV 267, 268, 273, 274, 275, 287, 291, 299, 303, 305 — Sachsen: K.-K. V 54.

Militär-Reitlehrer-Institut, K.-K., III 410.

Militär-Reorganisations-Kommission in Preufsen (1807) IV 141.

Militär-Schulen: Hessen-Cassel: II 168 — Hessen-Darmstadt: II 230 — Mecklenburg: II 280 — Nassau: II 394, 409 — Westfalen: V 301.

Militär-Schreibwesen IV 236. — Vgl. Militär-Geschäftsstyl.

Militär-Studien-Kommission in Preufsen IV 176, 179, 387.

Militär-Studien- und Examinations-Kommission in Hessen-Cassel II 168, 175, 182, 200, 208, 209, 212—216.

Militär-Studien- und Prüfungskommission in Württemberg V 359, 368, 382.

Militär-Technischer Kurs der Bayer. Art.- und Genie-Sch. (1866) I 227.

Militär-Technische Schule, k. k., zu Mährisch-Weifskirchen III 271.

Militär-Verwaltung (Unterrichtsgegenstand): Bayern: Kapitulantenschulen I 310; Kr.-Ak. 283, 288; Kgsch. 260, 261; Oberfeuerwerkerschule 302 — Hannover: Generalstabs-Ak. II 81;

Offizierschule zu Nordheim 18 — Hessen-Darmstadt: Mil.-Sch. II 245, 261 — Nassau: Offiziere II 380 — Oldenburg: Brigade-Mil.-Sch. II 404; Mannschaftsschulen 416 — Österreich-Ungarn: Art.-Ak. III 233; Art.-Stabsschulen 214; Bombardier-Korps 208; Genie-Ak. 233; K.-Kompagnieen 166; K.-Schulen 257; Kgsch. 242; Landwehr-K.-Schule 472; Lombardisch-Venetianische Leibgarde 129, 130; Mil.-Ak. 232, 275, 274; Pionierschule 184, 215; Schulkompagnieen (Schuleskadron) 229; Technische Militär-Akademie 362; Vorbereitungsschulen 304 — Preussen: Kapitulantenschulen IV 538; Kr.-Ak. 267, 208, 273, 275, 282, 284, 287, 291; Untoff.-Sch. 510, 512 — Sachsen: Untoff.-Sch. V 232 — Schweiz: Polytechnikum V 291, 292 — Westfalen: Art.- und Genie-Sch. V 308; Mil.-Sch. 305 — Württemberg: Off.-Bild.-Anstalt V 341.

Militär-Vorbereitungsanstalten IV 295, V 397—400.

Militär-Waisenhäuser: Österreich-Ungarn: Fischau III 338, 361, Klagenfurt 91; Pettau 91 — Preussen: Potsdam IV 61, 78, 499, 500, 513, 516 — Württemberg: Solitude V 316.

Militärwissenschaftliche Kurse der Bayer. Kgsch. (1866—1874), 262—272.

Militärzöglinge des Preufs. Militär-Waisenhauses zu Potsdam IV 501.

Militärische Gesellschaft zu Berlin IV 134.

Miller, v., Württembg. Kriegsminister, V 329, 330, 349, 350, 356, 357, 359, 369.

Miller, Württembg. Lt., urteilt über die Académie des nobles zu Berlin IV 33, über das dortige K.-K. 62, über die k. k. Soldatenknaben-Erz.-Häuser III 96.

Minckwitz, v., Sächs. Ob., Kap.-Lt. der K.-Kompagnie V 44.

— v., Sächs. GM., Kmdt. des K.-K. V 27, 28.

Mineralogie (Unterrichtsgegenstand): Westfalen: Art.- u. Genie-Sch. V 308.

Minervatus (Schüler von Weifshaupt) I 86.

Minenrschule (Hann.) zu Hameln II 47.

Ministerial-Kadetten (Zöglinge der k. k. Pionierschule) III 186.

Mischke, v., Preufs. GM., Inspekteur der Kriegsschulen IV 252.

Mittler und Sohn, Verlagsbuchhändler zu Berlin IV 235, 236, 369.

Modellschule des k. k. Pionierkorps III 172.

Modèse wird im Sächs. K.-K. getanzt V 22.

Möllendorf, v., Preufs. Gen., läfst Offiziere unterrichten IV 138.

Mönnich, Preufs. Kap., Mitglied der Ober-Mil.-Ex.-Kommission IV 182.

Moldauthein, Übungslager der k. k. Artillerie III 99.

Moll, Brschwg. Art.-Lt., unterrichtet am Collegium Carolinum I 325, 326.

Mollinary, Ritter v., k. k. Ob., Kmdt. des Pionierkorps III 215.

Moltke, v., Mecklbg. Maj.: Sein Verhältnis zur Mil.-Sch. II 283.

Moltke, Graf, Preufs. FM., Mitglied der Ob.-Mil.-Ex-Kommission IV 203; Kommando zur Allgemeinen Krgsch. 260, 272; die Kr.-Ak. ihm unterstellt 285, 287, 290, 291, 297.

Monsans, de, Verfasser eines Kadettenreglements V 11.

Montanus, Feldscheerer am Sächs. K.-K. V 34.

Monthé, v., Sächs. Ob., Kmdt. des K.-K. V 132.

Montecuccoli, Don Raimondo, sein Verhältnis zum Mil.-Bild.-Wesen III 12.

Montgommery: Sein Buch als „Militia Gallica" übersetzt II 335.

Monthier de Belleville, Hessen-Casselscher Maj.: Sein Verhältnis zum K.-K. II 149—154.

Monts, Graf, Preufs. Gen., Direktor der Kr.-Ak. IV 275.

Monumenta Germaniae paedagogica: Das Verhältnis des Unternehmens zu dem vorliegenden Werke: I. Vorrede, II. Vorwort, III. Titel.

Mootz, Grhzgl. Hess. Hptm., Lehrer an der Mil.-Sch. II 360.

Moral als Gesamtbegriff für Religion und Logik I 338. — Vgl. Religion.

Morawitzky, Bayer. Staatsminister I 104.

Morgenstern, Brschwg. Ob.-Lt., hält Vorträge I 338.

Morio, Westf. Gen. und Kriegsminister, V 302.

Moriz, Landgraf von Hessen-Cassel, errichtet das Collegium Mauritianum I 4, II 119.

Mosch, v., Preufs. GM., Direktor der Académie des nobles IV 30—40, Kmdr. des K.-K. 61, 63, 66, 74.

Mosel, v. der, Preufs. Gen.-Lt., Zögling der Ritterakademie zu Colberg IV 9.

Meser, v., Vorsteher der Chaostiftung III 84; thätig bei Errichtung der Mil.-Ak. zu Wiener-Neustadt 24; steht der Mil.-Pflanzschule vor 32.

Moser, Württbg. Oberkriegsrat, Mitglied einer Kommission V 344.

Moserscher Trakt im Chaosstifte zu Wien III 31.

Mosle, Oldenbg. Gen., leitet das Unterrichtswesen II 396; beschreibt das Leben des Gen. Wardenburg 394.

Mosthof, Unterkunft des Brschwg. K.-K. I 327.

de la Motte, Offiziere des Regiments nehmen teil an der Garnison-Lehranstalt zu Lüneburg II 22.

Motz, v., Hessen-Casselscher Gen., steht an der Spitze der Artillerie-, Genie- und École militaire-Inspektion II 149, 154, 157, 158.

Möchler, Lehrer an der Académie des nobles zu Berlin IV 44; an der Art.-Ak. 95.

Möllieg, Frhr. v., Preufs. Gen., Chef des Generalstabes der Armee IV 265.

Möllingsche Masse der Bergzeichnung IV 527.

Müller, Frhr. v., Bayer. Pagenhofmeister I 316—320.

Müller, Engl. Offizier, wird in die Mil.-Sch. zu Darmstadt aufgenommen II 227.

— Hann. Hptm., unterrichtet Offizieranwärter II 20; kündigt Vorlesungen an der Universität zu Göttingen an 24.

— Hann. Kap., Mitglied des Direktoriums der Mil.-Ak. II 84.

— Hann. Rittmeister, unterrichtet an der Ritter-Ak. zu Lüneburg II 25, 26.

— Lehrer an der Grhzgl. Hess. Mil.-Sch. zu Darmstadt II 261.

— Nikolaus v., läfst seinen Sohn die Kgsch. zu Siegen besuchen II 336.

— Preufs. Ing.-Kap., Lehrer an der Inspektionsschule zu Prenzlau IV 135.

— Preufs. Maj., Lehrer am Lehrinstitute für junge Offiziere IV 113, 114, 115, an der Inspektionsschule zu Berlin 131.

— v., Preufs. Gen., Inspekteur der Infanterieschulen IV 513.

— Fourier des Sächs. K.-K. V 34.

— Lehrer an der Württbg. Off.-Bild.-Anstalt V 332, 358.

— Würzburgischer Kap.-Lt., Lehrer an der Ing.-Ak. I 312, 313.

— Empfängt Wartegeld von der Stadt Zürich V 283.

München: Sitz von Bayerischen Mil.-Erz.- und Bild.-Anstalten I 57—305; Feuerbuch 210.

Münster: Etliche vom Adel aus dem Stifte besuchen die Kgsch. zu Siegen II 345; Nass. Mil.-Ak. 318; Preufs. Art.-Brigadeschule IV 521, 528, Divisionsschule 224, Ex.-Kommission 183.

Muncke, Hofmeister am Georgianum zu Hannover II 10.

Murdtfeldt, Schaumb. Lt., dankt dem Grafen Wilhelm V 238.

Musik (Unterrichtsgegenstand): Bayern: K.-K. I 120, 150, 167, 171, 174, 192; Marianische-Ak. 73; Mil.-Ak. 84, 93, 98 — Hannover: Offizierschule zu Nordheim II 18 — Österreich-Ungarn: Gitschin III 5, 6; K.-Schulen 423, 439, 441; Mil.-Ak. 68, 70, 378; Mil.-Realschulen 354, 365, 369; Mil.-Waisenhaus 91, 92; Technische Mil.-Ak. 386 — Preufsen: Ritter-Ak. zu Colberg IV 8 — Sachsen: K.-K. V 65, 75, 162 — Württemberg: Off.-Bild.-Anstalt V 354.

Mythologie: Als Unterrichtsgegenstand in Österreich verworfen III 65.

Nachtmützen in der Sächs. Mil.-Ak. V 186.
Nancy: Preuſs. Ex.-Kommision IV 183.
Nassau: Im allgemeinen I 12; Anstalten und Einrichtungen II 323—390; Teilnahme an der Mil.-Sch. zu Darmstadt 227; an der Preuſs. Art.- und Ing.-Sch. IV 429.
Nassau, k. k. Regimentsknaben-Erz.-Haus III 194.
Nationalsprachen (Unterrichtsgegenstand in Österreich-Ungarn): III 125, 234, 251—253, 256—257, 296, 406, 421, 429, 455, 472.
Nationalökonomie s. Staatswissenschaften.
Naturwissenschaften (Unterrichtsgegenstand): Baden: Allgemeine Kgsch. I 33, 36; Art.-Sch. 27, 28; Höhere Kgsch. 38, 39, 40, 50 — Bayern: Art.- und Genie-Sch. I 224, 228, 229; Art.- und Ing.-Sch. 232; Ettal 54; K.-K. 116, 117, 118, 122, 124, 138, 149, 150, 165, 171, 173, 189, 191; Kr.-Ak. 283, 284, 287, 288, 290; Kgsch. 266; Marianische Ak. 73; Mil.-Ak. 70, 83, 93; Oberfeuerwerkerschule 302, 303; Pagerie 318 — Hannover: Art.-Sch. II 44; Art.- und Ing.-Sch. 54; Georgianum 11, 14; K.-K. 103, 107; Mil.-Ak. 84, 85 — Hessen-Cassel: K.-K. II 160, 165, 179, 187, 188, 193, 195, 203, 204 — Hessen-Darmstadt: Art.-Sch. II 229; Mil.-Sch. 231, 238, 261, 262 — Mecklenburg: Mil.-Bild.-Anstalt II 307, 308, 314 — Oldenburg: Brigade-Mil.-Sch. II 400, 402, 405; Mil.-Sch. 410, 412 — Österreich-Ungarn: Art.-Ak. III 233; Art.-Hauptschule 211, 212; Art.-Korpsschule 99; Art.-Lyceum 100; Bombardier-Korps 199, 208; Genie-Ak. 233; Grenzschulen 104; Höherer Art.-Kurs 235, 241; Höherer Genie-Kurs 241; Ing.-Ak. 88, 89, 141, 142, 148, 149, 150, 151, 152; K.-Schulen 298, 300, 308, 309, 310, 420, 430, 436, 440, 455; Kgsch. 288, 408; Landwehr-K.-Schule 472; Mil.-Ak. 50, 55, 107, 112, 115, 116, 232, 249, 274, 275, 373; Mil.-Kollegium 116; Mil.-Ober-Erz.-Häuser 226; Mil.-Realschulen 345, 354, 364, 367; Mil.-Technische Schule 271; Mil.-Unter-Erz.-Häuser 225; Pionier-Offizierschule 216; Pionierschule 216; Regimentsknaben-Erz.-Häuser 190, 196; Schulkompagnieen 229; Technische Mil.-Ak. 273, 282; Zentral-Inf.-Kurs 289 — Preuſsen: Académie des nobles IV 27, 35; Art.-Ak. 92, 93, 94, 98, 99; Art.-Inspektions-Schulen 487; Artillerieoffiziere 89; Art.- und Ing.-Sch. 386, 390, 392, 396, 401, 402, 405, 406, 417, 420, 422, 423, 424, 428, 437, 439, 440, 445, 449, 450, 452, 456, 458, 461, 465, 467, 470, 471, 472, 473, 476; Ing.-Ak. 106; K.-K. 67, 74, 310, 316, 320, 321, 328, 329, 336, 337, 349, 350, 351, 353, 354, 355, 357, 358, 360, 370, 371, 372, 373, 374, 375, 376, 377, 378; Kr.-Ak. 258, 260, 264, 267, 273, 274, 275, 283, 284, 287, 291, 299, 304, 305; Kgsch. 153, 159; Mannschaftsschulen (Art.) 530; Mil.-Waisenhaus 79; Oberfeuerwerker-Sch. 488, 489, 495; Pagen 85; Ritter-Ak. zu Berlin 11; Untoff.-Schulen 512; Untoff.-Vorschulen 512 — Sachsen: Art.-Sch. V 197, 203, 204, 205 (von 1831), 213, 214, 215, 216, 219, 220 (von 1859); K.-K. 53, 55, 56, 62, 66, 70, 75, 84, 126, 127, 136, 141, 142, 143, 144, 145, 146, 149, 152; Kgsch. 110, 111; Kursus für Offiziere 194; Mil.-Ak. 177, 188, 189, 191; Mil.-Bild.-Anstalt 97, 98, 105; Untoff.-Sch. 231 — Schaumburg-Lippe: Mil.-Sch. V 240, 244, 255, 262 — Westfalen: Art.- und Genie-Sch. V 307, 308; Mil.-Sch. 305; Pagenhof 306 — Württemberg: Karlschule V 316; Kgsch. 364, 372, 380, 382; Mil.-Institut 318; Off.-Bild.-Anstalt 320, 327, 329, 331, 340, 341, 354.
Naudé, Lehrer an der Ritter-Ak. zu Berlin IV 20.
Naumann, Lehrer an der Kgsch. zu Berlin IV 155, 158.
Naumburg: Preuſs. Kadettenhaus IV 382.
Neuendorf, v., Nass. Ob., leitet das Mil.-Bild.-Wesen II 370.

Naader, v., Preufs. Ob. IV 167; Direktor der Art.- und Ing.-Sch. 393.

Neisse: Preufs. Art.-Brigadeschule IV 168, 171, 528; Divisionsschule 224; Kgsch. 227, 246, 250, 251.

Neu-Breisach: Preufs. Untoff.-Vorschule IV 517—519.

Neuhaus: Filiale des k. k. Regimentsknaben-Erz.-Hauses Budweis III 225.

Neukirch, Lehrer an der Ritter-Ak. zu Berlin IV 23.

Neumann, Würzburgischer Art.-Ob., soll Vorlesungen an der Universität gehalten haben I 312 (Anm.).

Neu-Ruppin: Unterricht der Offiziere der Preufs. Garnison IV 136.

Neymann, Preufs. Kap., kommandiert die Magdeburger K.-Kompagnie IV 53.

Nicolai, v., Württbg. Ob., Schriftsteller I 7, II 19, V 316.

Niederer Kurs des k. k. Bombardierkorps III 198, 208.

Niederösterreichische Landesakademie III 13.

Niemeyer, Hann. Major, leitet die Offizierschule zu Nordheim II 18.
— Dr. Anton, Lehrer am K.-K. zu Cassel II 161, 162, 188, 191; an der Westfäl. Art.- und Genie-Sch. daselbst V 307.

Nobels Kadetten (Bayern) I 59, 60.

Nörrenberg, Prof., Lehrer an der Grhzgl. Hess. Art.-Sch. II 229, 233.

Nordheim: Hann. Offizierschule I 7, II 16—19.

Normalschulen, k. k., von den Zöglingen der k. k. Regimentsknaben-Erz.-Häuser besucht III 189, 194, was in Italien nicht angeht 196.

Norman, v., Brschwg. GM., berichtet über das K.-Institut I 345.

Normann, Kurhess. Pr.-Lt., Zögling der Westfäl. Art.- und Genie-Sch. V 307; Lehrer am K.-K. II 206.

Nove, de la, regt die Errichtungen von Kriegsschulen an I 4.

Nowak, k. k. Lt., Prof. an der Pionierschule III 171.

Nürnberger Patriziersöhne besuchen die Kgsch. Siegen II 336, 345.

Nysa: Plan der Errichtung einer Mil.-Ak. V 285.

O.

Oberdirektion der k. k. Mil.-Ak: Eingerichtet III 25, aufgehoben 72, wieder eingeführt 106, aufgehoben 126.

Oberfeuerwerker-Schules: Bayern: I 300 — Preufsen: I 300; IV 166, 487, 520.

Oberkamp, v., Nass. Ob., eröffnet die Mil.-Sch. II 355.

Ober-Kriegskollegium, Preufsisches: Sein Verhältnis zu den Mil.-Erz.- u. Bild.-Anstalten IV 32, 37, 63.

Ober-Militär-Examinations-Kommission in Preufsen: IV 147, 175, 178, 181—204, 210, 211, 219, 221, 326, 329, 359, 410, 413; V 153, 385, 399.

Ober-Militär-Studien-Kommission in Preufsen IV 177, 179.

Ober-Prima früherer Art (bis 1878) im Preufs. K.-K. IV 335, 338.

Ober-Selekta im Preufs. K.-K. IV 334.

Ober-Studien- und Examinations-Kommission in Bayern I 296.

Oberwiesenfeld bei München I 301.

d'Obreuil, Preufs. Kap., Lehrer an der Ing.-Ak. IV 106.

Ochs, v., Kurhess. Gen., wird mit den Pagen Napoleons I. erzogen V 801; berichtet über Fortbildung der Kurhess. Offiziere II 210.

Octavus (s. Altdeutscher) II 333.

Oelsnitz, v. der, Preufs. Ob.-Lt. Kmdr. des K.-K. IV 54—59.

Österreich: Allgemein I 5, 8, 14; Einrichtungen und Anstalten III 1—486.
—-**Ungarn** in denjenigen Abdrücken, welche aufserhalb des Rahmens der Monumenta Germaniae paedagogicae erschienen sind: III 1—490.

O'Etzel, Preufs. Rittmeister, Lehrer an der Allgemeinen Kgsch. IV 264. — Vgl. v. Etzel.

Oeynhausen, Graf, besucht die Art.-Sch. zu Hannover II 31.

Offiziers-Aspiranten-Schules, k. k., III 263, 291, 467.

Offizier-Bildungs-Anstalt in Württemberg V 318—359.

Offizier-Bildungsschulen in Ungarn III 481.
Offiziere (Bestimmungen über die Ergänzung): Baden: I 23 (Inf. u. Kav.); 25 (zum Teil durch Soldaten); 26, 29 (Bestimmungen vom J. 1832); 33 (vom J. 1846); 42 (vom J. 1851) — Bayern: I 70 (Anforderungen an die Kadetten); 76, 100 (durch die Mil.-Ak.); 90, 107 (durch Kauf); 111, 112 (durch das K.-K); 185, 231 (Allgemein); 249 (Bestimmungen aus den J. 1774, 1778, 1804); 250 (Kurpfälzische und Bestimmungen aus den J. 1793, 1808, 1816); 252 (Abhängig vom Bestehen einer Prüfung); 253 (Ausnahmemafsregeln vom J. 1848); 254 (Bestimmungen vom J. 1858); 262 (Kavallerie); 264 (Bestimmungen vom J. 1868); 270 (Bestimmungen vom J. 1872); 275 (zeitweise Herabsetzung der wissenschaftlichen Anforderungen im J. 1877) — Braunschweig: I 346 (Transitorische Bestimmungen vom J. 1848); 347 (Provisorische Bestimmungen vom J. 1819); 358 (Regulativ vom J. 1866) — Hannover: II 56—70 (Nachweis der wissenschaftlichen Befähigung); 78, 79 (Generalstab); 85 (Änderungen durch König Ernst August); 86 (Kav.); 87 (Änderungen); 90 (Kav.); 93, 94 (Ing.-Off.); 97 (Ausschliefsliche Ergänzung durch das K.-K.); 106 (Erschweren des Ausscheidens); 97, 107 (Art.); 110 (Volontär-Kadetten) — Hessen-Cassel: II 144, 149 (Anforderungen); 160 (Vorschläge); 164, 168, 170, 172, 182, 189, 212 (Prüfungen); 217, 218 (Art.-Off.) — Hessen-Darmstadt: II 236 (Kadetten); 245 (Anforderungen im J. 1846); 249 (Ermäfsigung der Anforderungen im J. 1848); 249—258 (Vorschriften von 1849, 1850, 1852); 261 (Vorschrift von 1852); 262, 263 (Wirkungen der Vorschrift); 264 (Vorschrift vom J. 1864) — Hessen-Hanau: II 275 (Ansprüche an die wissenschaftliche Bildung) — Mecklenburg: II 284 (Vorschrift vom J. 1810); 285 (vom J. 1813); 286 (vom J. 1824); 299 (vom J. 1845); 302, 309 (vom J. 1848 und 1849) — Nassau II 359 (Prüfungsordnung vom J. 1825), 360 (vom J. 1828); 361 (Offizierssöhne); 362 (Ersatz aus der Lehrkompagnie); 374. 375 (Änderung der Prüfungsordnung); 382, 385 (Ersatz aus der Kgsch.) — Oldenburg: II 397 (Ersatz durch Volontärs und Portepeefähnriche); 399 (Prüfungsvorschrift vom J. 1831), 406 (vom J. 1846) — Österreich-Ungarn: III 87 (Genie-Offiziere); 152 (Kadetten); 162 (Allgemein um das J. 1805); 216 (Einführung einer Prüfung im J. 1851); 220, 237 (Bestimmungen vom J. 1852), 258 (vom J. 1867), 290 (vom J. 1869); 445 (Ohne Besuch einer Mil.-Bild.-Anstalt); 451 (Veränderte Grundsätze); 331, 346, 466 (Reserve-Offiziere); 469 (Landwehr-Offiziere) — Preufsen: IV 100 (Ingenieur-Offiziere); 143 (Allgemein seit dem J. 1808); 164 (Artillerie ins Besondere); 181—225 (Nachweis der wissenschaftlichen Bildung); 390, 401, 416, 430, 474 (Art. und Ing.); 492 (Feuerwerks-Offiziere); 500 (Schulabteilung). — Vgl. Berufsprüfungen. — Sachsen: V 4, 8, 11, 23, 31, 43, 47, 52, 60, 64, 68, 69, 70, 80, 85, 88, 89, 90, 94, 104, 119, 127, 137, 146, 155 (aus dem K.-K.); 102, 111, 128, 136, 139, 140, 140 (durch Unteroffiziere); 171, 174, 192 (aus der Mil.-Ak.); 165, 169, 198, 207, 209 (Art.) — Schaumburg-Lippe: V 239 — Schleswig-Holstein: V 272 — Schweiz V 284 (Zürich); 290, 297 (Allgemein) — Württemberg: V 319 (Allgemein im J. 1821), 335 (im J. 1829), 358, 359 (im J. 1852), 367 (im J. 1853), 375 (im J. 1868), 385 (Regiments-Offiziers-Zöglinge), 387 (durch Unteroffiziere), 394 (Guiden).
Offiziere des Beurlaubtenstandes nehmen teil an Offizierskursen der Bayer. Kgsch. (1871—1877) I 272, 275.
Offizierskandidaten (Württemberg) V 384.
Offizierskurse der Kriegsschulen nach Beendigung des Krieges von 1870/71 — Bayern: I 269 — Preufsen: III 249.

Offiziers-Prüfungs-Kommission im Großherzogtume Hessen II 255 —

Offizierschulen: Hannover: II 55 — Österreich-Ungarn: Durch Radetzky in Italien begründet III 202; für Artillerie 210; für Inf. und Kav. vom J. 1852 251; für Pioniere vom J. 1867 265.

Ohm, Lehrer an der Preufs. Allgemeinen Kgsch. IV 264, 265; an der Art.- und Ing.-Sch. 412.

Oldmann, v., Preufs. Ob., Inspekteur der Kriegschulen IV 242.

d'Olbrasse, Eleonore, Herzogin von Celle II 3.

Oldenburg, Grofsherzogtum: Allgemein I 13; Einrichtungen und Anstalten II 390—416; kommandiert Offiziere zur Preufs. Kriegsakademie IV 269; zur Art.- und Ing.-Sch. IV 429.

Oldes, Mecklenbg. Hptm., Kmdt. der Mil.-Bild.-Anstalt II 291.

Ollech, v., Preufs. Gen., Schüler, Lehrer und Direktor der Kr.-Ak. IV 178, 268, 272, 284; Kdr. des K.-K. 339.

Olmütz: k. k. Art.-Ak. III 232; Art.-Hauptschule 210; K.-Kompagnie 157, 158, 162; Schulkompagnie 227, 228, 239, 268, 270, 271; Vorbereitungsschule 299, 419.

Omptada, Frau v., verschafft einem Bewerber die Aufnahme in die Mil.-Sch. auf dem Wilhelmsteine V 260.

Oppen, v., Preufs. Maj., Lehrer an der Art.-Ak. IV 95, Vorsitzender einer Ex.-Kommission, bearbeitet den Plan zu einer neuen Art.-Ak. 164.

Oppidaner: Stadtschüler der Hohen Karlsschule V 317.

Oranienstein: Preufsisches K.-Haus IV 341, 361, 362, 365, 382.

Ordinar-Kadetten: bei der k. k. Artillerie angestellt, III 101; Allgemein 152.

Ordinarius des Preufs. K.-K. IV 339, 344, 345, 348, 359, 383.

Orff, A. v., Kmdt. des Bayer. K.-K. I 185—186.

— K. v., Kmdt. der Bayer. Kr.-Ak. I 282, 288; Insp. der Mil.-Bild.-Anstalten 298, 299.

Organisation s. Gliederung.

Orges, Braunschweig. Off., Zögling der Westf. Art.- und Genie-Sch. V 307.

Origanes, Mathematiker: Seine Manuskripte werden empfohlen IV 6.

Orioth: k. k. Mil.-Ober-Erz.-Haus III 226.

Orth, Gebrüder, werden für den Kriegsdienst der Stadt Bern ausgebildet V 279.

d'Orville, Kurhess. Ob., führt Änderungen der Prüfungsvorschrift für die Beförderung zum Offizier herbei II 215.

Osten, v. der, verfafst eine Denkschrift über Errichtung einer Offizierbildungsanstalt in Hannover II 20.

Ostereus: Rolle im Festspiele der Kgsch. Siegen II 333.

Otters: Sein „Instrumentlin" der Fortifikation wird empfohlen IV 6.

Otto, Prinz von Bayern (später König), nimmt teil am Unterrichte im K.-K. I 179.

— König der Griechen, I 144.

— v., k. k. FML., verlangt Kriegsschulen III 153.

— Preufs. Offizier, Lehrer an der Art.- und Ing.-Sch. IV 412.

Ottocac: k. k. Vorbereitungsschule III 299, 419.

P.

Pabst, Grhzgl. Hess. Lt., Lehrer an der Art.-Sch. II 230.

Pädagogen (Zöglinge des Militär-Lehrer-Institutes zu Wiener-Neustadt) III 234.

Pädagogik (Unterrichtsgegenstand im Mil.-Lehrer-Institute zu Wiener-Neustadt) III 234, 240.

Pagen und Pagerie: Allgemein I 5 — Ansbach IV 80 — Baden: I 19, 24 — Bayern: I 103, 104, 226, 270, 273, 316-320 — Hannover: II 3 bis 15, 32, 34, 39, 43 — Hessen-Cassel: II 123, 124, 136, 159, 162, 198 — Mecklenburg-Schwerin: II 279, 300 — Österreich-Ungarn: III 14 — Preufsen: IV 67, 81—85, 123, 125 — Sachsen: V 68, 78, 121, 140, 210 — Westfalen: V 301, 305—6 — Württemberg: V 317.

Pagenhaus in Berlin IV 82.
Palais des Kaisers Wilhelm I. in Berlin als Unterrichtsort IV 94.
Palm, v., Württbg. GM., Ständemitglied V 343.
Palmié, Lehrer an der Académie des nobles zu Berlin IV 43, an der Kgsch. 155, 160, 264, 265.
Pahlen, v. der, Sächs. Gen., Kmdt. des K.-K. V 28, 30—33, 42.
Pancsova: k. k. Regimentsknaben-Erz.-Haus III 225.
Pape, Schlesw.-Holst. Lt., Vorsteher der Art.-Untoff.-Eleven-Sch. V 269.
Papen, Hann. Maj., als Kadett eingestellt II 93.
Papin, Lehrer an der Preuß. Junkerschule zu Potsdam IV 218.
Paraden (Teilnahme an): Bayern: K.-K. I 167; Kgsch. 279 — Hannover: K.-K. II 103 — Oldenburg: Mil.-Sch. II 412 — Österreich-Ungarn: Mil.-Ak. III 117, 125.
Parallellehrer (Preußen) IV 200, 238.
Paris: Die dortige Kriegsschule dient als Vorbild für eine in Colmar zu errichtende Anstalt I 363.
Parva and Principia (Gegenstände des Unterrichtes in der k. k. Mil.-Ak.) III 49, 50.
Passepied im Sächs. K.-K. getanzt V 22.
Patriotische Gesellschaft zu Wesel IV 134.
Paul Friedrich, Großherzog von Mecklenburg-Schwerin, begründet die Mil.-Bild.-Anstalt II 290.
Pechmann von Massen, Ritter v., k. k. Oberst III 4, 207, 335, 336. — NB. I 15 ist irrtümlich „Pechmann" statt „Scudier" gedruckt.
Pellegrini, Graf, k. k. FZM., entwirft den Plan für eine Ing.-Ak III 86; desgl. für eine Art.- und Ing.-Sch. 100; Direktor der ersteren 89; stirbt 90.
Pension s. Unterhaltungskosten.
Perbandt, v., Preuß. Kap., befehligt die K.-Abteilung im Mil.-Waisenhause IV 79.
Perlitz, Preuß. Lt., Lehrer an der Académie des nobles IV 42, am Lehrinstitute für junge Offiziere 114, 115, 116.

Perorieren s. Disputieren.
Peter, Herzog von Oldenburg, tritt dem Rheinbunde bei II 393; errichtet eine Mil.-Sch. 394; stirbt 396.
— Großherzog von Oldenburg, kommt zur Regierung II 410.
Petri, Kurhess. Offizier, Zögling der Westfäl. Art.- und Genie-Sch. V 307; Lehrer am Kurhess. K.-K. II 206.
Petri, Kirchenrat, äussert sich über den Mannschaftsunterricht in Kurhessen II 208.
Petrinia: k. k. Mil.-Ober-Erz.-Haus III 226.
Pettau: k. k. Mil.-Waisenhaus III 91.
Peucker, v., Preuß. Gen., Gen.-Inspekteur des Mil.-Erz.- und Bild.-Wesens I 9, III 284, IV 176—178, 180, 181, 215, 222, 225—249, 274, 275, 355, 427.
Pfarrstellen für Gouverneure etc. der preußischen Kadettenhäuser IV 72.
Pfau, Württbg. Ober-Lt., Lehrer an der Off.-Bild.-Anstalt V 331.
Pfeiffer, Lehrer an der Ritter-Ak. zu Berlin IV 20.
Pfeffel, Gottlieb Conrad, errichtet eine Kriegsschule zu Colmar I 6, 363—365.
Pferdekenntnis (Unterrichtsgegenstand): Baden: Art.-Sch. I 22 — Bayern: Art- und Ing.-Sch. I 247; K.-K. 131, 174; Kr.-Ak. 283; Regimentsschulen 251; Untoff.-Aspiranten-Sch. 309 — Braunschweig: Mannschaftsschulen I 359 — Hannover: Art.-Sch. II 43; Kav.-Lehranstalt 71, 72; Mil.-Ak. 85, 87, 88, 90, 91, 92; Offizierschule zu Nordheim 17 — Hessen-Cassel: Mannschaftsschulen II 207 — Hessen-Darmstadt: Mil.-Sch. II 231, 262, 265 — Mecklenburg: Divisionsschule II 303; Mil.-Bild.-Anstalt 294, 299, 308, 314 — Oldenburg: Mannschaftsschulen II 414, 416 — Österreich-Ungarn: Art.-Ak. III 233; Art.-Hauptschule 212; Art.-Off.-Schulen 210; Art.-Stabsschulen 207; Bombardier-Korps 208; K.-Schulen 302, 435, 439; Landwehr-Stabsoffiziers-Kurs 477; Mannschaftsschulen (1866) 256; Mil.-Ak. 29, 112, 232, 275, 376; Mil.-Technische Schule 272; Schulkom-

pagnieen (Schuleskadron) 228, 229; Stabsoffiziers-Kurs 414; Techn. Mil.-Ak. 273, 384; Zentral-Inf.-Kurs 289 — Preufsen: Art.- und Ing.-Sch. IV 401, 406, 417, 420, 424, 428, 437, 441, 445, 449, 450, 452, 468; Kr.-Ak. 259, 260, 264, 267; Kgsch 153, 158, 241; Mannschaftsschulen 172; Art. 525, 529, 531.

Pfister, Ing.-Lt., Lehrer an der kurpfälzischen Art.- und Ing.-Sch. I 215.

Pfister, v., Ob.-Lt., prüft die kurpfälzischen Ing.-Off. (1762) I 216.

Pflichtstunden der Lehrer am Preufs. K.-K. IV 332, 333, 334, 339, 347, 383; an den Unteroffizierschulen 510, 511.

Pflugk, v., Sächs. Ob.-Lt., entwirft den Plan für eine Ritterakademie V 20.

Pfuel, v., Preufs. Gen. und Kriegsminister IV 330—332.

Pfuhlstein, v., Preufs. Ob., Inspekteur der Inf.-Schulen IV 513.

Pfuhr, bearbeitet als Nass. Hptm. eine Vorschrift für die Mil.-Sch. II 349; führt als Bad. Ob.-Lt. den Vorsitz der Studienkommission I 41.

Philanthropinen (Allgemeines) I 6; Kgsch. Colmar nach dem Muster eingerichtet I 363.

Philipp Ernst, Graf zu Schaumburg-Lippe, löst die Mil.-Sch. auf V 264.

Philippe (Philippy), Zeichenmeister der Ritterakademie zu Berlin (1707) IV 21.

Philosophen (Unterrichtsklasse): Bayern: Marianische Mil.-Ak. I 73 — Österreich-Ungarn: Mil.-Ak. III 50 56.

Philosophie (Unterrichtsgegenstand): Baden: Höhere Kgsch. I 38, 40 — Bayern: Ettal I 54; Kr.-Ak. 283, 284, 288, 290, 291; Marianische Ak. 73; Mil.-Ak. 79, 82, 83, 84, 92, 101 — Braunschweig: K.-Institut I 337 — Hannover: Georgianum II 11, 12, 14 — Münster: Mil.-Ak. II 321 — Nassau: Mil.-Sch. II 371 — Österreich-Ungarn: Art.-Ak. III 231; Galizische Garde 82; Genie-Ak. 233; Grenzschulen 104; Ing.-Ak. 88, 89; Ing.-Sch. Gumpendorf 85; Mil.-Ak. 44, 49, 50, 56, 66, 107, 112, 115, 116, 117, 121, 232, 249, 274; Technische Mil.-

Ak. 272 — Preufsen: Académie des nobles IV 27, 35; Institut für junge Offiziere 113, 117, 118, 122; Junkerschule 124; K.-K. 60, 64, 66, 67, 329, 335; Kgs.-Ak. 283, 264, 267, 274, 275, 279, 280, 263, 284, 287; Pagen 83; Ritter-Ak. zu Berlin 11 — Sachsen: Art.-Sch. V 203, 204 (vom J. 1831); K.-K. 66, 70; Kursus für Offiziere 182, 194; Mil.-Ak. 174, 177, 188, 189, 191; Mil.-Bild.-Anstalt 97 — Württemberg: Kgsch. V 377; Off.-Bild.-Anstalt 320, 321, 326, 328, 340, 354.

Photographieren als Unterrichtsgegenstand der Preufs. Oberfeuerwerker-Sch. IV 492.

Phull, v., Preufs. Ob., unterrichtet am Lehrinstitute für junge Offiziere IV 114.

Physik s. Naturwissenschaften.

Piaristen als Lehrer an der k. k. Mil.-Ak. III 44, 48, 108, 122, 125.

Pietsch, Sächs. Maj., Direktor der Art.-Schule V 167.

Pike (Unterricht im Gebrauche): Bayern: Ettal I 54 — Braunschweig: Wolfenbüttel I 323 — Nassau: Kgsch. Siegen II 327, 338 — Preufsen: Ritter-Ak. zu Berlin IV 11 — Sachsen: K.-K. V 6.

Pilsen: k. k. Vorbereitungsschule III 299.

Pionierwissenschaft (Unterrichtsgegenstand, meist unter Befestigungskunst mitbegriffen): Baden: Pionierschule I 28 — Bayern: Art.- und Genie-Sch. I 224, 225; Art.- und Ing.-Sch. 245; Ettal 55; K.-K. 160, 171, 173; Kr.-Ak. 283; Kgsch. 256, 266 — Braunschweig: Mannschaftsschulen I 359 — Hannover: Art.- und Ing.-Sch. II 54, 55; Generalstabs-Ak. 81; Mil.-Ak. 84, 91, 92; Mineur-Sch. 47 — Österreich-Ungarn: Art.-Ak. III 233; Generalstabsschulen 204; Genie-Ak. 233; Grenzschulen 238; Ing.-Ak. 149; K.-Kompagnieen 166; K.-Schulen 257, 297, 301, 308, 309, 420, 431, 434, 435, 437, 439, 441, 442, 455; Landwehr-K. Schule 472; Landwehr-Stabsoffiziers-Kurs 477; Lombardisch-Venetianische Leibgarde 131; Mil.-Ak. 122, 232, 249,

275, **374**; Mil.-Realschulen 354, **369**; Pionierschule 171, 172, 175, 179, 180, 184, 187, 216; Pionier-Untoff.-Schulen 201; Schulkompagnieen 228, 229; Stabsoffiziers-Kurs 414; Technische Mil.-Ak. 273, **384**; Ungarische Leibgarde 127; Vorbereitungskurs 304; Zentral-Inf.-Kurs 289 — Preufsen: Divisionsschulen IV 224; Kgsch. 158, 244; Pionier-Mannschaftsschulen 535; Schulabteilung 502 — Sachsen: Art.-Sch. V 207, 220 (vom J. 1859).

Pionier-Kadettenschule (Österreich-Ungarn) III 419, 420, 421, 426, 428, **440**, 442, 450, 456.

Pionierschulen: Baden: I 28 — Österreich-Ungarn: I 8, 14; III 170, 215—216, 246; für Unteroffiziere 200, 246; für Mannschaften 203.

Pirch, v., Preufs. G.M., Gen.-Inspekteur des Mil.-Erz.- und Bild.-Wesens IV 173, 180, 183, 210, 211, 214.

Pister, Hessen-Casselscher Gen., Lehrer am Collegium Carolinum II 122.

Placidus, Abt zu Ettal I 53.

Planigraphie (Begriffserklärung) II 350.

Plastik (Unterrichtsgegenstand): Nassau: Mil.-Sch. II 371.

Plat, de, Hann. Gen., Direktor der Ing.-Sch. II 20, 40, 45, 46.

Plate, Oldenbg. Hptm., Direktor der Mil.-Sch. II 401.

Pleitner, Würzburgischer Art.-Hptm., Lehrer an der Ing.-Ak. I 314.

Pless: Preufs. K.-Haus IV 341, 361, 362, 365, 382.

Plötz, v., Preufs. Ob., Direktor der Académie des nobles IV 30; Kmdr. des K.-K 61.
— v., Sächs. Maj., Pr.-Lt. im K.-K. V 33.

Plümicke, Preufs. Ob., urteilt über die Art.-Ak. zu Breslau IV 94; Lehrer an der Allgemeinen Kgsch. 261, 264; thätig an der Art.- und Ing.-Sch. 384, 387, 391, 399, 402, 411, 414.

Pochielski, v., Preufs. Gen., Kommando zur Allgemeinen Kgsch. IV 272; Kurator der Art.- und Ing.-Sch. 445, 449; Gen.-Inspekteur der Artillerie 481, 529.

Pölitz, Professor am Sächs. K.-K. V 43, 51.

Poesie talleais (Begriffserklärung) III 68, 114.

Plenitz ("Pz."), Sächs. Maj., Lehrer am K.-K. V 85, 91.

Politische Schulen in Österreich III 94.

Pontonierwissenschaft s. Befestigungskunst und Pionierwissenschaft.

Posalger, Lehrer an der Allgemeinen Kgsch. zu Berlin IV 264, 266.

Postfreiplätze für Preufs. Kadetten IV 328.

Polnische Sprache (Unterrichtsgegenstand).
— Vgl. Nationalsprachen. — Österreich-Ungarn: K.-Sch. III 429, 435; Mil.-Ak. 107, 112, 115, 116; Schuleskadron 228 — Preufsen: Académie des nobles IV 43; Art.-Ak. 267, 305; Divisionsschulen Danzig und Posen 210; Ing.-Ak. 106; Inspektionsschulen 131; Junkerschule 126: K.-K. 74, 317; Kr.-Ak. 267, 305; Mil.-Waisenhaus 79.

Polytechnikum zu Zürich V 290—297; zu Stuttgart V 395—396.

Polytechnisches Institut zu Wien: Durch k. k. Pionieroffiziere besucht III 328.

Polytechnische Schule zu Hannover: Ein Schüler wird Ingenieuroffizier II 94.

Polytechnische Schule zu Paris: Durch Schweizer besucht V 286.

Pommerenicke, Preufs. Ob.-Lt., Stabsoffizier und Lehrer der Art.- und Ing.-Sch. IV 412.

Pommersche Junker: Eine wilde Art IV 51.

Pontpletin, v., Hann. Gen., als Page in den Kriegswissenschaften unterrichtet II 3.

Popp, k. k. Gen., besucht die Kgsch. III 236.

Porchester: Unterrichtsanstalt für des Königs Deutsche Legion II 51.

Portepeefähnriche: Baden I 43, 46 — Bayern I 270, 271 — Braunschweig I 329, 331, 347, 348 — Hannover II 86, 98 — Hessen-Cassel II 144, 153, 168, 172, 194 — Mecklenburg II 301 — Oldenburg II 397, 406, 407, 411, 412 — Preufsen IV 65, 143, 159, 164, 171, 183, 184, 186, 187, 188, 191—225, 228, 500, 519, 520 — Sachsen V 150 — Württemberg V 371, 374.

Portepeefähnrichs-Schule in Württemberg V 375, 377.
Portepeejunker: Sachsen 86, 88, 89, 90, 94, 101, 102, 104, 106, 115, 117 (der Reiterei), 118, 128, 210, 219.
Portepeekadetten: Württemberg V 367, 371, 374.
Portepeeunteroffiziere: Preufsen IV 65 — Sachsen V 150.
Portugiesische Sprache (Unterrichtsgegenstand): Schaumburg-Lippe: Mil.-Sch. V 237, 255.
Posen: Art.-Brigadeschule IV 521, 528; Art.-Inspektionsschule 487; Divisionsschule 210, 224; Ex.-Kommission 83.
Potsdam: Preufs. Art.- und Ing.-Sch. IV 419; Ex.-Kommission 183; Ing.-Ak. IV 103—112; Junkerschule 123; K.-Haus 304, 308, 309, 310, 311, 315, 321, 322, 325, 326, 329, 330, 361, 362, 365, 382; Krgsch. 227, 243, 246, 247, 249, 250, 251; Militär-Waisenhaus 61, 78—80, 499, 500, 513, 516; Schulabteilung 499, 505; Untoff.-Sch. 505 bis 515.
Precher, Direktor der Bayer. Oberfeuerwerker-Sch. I 301.
Präbenden der Württbg. Kriegsschule s. Unterhaltungskosten.
Prämien s. Auszeichnungen.
Praetorius, Schaumburg-Lippescher Lt., Lehrer der Mil.-Sch. V 238, 241, 255, 259.
Prag: k. k. K.-Sch. III 294, 419, 420, 421; Landwehr-Off.-Aspiranten-Sch. 334; Schulkompagnie 227, 239, 270; Vorbereitungsschule 299.
Praktischer Kursus (Übersicht): Baden: Allgemeine Kgsch. I 32; Höhere Kgsch. 40; K.-Haus 46 — Bayern: Art.- und Genie-Sch. I 225, 229, 230; Art.- und Ing.-Sch 232, 233, 241; K.-K. 125, 133, 138, 151, 164, 166, 167; Kgsch. 261, 266, 270, 277, 278; Kr.-Ak. 284, 287, 292; Kurpfälzische Art.- und Ing.-Sch. 216; Oberfeuerwerker-Sch. 302, 303; Regimentsschulen 251 — Braunschweig: K.-Institut I 333; K.-K. 328; Unterrichtskursus für Offiziersanwärter 355 — Hannover: Art.-Sch. II 32, 33, 38; Garnison-Lehranstalt zu Lüneburg 22; Generalstabs-Ak. 77, 81; Ing.-Sch. 49, 50; K.-K. 103 (Teilnahme an Herbstübungen) — Hessen-Cassel: K.-K. II 142, 181, 205 — Hessen-Darmstadt: Mil.-Sch. II 230, 240 — Nassau: Mil.-Sch. II 364, 374 — Oldenburg: Brigade-Mil.-Sch. II 400; Mil.-Sch. 400, 410, 411 — Österreich-Ungarn: Allgemein in den Mil.-Erz.- und Bild.-Anstalten im J. 1873 III 358, im J. 1882 369; Art.-Hauptschule 212; Art.-Stabsschulen 214; Bombardierkorps 197, 209; Generalstabsschulen 205; Höherer Art- und Genie-Kurs 279; K.-Sch. 295, 302, 305, 308, 310, 428, 434, 435, 439, 441; Kgsch. 237, 242, 286, 408; Landwehr-K.-Sch. 474; Landwehr-Stabsoffizier-Kurs 476; Mil.-Ak. 30, 50, 113, 249, 274, 275, 379; Pionierschule 178, 180, 182, 188; Pionier-Untoff.-Sch. 201; Stabsoffiziers-Kurs 412; Technische Mil.-Ak. 387; Vorbereitungsschulen 293; Zentral-Inf.-Kurs 289 — Preufsen: Académie des nobles IV 36; Art.-Ak. 93, 98, 99; Art.-Brigadeschulen 168, 169; Art.-Inspektionsschulen 488; Art.- und Ing.-Sch. 392, 398, 406, 414, 417, 424, 431, 441, 451, 453, 456, 457; Divisionsschulen 208, 218, 223; Ing.-Ak. 107; Junkerschule 123, 127; K.-K. 66, 67, 316, 335; Kr.-Ak. 258, 267, 273, 287, 296, 299, 301; Kgsch. 153, 159, 160, 238, 239, 243, 249; Lehrinstitut für junge Offiziere 117, 119. Oberfeuerwerker-Sch. 489, 490, 493, 495 — Sachsen: Art.-Sch. V 107 (vom J. 1766), 200, 201, 202, 205, 206 (vom J. 1831); K.-K. 65, 84, 123, 150, 153; Kgsch. 115; Kursus für junge Offiziere 182; Mil.-Ak. 176, 177, 180, 190, 191; Mil.-Bild.-Anstalt 98, 106 — Schaumburg-Lippe: Mil.-Sch. V 247 — Schweiz: Art.-Sch. zu Bern V 282; Polytechnikum 296, 297 — Württemberg: Kgsch. V 379, 382; Off.-Bild.-Anstalt 326, 327, 330, 331, 341.
Prancki, Frhr. v., Bayer. K.-M., I 160, 280.

Preſs, v., Naſſ. Gen., erstattet ein Gutachten über die Mil.-Sch. II 353, beruft eine Kommission 377.
Preuzlau: Preuſs. Inspektionsschule IV 135.
Pressen zur Vorbereitung auf Prüfungen IV 295, V 397—400.
Preram: K.-K. Mil.-Unter-Erz.-Haus III 238, 270; Regimentsknaben-Erz.-Haus 225.
Pressburg: K.-K. K.-Sch. III 294, 419, 420, 421; Mil.-Ober-Erz.-Haus 226; Regimentsknaben-Erz.-Haus 225; Vorbereitungskurs für Offiziersaspiranten der Honved 484; Vorbereitungsschule 299.
Preuſs, Preuſs. Pr.-Lt., Lehrer an der Junkerschule IV 128.
Preuſs, v., Preuſs. Kap., schreibt über den Verfall der Mil.-Ak. (Académie des nobles) IV 39.
Preuſsen, Königreich, Allgemein I 4, 6, 8, 9, 10; Einrichtungen und Anstalten IV 1—542.
Prielmayersches Haus in München: I 143, 162, 275.
Primeross, de, Gouverneur an der Ritter-Ak. zu Colberg IV 9.
Principia s. Parva und Principia.
Printzen, v., Preuſs. Minister IV 20, 24.
Prittwitz, v., Preuſs. Gen., Inspekteur der Art.- und Ing.-Sch IV 397, 427.
Privatstudium s. Arbeitsstunde.
Privatunterricht (zur Nachhilfe): Bayern I 195 — Hessen-Darmstadt II 255 (durch Examinatoren und Lehrer) — Preuſsen IV 182.
Prochaska, Baron, k. k. FZM., Chef des General-Quartiermeisterstabes III 173 bis 178.
Prosck, v., Preuſs. Maj., Kmdt. der K.-Häuser zu Berlin und zu Stolp IV 69, 71.
Programm als Grundlage der Vorträge in den k. k. Mil.-Erz.- und Bild.-Anstalten (1882) III 390, in den K.-Schulen 443.
Proprétégeld erhalten die Bad. Pagen I 24. — Vgl. Taschengeld.
Proprietäten (Österr.-Ung.) III 425.
Prossnitz: Filiale des Mil.-Ober-Erz.-Hauses Brünn III 226.

Prott, Hann. Gen., Verhältnis zur Art.- und Ing.-Sch. II 54; Einfluſs auf die Generalstabs-Ak. 81; Direktor der Mil.-Ak. 84; berichtet über den Unterricht beim Ing.-Korps 94.
Prüfungen s. Aufnahmebestimmungen, Offiziere (Bestimmungen über die Ergänzung), Schulprüfungen.
Przemysl: k. k. Regimentsknaben-Erz.-Haus III 193, 225.
Pürkenstein, A. v., leitet die Art.-Sch. in München I 211—212.
Pullet, Preuſs. Gen., urteilt über die Ing.-Ak. IV 112.
Pariſt, Lehrer an der Académie des nobles zu Berlin IV 27, 34.
Puttkamer, v., Direktor der Ritter-Ak. zu Colberg IV 9.
— **v.,** Preuſs. Maj., bearbeitet den Plan der Oberfeuerwerker-Sch. IV 488.

Q.

Qualifikationstotale (Österreich-Ungarn) III 293.
Qualifikationsvermerkungen (Österreich-Ungarn) III 293.
Quellen (Gedruckte), abgesehen von den in Archiven und Registraturen gefundenen und von den Dienstvorschriften, welche sämtlich an den betreffenden Stellen des Textes nachgewiesen sind. — NB. Da es sich lediglich um die Titel handelt, sind diese nur einmal aufgeführt — Academia Lignicionsis III 15 — Achenbach, Geschichte der Stadt Siegen II 345 — Adreſsbücher der Stadt Braunschweig I 331 — Akademie zu Berlin (von 1684) IV 7 — Allgemeine deutsche Biographie II 3 — Allgemeine Militär-Zeitung (Darmstadt) I 140 — Annalen der Braunschweig-Lüneburgischen Kurlande II 3 — Archiv für Offiziere der Preuſsischen Artillerie III 98 — v. Arneth, Maria Theresia III 84 — Artikelsbrief der Kriegsschule Siegen II 345 — v. Bacsko, Aus meinem Leben IV 99 — Badische

Kriegsdienst-Vorschriften I 35 — Badischer Militär-Almanach I 20 — Badisches Staats- und Regierungsblatt I 25 — Baegk, Architectonia militaris V 276 — Bautzener Nachrichten V 134 — Beamish, Königlich Deutsche Legion II 19 — Beck, Geschichte des Grhzgl. Hessischen Artillerie-Corps II 221 — Belehrtheit derer Hessen II 121 — Berliner Revue IV 308 — Böheim, Chronik von Wiener-Neustadt III 24 — Bohse (Pseudonym Talander), Die Ritterakademie zu Liegnitz III 14 — v. Bonin, Geschichte des Ingenieurkorps in Preufsen IV 385. Vgl. Malinowsky. — Briefe eines Reisenden über den Zustand von Cassel (v. Günderode) II 143 — v. Brandt, Aus dem Leben des Generals IV 271 — Breysig, Das Kadettenhaus Culm IV 71 — Brinner, Geschichte des k. k. Pionierregiments III 107 — Brönnenberg, Die Stadt Hannover II 14 — Burg, Geschichte meines Dienstlebens IV 384 — Cicalek, Geschichte des Theresianums III 14 — v. Crousaz, Geschichte des Preussischen Kadetten-Korps IV 9 — Deutsches Museum (Pfeffel) I 363 — Dienstreglement, Hannoversches II 35 — Dienstreglement, Grhzgl. Hessisches II 236 — Dienstvorschriften, Bayerische I 250 — Dollereczek, Geschichte der k. k. Artillerie III 98 — Dub, Das k. k. Linien-Infanterie-Regiment III 170 — Edelknaben, Bayerische (Jahresberichte) I 317 — Eggers, Kadettenhaus Ploen IV 341 — Engers: Kriegsschule IV 247 — Erman und Reclam, Mémoires des réfugiés IV 45 — Ersch und Gruber, Encyklopädie I 363 — Eschenburg, Geschichte des Collegium Carolinum in Braunschweig I 324 — Esser, Leben des Münsterischen Ministers von Fürstenberg II 320 — v. Falke, Geschichte des Hauses Liechtenstein III 98 — de Fallois, Mémoires IV 131 — Feder, Lebensbeschreibung II 4 — Feuerwerkswesen in Preufsen IV 487 — Fikenscher, Geschichte der Universität Erlangen I 315 — v. Flemming, Der vollkommene Soldat V 211 — Fischer, Kosman und Heinsius, Mark Brandenburg IV 95 — Förster: Wallenstein III 9 — Folkmann, Die gefürstete Linie Kinsky III 100 — Frédéric II, Histoire de mon temps II 4; Oeuvres V 129 — [v. Friderici-Steinmann] IV 261 — Friedländer, Die Preufsische allgemeine Kriegsschule IV 3 — Genealogisch-militärische Kalender (Berliner) IV 136 — v. Gersdorff, Sächsisches Kadettenkorps V 35 — Gertner, Kadettenhaus Bensberg IV 321 — v. Geusau, Geschichte der Stiftungen in Wien III 13 — Giefsen, Programm der Universität II 226 — Gleich, Geschichte von Wiener-Neustadt III 24 — Grabe, General v. Günther IV 136 — v. Griesheim, Das (Preufsische) Kadettenkorps IV 330 — Gronau, C. W. von Dohm II 136 — Gründler, Schlofs Annaburg IV 516 — Günther, Geschichte der literarischen Anstalten in Bayern I 53 — [v. Günderode] s. Briefe — Hagn, Die Benediktinerabtei Kremsmünster I 56 — Haldenstein, Nachrichten vom Seminar V 286 — v. Hammersteins. v. Kleist — Hannoversche Generalordres II 70 — Hannovers militärische Vergangenheit von B. v. L.-G. II 105 — Hannoversches militärisches Journal II 70 — Hasche, Beschreibung von Dresden V 170 — Hausen, Herzog Leopold von Braunschweig IV 134 — v. Heimburg, Grundzüge der Pädagogik V 157 — Heinsius s. Fischer — v. Helldorf, Dienstvorschriften für die Preufsische Armee IV 223 — Helvetische Gesellschaft (Verhandlungen) V 286 — Herz von Herzberg, Akademische

6

Kadettenschule III 316 — Hessische Beiträge zur Gelehrsamkeit und Kunst II 137 — Hessische Landesordnungen II 119 — Hessische Erinnerungen II 162 — Hessisches Corps (Bildwerk) II 140 — Historisch-genealogische Kalender (Berliner) IV 132 — Historie der Belehrtheit derer Hessen II 121 — v. Holleben, Erinnerungen IV 198 — Instruktion für die k. k. Truppenschulen III 421 — Jacobi, Das X. Bundes-Armeekorps I 359 — Jähns, Geschichte der Kriegswissenschaften III 13 — Jahrbücher für die Deutsche Armee und Marine IV 58 — Jubelfeier des Sächsischen Kadettenkorps V 26 — Junkerschule in Potsdam IV 123 — Jurnitschek, Wehrmacht der Österreichischen Monarchie III 482 — v. Kampts, Für Offiziere IV 136 — Keller, Das Seminar Haldenstein V 286 — Graf Khevenhüller, Observationspunkte III 104 Graf Kinsky, Vermischte Schriften III 60 — Kleemann, Die Ingenieurschule zu Mannheim I 214 — Klaiber, Der Unterricht in der Hohen Karlsschule V 315 — v. Kleist, Die (Preufsische) Oberfeuerwerker-Schule IV 488 — v. Kleist und v. Hammerstein, Die Unteroffizierschule Biebrich IV 505 — Klippel, Scharnhorst II 29 — Kluckhohn, Briefe Friedrichs des Frommen II 326 — Klüpfel, Die Universität Tübingen II 233 — König, Berlin IV 101 — v. dem Knesebeck, Aus den Papieren IV 134 — Koldewey, Kirchen- und Schulgeschichte des Herzogtums Braunschweig I 323; Braunschweigische Schulordnungen 323; Geschichte der Ritterakademie Wolfenbüttel 323 — Kosmanns. Fischer — v. Kretzschmar, Sächsische Feldartillerie V 4 — Lehmann, M., Scharnhorst IV 142 — Leitner v. Leitnertreu, Die Militär-Akademie zu Wiener-Neustadt III 16 — Leutner v. Wildenburg, Jubelfeier des Bayerischen Kadettenkorps I 169 — v. Liebenau, Die Zimmermann von Hilferdingen V 284 — Lindner, Das Kadettenhaus Wahlstatt IV 321 — Lipowsky, Geschichte des Schulwesens in Bayern I 86 — v. Löbell, Jahresberichte IV 475 — v. der Lühe, Militär-Konversations-Lexikon V 167 — v. Malinowsky und v. Bonin, Geschichte der Preufsischen Artillerie IV 85 — v. Malortie, Der Hannoversche Hof unter Kurfürst Ernst August I 3 — Marburg: Vorlesungen an der Universität II 129 — Mars (Zeitschrift) IV 87 — v. Mauvillon, Militärische Blätter III 115 — Mayer, Geschichte des Hamburgischen Kontingents II 93 — Militär-Akademie in Bayern (Prüfungen) I 92 — Mederer, Annales Ingolstadiensis Academiae I 56 — Meifsner, Ober-Finanzrat v. Brenckenhoff IV 69 — Militär-Erziehungs- und Bildungsanstalten, k. k., III 267, 334 (Jahresberichte) — Militär-Verordnungsblatt, Grbzgl. Hessisches II 246 — Militär-Wochenblatt (Berlin) I 334; Beihefte IV 141 — Militärische Blätter (Berlin) IV 47 — Militär- und Marine-Zeitung (Wien) III 267 — Miller, Reine Taktik IV 33 — Mittelfranken, Jahresberichte des Historischen Vereins IV 80 — Graf Moltke, Denkwürdigkeiten IV 259 — Mosle, Leben des Generals Wardenburg II 393 — Müller, Die Hochschule Bern V 287 — Münchener Intelligenzblatt I 101 — Münnich, Geschichte der Bayerischen Armee I 65 — Nachrichten vom Seminar Haldenstein V 286 — Nebel, Inauguralschrift des Rektors der Universität Giefsen II 225 — Neubourg, Kadettenhaus Wahlstatt IV 321 — Neues militärisches Journal s. Scharnhorst. — Neue militärische Zeitung (Wien) III 276 — Neujahrsblätter der Züricher Feuerwerks-Gesellschaft

V 284 — v. Nicolai, Allgemeine Kriegsschule II 19 — Nicolai, Beschreibung von Berlin und Potsdam IV 23 — Normalverordnungen für das k. k. Heer III 341 — Nuncius scholae militaris (Siegen) II 337 — v. Oelhafen, Geschichte der Bayerischen Artillerie- und Ingenieur-Schule I 210 — Oelrichs, Geschichte der Gelahrtheit in Pommern IV 8 — Österreichische militärische Zeitschrift III 5 — Österreichischer Soldatenfreund III 198 — Österreichisch-Ungarische militärische Blätter III 267 — Oldenburgische Offiziere (Personalchronik) II 393 — v. Ollech, Friedrich der Grofse und die Kadettenanstalten IV 57; Reyber 147 — Pabst, Scholl, Grhzgl. Hessischer Oberst II 228 — Pauli, Leben grofser Helden IV 8 — v. Pelet-Narbonne, Die Haupt-Kadettenanstalt Lichterfelde IV 343 — Pertz, Gneisenaus Leben I 312 — [v. Peucker], Denkschrift über formale Bildung IV 214 — Pfaff, Militärwesen in Württemberg V 315 — Poten, Handwörterbuch der Militär-Wissenschaften II 53 — Potsdamer Militär-Waisenhaus IV 516 — Prantl, Geschichte der Universität Ingolstadt I 213 — Preufs, Friedrich der Grofse IV 102 — v. Rahden, Wanderungen eines alten Solden IV 77 — Rechberger v. Rechkron, Bildungswesen im Österreichischen Heere III 5 — v. Reiche, Memoiren IV 108 — Rieder, G. C. Pfeffel I 363 — Ritter-Salfeld-Österley, Geschichte der Universität Göttingen II 23 — v. Rodt, Geschichte des Bernerischen Kriegswesens V 279 — v. Röder, Erinnerungen IV 136 — v. Röfsler, Geschichte der Herzoglich Nassauischen Truppen II 347 — v. Rommel, Geschichte von Hessen II 119 — Salfeld, Kirchen- und Schulwesen der Brschwg.-Lüneb. Kurlande II 6 — [Schäffer], Kriegsschule Engers V 247 — Schärer, Unterrichtsanstalten von Bern V 279 — Scharfenort, Das Preufsische Kadetten-Korps IV 337; Pagenwesen 81, 83 — Scharnhorst über die Militärschule auf dem Wilhelmsteine V 236 — Scharnhorst, Militär-Bibliothek II 36; Neues militärisches Journal IV 88 — v. Schellhorn, Die Bayerische Kriegsschule I 250 — Schild, Preufsische Feldprediger IV 137 — Schlichtegroll, Nekrolog der Teutschen II 124 — v. Schlieffen, Erlebnisse und Betroffnisse IV 134 — Schlözers Staatsanzeiger II 16, 36 — [Schmalz] s. Wilhelm, Graf zu Schaumburg-Lippe — Schmölzl, Die Bayerische Artillerie I 222 — v. Schönhueb, Geschichte des Bayerischen Kadetten-Korps I 53 — v. Schöning, Geschichte der Preufsischen Artillerie IV 91; Leben des FM. v. Schöning V 8 — Schottky, Wallensteins Privatleben III 5 — v. Schreibershofen über das Sächsische Kadettenkorps V 93 — Schuster und Franke, Geschichte der Sächsischen Armee V 4 — Seiffert, Das Sächsische Kadetten-Korps V 16 — v. Selasinsky, Leistungen des (Preufs.) Kadetten-Korps IV 330 — v. Sichart, Geschichte der Hannoverschen Armee II 18 — v. Spalding, Unteroffiziersschule Jülich IV 505 — Spiefs, Leben Montecuccolis III 13 — v. Sprecher, Geschichte der drei Bünde V 286 — Staatskalender: Hannover II 4; Hessische II 130; Münster II 320; Oldenburg II 399; Würzburg I 312 — v. Stadlinger, Geschichte des Württembergischen Kriegswesens V 315 — Staehle, Anleitung zur Rechtschreibung II 208 — Stoeber, École militaire de Colmar I 363 — v. Streffleur, Dienstvorschriften des k. k. Heeres III 162. — Vgl. Österreichische militärische Zeitung — Strieder, Hessische Gelehrtengeschichte II 123 — Svoboda, Die Militär-Akademie zu Wiener-Neustadt III 23 — Talander s. Bohse

6*

— Teicher, Das Bayerische Kadetten-Korps I 336 — Teichmüller, Geschichte des Braunschweigischen Leibbataillons I 345 — Textor, Nassauische Chronik, neuaufgelegt durch Winkler II 333 — Trip, Unteroffizierschule Weifsenfels IV 505 — Vaniček, Spezialgeschichte der Militärgrenze III 104 — v. Vechelde, Tagebuch des Generals von Wachholz I 327, IV 136 — Verordnungsblatt des Badischen Kriegsministeriums I 36 — Verordnungsblatt des Bayerischen Kriegsministeriums I 170 — Verordnungsblatt für das Grhzgl. Hessische Kriegsministerium II 246 — Verordnungsblatt für die k. k. Landwehr III 475 — Vogelmann, Die Badische Militär-Verfassung I 26 — Vogt, Aus dem alten Hannover II 83 — Wagner, Hohe Karl-Schule V 315 — Was sich die Offiziere im Bureau erzählen IV 261 — v. Wedel, Vorbereitung auf den Besuch der Kriegsakademie IV 294 — v. Weech, Badische Biographieen I 20 — v. Wegele, Geschichte der Universität Würzburg I 312 — Weifskern, Beschreibung von Wien III 84 — v. Weltzien, Militärische Studien aus Oldenburg II 393 — Wessel, Sammlung Hessischer Landesordnungen II 119 — v. Westenrieder, Beiträge zur vaterländischen Historie I 54; Geschichte der Akademie der Wissenschaften 64 — Westfälischer Moniteur V 301 — Wiese, L., Lebenserinnerungen IV 335; Schulwesen in Preufsen V 399 Wilhelm, Graf zu Schaumburg-Lippe (von Schmalz) V 240 — Winkler s. Textor — Würdinger, Errichtung einer Artillerie-Schule in Bayern I 211 — v. Wurzbach, Biographisches Lexikon des Kaisertums Österreich III 18 — Wuttstrack, Beschreibung von Pommern IV 69 — Zeitschrift für deutsche Kulturgeschichte II 337 — Zeitschrift für Kunst, Geschichte und Wissenschaft des Krieges II 235.

Quikmann, v., Preufs. Ob.-Lt., Sous-Direkteur der Académie des nobles IV 38, 39, 40.

R.

Raab, Buchdrucker zu Herborn II 335.
Raabe, Sächs. Gen., richtet die Art.-Sch. ein V 196, 198, 199.
Rabenhorst, v., Sächs. Gen., Kriegsminister V 110.
Radetzky, Graf, k. k. FM., fördert den militär-wissenschaftlichen Unterricht III 168, insonderheit beim Pionierkorps 170, 171; beurteilt die Regimentsknaben-Erz.-Häuser 194; errichtet Unterrichtsanstalten in Italien 202.
Radowitz, v., Preufs. Gen., Zögling der Westfäl. Mil.-Sch. V 304; der Art.- und Genie-Sch. 306. 309; Lehrer am K.-K. zu Cassel II 161, 168, 171; Mitglied der Mil.-Studien- und Ex.-Kommission 213; Preufs. Gen.-Inspekteur des Mil.-Erz.- und Bild.-Wesens IV 176, 177; Mitglied der Mil.-Studien-Kommission 179; sein Verhältnis zur Art.- und Ing.-Sch. 397, 400, 402, 414.
Radauer (Bezeichnung für Preufsische Kadetten) IV 314.
Radziwill, Fürst, Preufs. Gen., Kurator der Art.- und Ing.-Sch. IV 427; Gen.-Inspekteur des Ing.-K. 534.
Rafessque: Soll an der zu Nyon geplanten Mil.-Ak. unterrichten V 285.
Rahden, v., Span. Gen., Kriegsschüler zu Breslau IV 163.
Raketenkorps, k. k., Stabsschule III 212 bis 215.
Ramin, v., Preufs. Kap. am Kadettenhause zu Culm IV 74.
Ramler, Lehrer am K.-K. zu Berlin IV 60, 61.
Rangierung, Rangiersaal der k. k. Mil.-Ak. III 66, 71.
Rangliste der preufsischen Armee: Wird zum Besten des K.-K. herausgegeben IV 68, 325.
Rangbestimmung s. Zeugnisse.
Rantzau, Graf, Zögling der Mil.-Sch. auf dem Wilhelmsteine V 260.

Rappach, v., k. k. FML., steht an der Spitze der Ing.-Ak. III 18.
Rastrierte Theken: In Österreich-Ungarn beim Schönschreiben benutzt III 256.
Rasch, v., Preufs. Ob.-Lt., Direktor der Ing.-Ak. IV 105, 108, 111, 112.
— v., Preufs. Gen., urteilt über die Kriegsschule zu Königsberg IV 169; über die Lehranstalten in Pommern IV 171.
— v., Preufs. Gen., Gen.-Inspekteur des Ing.-K.- IV 385, 395, 396, 401, 403, 482; Kriegsminister 411.
Raschen: Bayern: K.-K. I 205 — Hessen-Cassel: K.-K. II 189, 197 — Österreich-Ungarn: Mil.-Ak. III 396; Pionierschule 187 — Preufsen: Ing.-Ak. IV 110 — Sachsen: K.-K. V 46, 163; Mil.-Ak. V 186, 187; Mil.-Bild.-Anstalt 107 — Württemberg: Kgsch. V 364.
Rasmer, v., Preufs. Maj., Vorsitzender einer Ex.-Kommission IV 147.
Rauschenberg, Schaumburg-Lippescher Lt., liefert eine wissenschaftliche Arbeit V 238.
Rechnen (Unterrichtsgegenstand): Baden: Art.-Sch. I 27; Pionier-Sch. 28 — Bayern: Kapitulantenschulen I 310; Mannschaftsschulen 307; Marianische Ak. 73; Regimentsschulen 251; Untoff.-Aspiranten-Sch. 309 — Braunschweig: Mannschaftsschulen I 359 — Hannover: Georgianum II 11; Ing.-Ak. 48; K.-K. 103; Mannschaftsschulen 112, 113; Mineur-Sch. 47, 50; Pagen 5 — Hessen-Cassel: Art.-Sch. II 155, 156; Mannschaftsschulen 207, 209 — Hessen-Darmstadt: Garde-Inf.-Brigade II 225; Korpsschule 244, 266 — Mecklenburg: Art.-Sch. II 289, 290; Mannschaftsschulen 316; Mil.-Bild.-Anstalt 314 — Nassau: Regimentsschulen II 380 — Oldenburg: Mannschaftsschulen II 414, 416; Mil.Sch. 396 — Österreich-Ungarn: Ing.-Ak. III 89, 148, 150; Ing.-Sch. Gumpendorf 84, 85; Lombardisch-Venetianische Leibgarde 130; Mannschaftsschulen 256, 458, (Art.) 205; Mil.-Ak. 44, 55, 115, 123; Mil.-Ober-Erz.-Häuser 226; Mil.-Pflanzschule 31, 32; Mil.-Unter-Erz.-Häuser 225; Mil.-Waisenhaus 91; Pionierschule 171, 175, 179; Pionier-Untoff.-Sch. 201; Regimentsknaben-Erz.-Häuser 189, 190, 196; Soldatenknaben-Erz.-Häuser 95; Unteroffizierschulen 252 — Preufsen: Académie des nobles IV 28, 36; Art.-Ak. 91, 94; Art.-Brigade-Sch. 168, 169; Junkerschule 134; K.-Haus Culm 72, Stolp 70; K.-K. 55, 61, 66, 315, 328, 336, 349, 350, 370, 371; Mannschaftsschulen 520, 521, 524, 528, 530, 531, 532, 533 (Art.), 172, 538 (Inf. und Kav.), 535, 536 (Pioniere), Mil.-Waisenhaus 79; Pagen 83; Schulabteilung 500, 502, 504; Untoff.-Sch. 507, 508, 509, 510, 511, 512; Untoff.-Vorschule 512 — Sachsen: K.-K. V 21, 36, 54, 67, 70, 75, 141, 142, 143; Mil.-Ak. 177, 190; Untoff.-Sch. und -Vorschule 228, 231 — Schleswig-Holstein: Art.-Untoff.-Sch. V 368 — Westfalen: Mil.-Sch. V 302.
Rechtswissenschaft (Unterrichtsgegenstand). — Vgl. Militärrecht: Bayern: Kr.-Ak. I 286, 287, 288, 291; Mil.-Ak. 80, 82, 84, 101, 120 — Österreich-Ungarn: Art.-Ak. III 233; Genie-Ak. 233; Kgsch. 285, 288, 408; Mil.-Ak. 107, 112, 116, 121, 232, 249, 274, 275, 373; Niederösterreichische Ritter-Ak. 111, 114; Technische Mil.-Ak 273, 381 — Preufsen: Académie des nobles IV 27, 35; K.-K. 67; Kr.-Ak. 299, 302, 305; Ritter-Ak. zu Berlin 11, 24 — Sachsen: K.-K. V 54, 66.
Reck, Frhr. v. der, Preufs. Kap., Direktor des K.-Hauses Culm IV 75.
Redes, v., Hann. FM.: Im Verkehr mit der Art.-Sch. II 20, 30, 40, 43, mit der Ing.-Sch. 45, 46.
Regimentsberaiter (Hannover): Nachweis ihrer militär-wissenschaftlichen Bildung II 62.
Regimentskadetten: Baden I 49 — Hannover II 55 — Württemberg V 374.

Regimentskadetten-Schulen in Österreich III 169, 291.
Regimentsknaben-Erziehungshäuser in Österreich III 70, 188, 221, 225.
Regiments-Offiziers-Zöglinge in Württemberg V 343, 347, 354, 357, 359, 360, 365, 366, 385—393.
Regimentsschulen: Bayern I 223, 250, 253, 307 — Nassau II 380 — Österreich-Ungarn III 101, 199, 200 (Artillerie) — Preußen IV 28, 29 (Artillerie).
Regiments-Unteroffiziersschulen in Österreich-Ungarn III 319 (Genie), 256 (Kav.).
Regiments-Vorbereitungsschulen in Österreich III 291, 292.
Registraturen (Benutzte) sind an denjenigen Stellen nachgewiesen, für welche ihnen Stoff entnommen wurde.
Regler, v., Preuß. GM., führt die Oberaufsicht über die Ing.-Ak. IV 110, 111.
Rehsisch, Sächs. Hptm., Lehrer am K.-K. V 36.
Rehwinkel, Adjutant der Hann. Art.-Sch. II 31.
Reich, Preuß. Kap., Mitglied einer Kommission IV 387.
Reiche, v., Preuß. Gen., Schüler der Ing.-Ak. IV 108; Lehrer an dieser Anstalt 111; Lehrer an die Junkerschule 128; Vorsitzender einer Ex.-Kommission 182; Inspekteur der Art.- und Ing.-Sch. 399, 414.
Reichenau, v., Nass. Ob.-Lt., Mitglied einer Kommission II 377.
Reichlin-Meldegg, Frhr. v., k. k. Unter-Lt., Lehrer an der Pionierschule III 184.
Reinhard, v., Bayer. Hptm., entwirft den Plan für die Errichtung der Oberfeuerwerker-Sch. I 300.
Reinickendorf bei Berlin IV 87.
Reinisch, v., k. k. GM., Direktor der Mil.-Ak. III 119, entwirft einen Plan zur Umgestaltung 121, stirbt 123.
Reinländer, k. k. FZM., besuchtdie Kriegsschule III 236.
Reinwald, Bayer. Pagenhofmeister I 104.
Reisen vgl. Ferien und Praktischer Kursus.
Reißes, v., Bayer. Oberstwachtmeister I 66, 67, 68.

Reißen s. Meßkunst und Zeichnen.
Reiten (Unterrichtsgegenstand): Baden: Allgemeine Kgsch. I 32, 33, 36, 37; Höhere Kgsch. 30, 40, 50; K.-Haus 47; K.-Institut 24 — Bayern: Art.- und Genie-Sch. I 229; Art.- und Ing.-Sch. 232; Ettal 54; K.-K. 121, 124, 131, 138, 150, 166, 171, 174, 178, 192; Kr.-Ak. 283, 284, 286, 287, 288, 290, 291; Kgsch. 261, 266, 278; Marianische Ak. 73; Mil.-Ak. 79, 84, 100, 105; Oberfeuerwerker-Sch. 301, 303; Pagerie 319 — Braunschweig: K.-Institut I 332, 337; Unterrichtskursus für Offizieranwärter 351, 354; Wolfenbüttel 323 — Hannover: Generalstabs-Ak. II 81, 90; Georgianum 11, 14; K.-K. 103, 108; Kav.-Lehranstalt 73; Offiziersschule zu Nordheim 17; Pagen 5; Ritter-Ak. zu Lüneburg 26 — Hessen-Cassel: Collegium Mauritianum II 122; K.-K. 140, 141, 160, 166, 173, 180, 186, 187, 188, 194, 196, 204 — Hessen-Darmstadt: Mil.-Sch. II 247, 262, 265 — Hessen-Hanau: Académie militaire II 274 — Mecklenburg: Mil.-Bild.-Anstalt II 294, 299, 307, 308, 314; Divisionsschule 303; Pagen 279 — Münster: II Mil.-Ak. 321 — Nassau: Kgsch. II 384; Kgsch. Siegen 332, 338; Mil.-Sch. 365, 369, 376 — Oldenburg: Brigade-Mil.-Sch. II 400, 404, 405; Mil.-Sch. 398, 412 — Österreich-Ungarn: Art.-Ak. III 233; Art.-Hauptschule 212; Art.-Lyceum 100; Art.-Stabsschulen 207; Bombardier-Korps 208; Galizische Garde 82; Genie-Ak. 233; Gitschin 5, 7, 10; Höherer Art.-Kurs 235, 241; Ing.-Ak. 90, 143, 150, 152; K.-Schulen 257, 295, 302, 304, 306, 435, 439; Kgsch. 242, 408; Landwehr-Stabsoffiziers-Kurs 477; Lombardisch-Venetianische Leibgarde 129, 130; Mil.-Ak. 29, 30, 56, 61, 66, 107, 110, 112, 113, 116, 123, 232, 249, 275, 377; Mil.-Technische Schule 272; Niederösterreichische Ritter-Ak. 14; Offiziersschulen (1852) 251; Savoyische Ritter-Ak. 22; Schuleskadron 228; Stabs-

offiziers-Kurs 414; Technische Mil.-Ak. 273, 386; Ungarische Leibgarde 81 — Preußen: Académie des nobles IV 28, 29; Art.- und Ing.-Sch 401, 407, 428, 437, 454, 457, 468; Divisionsschulen 323; K.-K. 24, 55, 64, 310, 316, 324, 329, 362, 363; Kr.-Ak. 261, 269, 273, 288, 307; Kgsch. 239, 243, 244, 251; Pagen 82; Ritter-Ak. zu Berlin 11, 24; zu Colberg 8 — Sachsen: Art.-Sch. V 197, 203, 204 (von 1831), 209 (von 1859); K.-K. 6, 16, 57, 63, 65, 84, 92, 129, 138, 150, 152, 153, 162; Kgsch. 111; Mil.-Ak. 177, 190, 191, 192; Mil.-Bild.-Anstalt 95, 97, 98, 105, 108 — Westfalen: Mil.-Sch. V 305; Pagenhof 306 — Württemberg: Karl-Schule V 316; Kgsch. 365, 373, 382; Mil.-Institut 317, 318; Off.-Bild.-Anstalt 320, 321, 327, 332, 341, 354.

Reitschule: Unterrichtsklasse der k. k. Mil.-Ak. III 56.

Rekognoszierweges der k. k. Offiziere III 324, 327, 328.

Rekreationsgeld: In der k. k. Mil.-Ak. gezahlt III 60, 67.

Relationen über vorgenommene Übungen (Österreich-Ungarn) III 323.

Religion (Unterrichtsgegenstand): Bayern: Garnison Ingolstadt I 305; K.-K.63, 115, 118, 124, 139, 149, 164, 171, 172, 188, 189; Marianische Ak. 73; Mil-Ak. 79, 92 — Braunschweig: K.-K. I 331; K.-Institut 332, 334, 337, 338 — Hannover: Georgianum II 11, 14; K.-K. 103; Pagen 5 — Hessen-Cassel: K-K. II 140, 162, 165, 177, 184, 185, 188, 192, 195, 201; Mannschaftsschulen 207, 208, 209 — Mecklenburg: Mil.-Bild.-Anstalt II 307, 308, 314 — Münster: Mil.-Ak. II 321 — Nassau: Kgsch. II 387; Mil.-Sch. 373, 377 — Oldenburg: Brigade-Mil.-Sch. II 400 — Österreich-Ungarn: Art.-Ak. III 233; Genie-Ak. 233; Gitschin 7; Grenzschulen 238; Ing.-Ak. 88, 89, 140, 141 144, 147, 148, 150, 151; Ing.-Sch. Gumpendorf 85; K.-Kompagnieen 160, 165; K.-Schulen 428; Lombardisch-Venetianische Leibgarde 130; Mannschaftsschulen 253, 255; Mil.-Ak. 29, 38, 44, 50, 54, 55, 56, 62, 107, 112, 115, 116, 123, 232, 249, 274; Mil.-Ober-Erz.-Häuser 226; Mil.-Realschulen 351, 362; Mil.-Technische Sch. 271; Mil.-Unter-Erz.-Häuser 225; Pionierschule 180; Regimentsknaben-Erz.-Häuser 189, 190, 196; Schulkompagnieen(Schuleskadron) 228, 229 — Preußen: Académie des nobles IV 27, 36; Junge Offiziere bei den Regimentern 136, 137; Junkerschulen 126, 134; K.-Haus Culm 72, Stolp, 70; K.-K. 55, 67, 313, 315, 316, 317, 328, 329, 336, 337, 349, 350, 352, 353, 354, 355, 356, 357, 358, 360, 366, 367, 370, 371, 372, 373, 375, 376, 377, 378; Mil.-Waisenhaus 78: Pagen 82, 83; Ritter-Ak, zu Berlin 11; Untoff.-Sch. und Untoff.-Vorschulen 512 — Sachsen: Art.-Sch. V 202 (von 1831), 213 (von 1859); K.-K. 21, 36, 41, 44, 45, 51, 52, 53, 54, 59, 62, 66, 70, 75, 76, 83, 123, 124, 125, 136, 141, 142, 143, 144, 145, 146, 149, 150, 152; Mil.-Ak. 190; Untoff.-Sch. und Untoff.-Vorschule 231 — Schaumburg-Lippe: Mil.-Sch. V 237 — Schleswig-Holstein: Art.-Untoff.-Sch. V 268, 269 — Westfalen: Mil.-Sch. V 302; Pagenhof 306 — Württemberg: Kgsch. V 372, 380; Mil.-Institut 318; Off.-Bild.-Anstalt 320, 350, 353.

Rendsburg: Dänische und Schlesw.-Holst. Art.-Untoff.-Sch. V 267—269; Schlesw.-Holst. Bildungsanstalt für Offiziere 270; Preuß. Art.-Brigadeschule IV 528.

Renssard, Unterricht der Offiziere beim Preuß. Füsilierbataillone IV 136.

Repetitionsstunden: Bayern: K.-K. I 121 — Österreich-Ungarn: Mil.-Ak. III 63.

Repetitoren (Repetenten): Bayern: Pagerie I 319 — Hannover: Art.-Sch. II 38; Generalstabs-Ak. 73 — Österreich-Ungarn: Art.-Stabsschulen III 214; Lombardisch-Venetianische Leibgarde 131; Mil.-Ak. 68; Mil.-Lehrer-Institut 240; Pionierschule

88 Gesch. d. Militär-Erziehungs- u. Bildungswesens i. d. Landen deutscher Zunge.

182, 184 — Preufsen: Art.- und Ing.-Sch. IV 408, 414; K.-K. 314; Kr.-Ak. 266 — Schaumburg-Lippe: Mil.-Sch. V 256 — Westfalen: Art. und Genie-Sch. V 207 — Württemberg: Off.-Bild.-Anstalt V 332.

Respels, Fürst, Gen.-Gouverneur des Königreichs Sachsen V 68.

Ress, Preufs. Ob. I 327 (Anm.).

Reefs, Grhzgl. Hess. Hptm., erteilt Reitunterricht II 248.

Reyher, v., Preufs. Gen., besteht die Offiziersprüfung IV 147; vertritt den Gen.-Inspekteur des Mil.-Erz.- und Bild.-Wesens 176, 272, 331.

Rhades, v., Preufs. Pr.-Lt., Zögling der Ing.-Ak. IV 112.

Rhein, Mecklbg. Kap., leitet die Art.-Sch. II 289.

— Besuch des Gymnasiums durch Junker des Preufs. Bosniakenregiments IV 137.

Rhelababes, Baron v., Preufs. Gen., Gen.-Inspekteur des Mil.-Erz.- und Bild.-Wesens IV 178, 179, 235.

— v., Preufs. Ob., Kmdr. des K.-K. IV 365.

Rhetorik s. Philosophie.

Rhetorik und Syntax: Unterrichtsklassen der k. k. Mil.-Ak. III 49, 50.

Rhode s. Rohde.

Richter, Engl. Offizier, wird in die Mil.-Sch. zu Darmstadt aufgenommen II 227.

— Lehrer an der Ing.-Ak. zu Potsdam IV 106.

— Preufs. Ob.-Lt., Kdr. des K.-Hauses zu Berlin IV 331.

Richthausen, Frhr. v. Chaos, Begründer des Chaosstiftes zu Wien III 15.

Richthofen, Frhr. v., Lehrer an der Allgemeinen Kgsch. zu Berlin IV 268, 275.

Riegg, Bischof von Augsburg I 143, 146.

Riepe, Schaumburg-Lippescher Maj., Kmdt. der Mil.-Sch. V 262.

Riels von Scheuernschlofs, Kurhess. GM., Kmdr. des K.-K. II 168—176.

Ringe der Sächs. Kadetten V 161.

Ringelreassen (Unterrichtsgegenstand): Gitschin III 7.

Ringler, v., Württbg. Maj., Mitglied der Stände V 343.

Ritsert, Feldprediger, Lehrer an der Mil.-Sch. zu Darmstadt II 260.

Ritter (Karl), Lehrer an der Allgem. Kgsch. zu Berlin IV 264, 275; Studiendirektor des Preufs. K.-K. 319.

Ritterakademien: Berlin IV 10, desgl. 23 — Cassel II 119 — Colberg IV 7 — Dresden V 22, 60 — Ettal I 53 — Gitschin III 5—12 — Kremsmünster I 56, III 20 — Liegnitz III 14 — Lüneburg II 25 — Niederösterreichische III 13 — Savoyische III 14, 21—22 — Theresianische III 21 — Wolfenbüttel I 323.

Ritterordens des Kurfürsten Friedrich Wilhelm von Brandenburg (1665) IV 5.

Rivière, Kurhess. Ob.-Lt., Kmdr. des K.-K. II 196—198.

Robby, Konditorei zu Hannover: Prüfungen der Offizieranwärter II 66.

Rochow, v., Preufs. Gen., Kmdr. des K.-K., IV 60.

— v., Sächs. Ob., Kmdr. des K.-K. V 27, 32.

Rode, v., Preufs. Ob., Vorsitzender einer Ex.-Kommission IV 147, Direktor der Kgsch. zu Breslau 154, 163, 182; Mitglied der Ober-Mil.-Ex.-Kommission 182; einer Kommission 387; Direktor der Art.- und Ing.-Sch. 391.

Roczkewski, v., k. k. GM, Kmdt. der Technischen Mil.-Ak. III 389.

Röder, v., Preufs. FM., soll für Beschaffung von Kadetten sorgen (1740) IV 58.

— v., Preufs. Gen., in der Inspektionsschule zu Glatz unterrichtet IV 137.

— v., Preufs. Ob., leitet die Erziehung der Pagen IV 83.

— v. **Diersberg,** Bad. Maj., Vorsitzender der Studien-Kommission I 41.

Röckner, Preufs. Feldprobst, Mitglied der Ex.-Kommission zu Königsberg IV 146.

Römer, v., k. k. Gen., Zögling der Ansbacher K.-Kompagnie IV 81.

Rönner, Sardinischer Lt., für den Kriegsdienst von Zürich ausgebildet V 283.
Roerdansz, v., Preufs. GL., Direktor der Art.- u. Ing.-Sch. IV 443—446; Gen.-Inspekteur der Fufs-Artillerie 532.
Röttiger, Hann. Gen., leitet den Unterricht bei der Englisch - Deutschen Legion II 52, die Art.- und Ing.-Sch. zu Hannover 53, 55.
Roggenbach, v., Bad. Kriegsminister I 41, 42.
Rohde (Rhode), Preufs. Maj., Lehrer an der Académie des nobles IV 37, an der Ing.-Ak. 111; Mitglied der Ex.-Kommission 146.
Rohdich, v., Preufs. GM., giebt die Oberaufsicht über die Pagen ab IV 83.
Romanische Sprache: Unterrichtsgegenstand am k. k. Mil.-Ober-Erz.-Hause zu Kamenitz III 226.
Romer, k. k. Ob.-Lt., Kmdt. der Pionierschule III 171, 173.
Roon, Graf, Preufs. FM., Kommando zur Allgemeinen Kriegsschule IV 272; Mitglied der Ober-Mil.-Ex.-Kommission 204; Kriegsminister 276, 339.
Roques, Fechtlehrer am Kurhess. K.-K. II 206.
Rosseau, Lehrer an der Kgsch. zu Berlin IV 160.
Rosenberg, v., Preufs. Gen., Kmdr. des K.-K. IV 336, 337—339.
— Preufs. Maj., Stabsoffizier der Art.- und Ing.-Sch. IV 411.
Rosenzweig, Stallmeister der Ritter-Ak. zu Berlin IV 19, 23; übernimmt die Leitung einer gleichartigen Anstalt 23.
Roskiewicz, Josef, besucht die Kgsch. zu Wien III 236.
Rofsspringen (Unterrichtsgegenstand) II 122.
Roszynski-Mauger, v., Preufs. Ob., Direktor der Art.- und Ing.-Sch. IV 427.
Rostock: Sitz einer Mecklbg. Mil.-Sch. II 280—285.
Roth, Grhzgl. Hess. Ob., Vorsitzender der Schuldirektion II 261.
— Nassauischer Maj., unterhandelt wegen Aufnahme von Offizieranwärtern in das Kurhessische K.-K. II 384.

Rothenberg: Verwendung bayerischer Kadetten beim Bau der Feste I 63.
Rothkirch, Graf, Chef des k. k. Gen.-Qmstr.-Stabes III 203.
Rohwaler, v., Preufs. Gen, Zögling der Schulabteilung IV 500.
Rothpletz, Schweizerischer Ob., unterrichtet am Polytechnikum V 291, 295.
Rothstein, Preufs. Hptm., unterrichtet in der Gymnastik IV 428.
Rottmeister, sorgt für die Beköstigung der Sächsischen Kadetten V 77, 191.
Rouvroy, v., Sächs. Maj., Direktor der Art.-Sch. V 167.
— v., Sächs. Maj., entwirft den Plan für eine Unterrichtsanstalt V 109; Direktor der Mil.-Ak. 171—196.
Rubach schreibt ein Lehrbuch für die Preufsische Artillerie IV 85.
Rudern (Unterrichtsgegenstand) — Österreich-Ungarn: Genie-K.-Sch. III 304; Mil.-Ak. 61; Pionierschule 171, 180, 187 — Sachsen: Art.-Sch. V 203; K.-K. 63, 75, 76.
Rudolf August, Herzog von Braunschweig, Mitrichter der Ritter-Ak. zu Wolfenbüttel I 323.
Rudolphi, v., Preufs. Pr.-Lt., Lehrer an der Kgsch. zu Berlin IV 160.
Rudolphi-Weimarn, v., Zögling der Ing.-Ak. zu Potsdam IV 112.
Rudorff, Hann. Lt., später Sächs. Gen., besucht die Generalstabsakademie zu Hannover II 81.
Rüchel, v., Preufs. Gen., Schüler der Inspektionsschule zu Magdeburg IV 131; steht einer Inspektionsschule vor 133; steht an der Spitze des Mil.-Erz.- und Bild.-Anstalten IV 33, 40, 41, 63, 65, 66, 68, 69, 75, 76, 79, 82, 123, 137.
Rüder, Oldenbg. Ob., Dir. der Mil.-Sch. II 401, 413.
Rühle von Lilienstern, Preufs. Gen., Gen.-Inspekteur des Mil.-Erz.- und Bild.-Wesens IV 176, 193, 253, 254, 261, 262, 263, **264**, 265, 270, 386, 388.
Rüppell, Preufs. Maj., besucht die Art.- und Ing.-Sch. IV 384, **304**.
Rüpplin, v., Württbg. Hptm., Lehrer an der Off.-Bild.-Anstalt V 330.

Rüstow, W., hält Vorlesungen am Polytechnikum zu Zürich V 291.
Rüttl, v., durch seine Vaterstadt Bern in das Ausland gesandt V 278.
Rüxleben, v., Schaumburg-Lippescher Hptm., Kmdt. der Mil.-Sch. V 263.
Rumänische Offiziere besuchen die Preufs. Art.- und Ing.-Sch. IV 438.
— — **Sprache**: Unterrichtsgegenstand in den k. k. K.-Schulen III 429.
Rumford, Bayer. Gen., I 75, 90, 93, 101, 102, 220, 306.
Rupertl, Konrektor, Lehrer an der Hann. Art.- und Ing.-Sch. II 55.
— Stabskapitän, ist am Kurhess. K.-K. thätig II 162, 168.
Russen: Ihr Einrücken in Berlin im J. 1760 veranlafst die Räumung des Kadettenhauses IV 60.
Russische Sprache (Unterrichtsgegenstand: — Bayern: Kr.-Ak. I 290, 291 — Preufsen: Art.- und Ing.-Sch. IV 455, 456, 468, 470—474, 476 Divisionsschule Königsberg IV 210; K.-K. 317, 359, 378; Kr.-Ak. 267, 273, 275, 284, 286, 291, 292, 299, 304, 305; Kgesch. 236, 242.
Russischer Offizier besucht die Kr.-Ak. zu Berlin IV 270.
Ruthenische Sprache: Unterrichtsgegenstand in k. k. K.-Schulen III 429.

S.

Sachsen (Kurfürstentum und Königreich): Allgemein I 11; Anstalten und Einrichtungen V 1—232.
Sacken, v, Preufs. Maj., Mitglied der Ober-Mil.-Ex.-Kommission IV 182.
Salis, Frhr. v., k. k. Lt., beantragt Änderungen bei der Pionierschule III 178.
Säuberungsweiher: Österreich-Ungarn: Mailänder Erz.-Haus III 195; Mil.-Ak. 46, 59, 109; Mil.-Pflanzschule 32, 33 — Preufsen: K.-K. IV 54.
Sagan, Schüler aus, treten in die Ritter-Ak. zu Gitschin III 6.
Saint-Sauveur, de, Preufs. Ob., Kmdr. des K.-K. IV 57.

Sala, de, Mecklbg.-Güstrowscher Kammer-Präsident, wohnt der Pagenprüfung bei II 279.
Salis-Marschlins, Frhr. v., errichtet ein Seminar V 285.
Salles, Dr., hält Vorlesungen an der Mil.-Sch. zu Darmstadt II 264.
Saloghi, v., k. k. GM., Subdirektor der Mil.-Ak. III 41.
Salzburg: k. k. Kav.-Equitationsinstitut III 247.
Sammlungen (vgl. Bibliotheken): Bayern: K.-K. I 65, 124, 139, 150, 169 — Hannover: Art.-Sch. II 39, 40, 48; Generalstabs-Ak. 82; Ing.-Sch. 46, 48; Offizierschule zu Nordheim 18, 19 — Hessen-Cassel: K.-K. II 143, 181, 205 — Hessen-Darmstadt: Mil.-Sch. II 232, 266 — Mecklenburg: Mil.-Sch. II 283 — Nassau: Mil.-Sch. II 370, 379 — Österreich-Ungarn: Bombardier-Korps III 199; Mil.-Ak. 39, 40, 119, 124; Pionierschule 173; Soldatenknaben-Erz.-Häuser 96 — Preufsen: Art.- und Ing.-Sch. IV 388, 408, 418; K.-K 64; Kgesch. 157, 242; Ritter-Ak. zu Berlin 17 — Sachsen: Ing.-Ak. V 225; K.-K. 76, 119 — Schaumburg-Lippe: Mil.-Sch. V 243, 246 — Westfalen: Art.- und Genie-Sch. V 308 — Württemberg: Off.-Bild.-Anstalt V 327.
Sanitätstruppe (Ausbildung der k. k. Kadetten) III 419, 420, 421, 424, 442.
Sanitz, v., Preufs. Gen., Inspekteur der Infanterieschulen IV 509—512.
Sankt-Michaelis, Kloster zu Lüneburg II 25.
— **Pölten**: k. k. Mil.-Kollegium III 270; Mil.-Ober-Erz.-Haus 226, 270; Mil.-Unterrealschule 338, 404; Schulkompagnie 227, 239, 270.
Sappeurkompagnie bei der k. k. Ing.-Ak. III 88, 139, 146, 148.
Sartus, Fechtlehrer am Kurhess. K.-K. II 206.
Savoyische Ritter-Akademie zu Wien III 14.
Saxe, Chevalier de, stellt das Sächs. K.-K. ber V 34; veranlafst die Errichtung

einer Art.-Sch. 166; sorgt für Fortbildung der Offiziere 180; stellt die Ing.-Ak. her 225.
Scaphander ou l'homme vaisseau (Prüfungsarbeit in der Schaumburg-Lippeschen Mil.-Ak.) V 261.
Schachtmeyer v., Preuſs. Gen., Kommando zur Allgemeinen Kgsch. IV 272.
Schack, v., Preuſs. Maj., Direktor des K.-Hauses zu Kalisch IV 77.
Schade, k. k. Unter-Lt., Lehrer an der Pionierschule III 184.
Schadow, Zeichenlehrer an der Junkerschule zu Potsdam IV 128.
Schäffer, v., Nass. Ob., gestaltet die Mil.-Sch. um II 348; als Bad. Kriegsminister I 31.
— Frhr. v., Grbzgl. Hessischer Kriegsminister II 262.
— Mecklbg.-Güstrowscher Rat II 279.
— Sächs. Maj., Direktor der Ing.-Ak. V 226.
Scharnhorst, v., Preuſs. Gen. I 7, 9; Zögling der Mil.-Sch. auf dem Wilhelmsteine V 236—264; lehrt an der Offizier-Schule zu Nordheim II 16, 19; urteilt über Prof. Meister 23; verkehrt mit Hofrat Beckmann 24; Lehrer an der Art.-Sch. 31, 34, 44; schreibt über diese 36, über Teilnahme der Pagen am Unterrichte 39; Verfasser des Handbuches für Offiziere 43; urteilt über die Académie des nobles zu Berlin IV 33; über die Preuſs. Art.-Schulen 88, 89, 90, 98; übt keinen Einfluſs auf diese 99; die von ihm im J. 1801—6 geleiteten Lehranstalten 113—122; die nach dem Jahre 1807 unter seiner Leitung hergestellten Unterrichtseinrichtungen 141—164, 258; sein Verhältnis zu den Art.-Brigadeschulen 170; zu den Unterrichtsanstalten in Pommern 171.
— Preuſs. Feld-Artillerie-Regiment (Nr. 10), besitzt die Büchersammlung der Hann. Art.-Sch. II 39.
Schaumburg-Lippe, Fürstentum: Allgemein I 7; Anstalten und Einrichtungen V 233—264.
Schedel, Kmdt. der Bayer. Kgsch. I 258.

Scheel, Hessen-Hanauscher Lt., reicht eine Rechnung ein II 273.
— v., Preuſs. Ob., Inspekteur der Ing.-Ak. IV 105, 111.
— v., Preuſs. Ob., Präses der Ober-Mil.-Ex.-Kommission IV 203.
Scheffel, Bad. Kap., Lehrer an der École militaire I 22.
Scheffer, Mecklbg. Gen., Zögling der Westfäl. Art.- und Genie-Sch. V 307.
Scheibenschieſsen (Unterrichtsgegenstand): Baden: K.-Institut I 24 — Bayern: Art.- und Genie-Sch. I 225; Ettal 55; K.-K. 67, 151, 167, 192; Kgsch. 261, 265, 266 — Hessen-Cassel: K.-K. II 178, 180, 181, 187, 194, 204 — Mecklenburg: Mil.-Bild.-Anstalt II 294, 299 — Nassau: Mil.-Sch. II 365 — Oldenburg: Mil.-Sch. II 410 — Österreich-Ungarn: Art.-Hauptschule III 212; Art.-Stabschulen 214; Bombardierkorps 197, 208; K.-Kompagnieen 157; K.-Schulen 257, 298, 299, 306, 310, 432, 435, 440, 441; Lombardisch-Venetianische Leibgarde 130; Mil.-Ak. 30, 113, 249, 380; Mil.-Realschulen 352, 365, 369; Militär-Technische Schule 272; Offizierschulen (1852) 251; Pionierschule 215; Regimentsknaben-Erz.-Häuser 189, 190, 196; Technische Mil.-Ak. 386; Vorbereitungsschulen 297 — Preuſsen: Art.- und Ing.-Sch. IV 392, 406, 418, 425, 442, 451, 453; Divisionsschulen 205, 207, 223; Ing.-Ak. 107; K.-K. 337; Kgsch. 153, 232; Schulabteilung 502; Untoff.-Schulen 513 — Sachsen: Art.-Sch. V 197, 201, 202, 203, 204, 206 (von 1831); K.-K. 75, 84, 123, 124, 138; Kgsch. 111, 114; Mil.-Ak. 191; Mil.-Bild.-Anstalt 98; Untoff.-Sch. 228 — Schaumburg-Lippe: Mil.-Sch. V 247 — Schweiz: Polytechnikum V 295, 296, 297 — Württemberg: Kgsch. V 382; Off.-Bild.-Anstalt V 320, 327, 330.
Scheibert, Preuſs. Maj., hält Vorlesungen am Polytechnikum zu Stuttgart V 394.
Schell, v., Preuſs. Gen., Lehrer an der Kr.-Ak. IV 286.

Schelhorn, v., Bayer. GM., Kmdt. des K.-K. I 208; Direktor der Kgsch. 275, 277, 279.

Schellenberg, Rektor zu Wiesbaden, Lehrer an der Mil.-Sch. II 348, 349, 351, 352, 354, beurteilt dieselbe 348.

Schematismus: Grundlage für die Einrichtungen der bad. Kriegsschule I 40, 50.

Schenk, Mitglied der Bayer. Akademie-Kommission I 104.

— Direktor der Bayer. Kgsch. I 279.

Scherl, Grhzgl. Hess. Off., Lehrer an der Mil.-Sch. II 264.

Schiebell, v., Sächs. Gen., Kmdt. des K.-K. V 36, 40—43.

Schierbrand, v., Sächs. Pr.-Lt., Sous-Lieutenant des K.-K. V 33.

Schildknecht, Hptm., unterrichtet die Mecklenburgischen Pagen II 279.

Schill: Zöglinge der Mecklbg. Mil.-Sch. im Kampfe gegen S. II 283.

Schiffer, v., k. k. Unter-Lt., Lehrer an der Pionierschule III 184.

Schilling, Kadettenprediger zu Magdeburg IV 51.

Schimmelpfeng, Kurhessischer Sek.-Lt., Lehrer am K.-K. II 206.

Schinkel: Entwirft den Plan zum Bau der Art.- und Ing.-Sch. zu Berlin IV 494.

Schlafröcke der Sächs. Kadetten V 107.

Schlee, Lehrer am Kurhessischen K.-K. II 206.

Schleenstein, Hessen-Casselscher Ob.-Lt., erklärt sich gegen die Vereinigung der Art.-Sch. mit dem K.-K. II 157.

Schlegell, v., Preufs. Ob., Kmdr. des K.-K. IV 334, 337.

Schleicher, Hessen-Casselscher Hptm., unterrichtet zu Cassel und zu Marburg II 126, am K.-K. zu Cassel 136, 142, an der dortigen Art.-Sch. II 154, 158; am Westfälischen Pagenhofe V 306, an der Westfälischen Art.- und Genie-Schule 307; schildert das K.-K. II 137; seine Ansichten über kriegswissenschaftliche Ausbildung II 127.

Schletter, Brschwg. Hptm., unterrichtet am K.-K. I 331, am K.-Institute 334, 335.

Schlesien: Etliche vom Adel besuchen die Kgsch. Siegen II 345.

Schleswig-Holstein, Herzogtümer: Allgemein I 14; Einrichtungen und Anstalten V 266—270.

Schlichting, v., Preufs. Gen., Direktor der Kr.-Ak. IV 275.

Schliefen, v., Preufs. Gen., errichtet eine Junkerschule IV 134, 135.

Schlietop, Pförtner am Kurhess. K.-K. II 206.

Schlippenbach, Graf, Preufs. GL., berichtet über die Ritter-Ak. zu Colberg IV 8, befehligt die dortige K.-Kompagnie 46, 53.

— **Graf,** Preufs. GM., Inspekteur der Kriegsschulen IV 252.

Schlittschuhlaufen s. Spiele.

— **als Gegenstand des Unterrichtes** (Sächs. K.-K.) V 63, 75, 76.

Schmalz, Verfasser der Denkwürdigkeiten des Grafen Wilhelm zu Schaumburg-Lippe V 240.

Schmeltzer, Preufs. Ob., Direktor der Art.- und Ing.-Sch. IV 447, 454.

Schmid, Lehrer an der Bayer. Mil.-Ak. I 106.

— **v.,** Kurhess. Ob., Kmdr. des K.-K. II 198—199.

Schmidt auf Altenstadt, v., Kurhann. Off. V 311.

Schmidt, Mecklbg. Ob., Direktor der Mil.-Bild.-Anstalt II 315.

— Preufs. Gen., Präses der Ober-Mil.-Ex.-Kommission IV 198; Direktor der Kr.-Ak. 274.

Schneber, v., Preufs. Pr.-Lt., wird im Lehrinstitute für junge Offiziere unterrichtet IV 115.

Schneider, Hofschauspieler, unterrichtet an der Allgemeinen Kgsch. zu Berlin IV 267.

— Kriegskommissär, unterrichtet an der Bayer. Kgsch. I 261.

Schneidern (Unterrichtsgegenstand): In Rendsburg V 268, 269.

Schnitzlein, schreibt über die K.-Kompagnie zu Ansbach IV 80.

Schnupfen von Tabak ist den Sächs. Kadetten verboten V 107.

Schüler, v., Preufs. Gen., Vorsitzender einer Ex.-Kommission IV 147; Direktor des Allgemeinen Kriegs-Departements 219, 253.

Schöborn, Friedrich Karl, Fürstbischof von Würzburg, errichtet eine Ing.-Ak. I 311.

Schöne Wissenschaften s. Ästhetik.

Schönebeck, v., Preufs. GM., befehligt die K.-Kompagnie zu Colberg IV 46.

Schössermark, v., Preufs. Ob., richtet die Art.-Ak. zu Königsberg ein IV 99.

Schübarth, Brschwg. Ing.-Maj., Lehrer am Collegium Carolinum I 326; desgl. als Westfäl. Maj. an der Mil.-Sch. V 303.

Schüling, v., Sächs. FM., errichtet K.-Kompagnieen V 8, 10, 18.

Scholl, Grhzgl. Hess. Hptm., erstattet ein Gutachten II 228: Mitglied eines in Schulangelegenheiten berufenen Komitees 228; Lehrer an der Art.-Sch. 229, 230, 241; schlägt vor, vom Offizieranwärter Kenntnis des Lateinischen zu fordern 246; stirbt 261.

— Grhzgl. Hess. Maj., Lehrer an der Mil.-Sch. II 260; zum Direktor derselben empfohlen 262; dazu ernannt 263.

Schouppe, v., k. k. Hofrath, thätig bei Errichtung der K.-Kompagnieen III 154.

Schrader, v., Sächs. Kadetten, fälschen Kassenbillets V 40.

Schramm, v., Preufs. Maj., Lehrer an der Art.-Ak. IV 95.

Schreiben (Unterrichtsgegenstand): Baden: Art.-Sch. I 27; École militaire 22; K.-Institut 24; Pionierschule 28 — Bayern: K.-K. I 63, 117, 121, 124, 130, 150, 166, 173, 188, 189, 192; Kapitulantenschulen 310; Mannschaftsschulen 307; Marianische Ak. 73; Mil.-Ak 81; Regimentsschulen 251; Unteroffiziers-Kapitulantenschulen 309 — Braunschweig: K.-Institut I 335; Mannschaftsschulen 359 — Hannover: Art.- und Ing.-Sch. II 53, 55; Georgianum 11, 14; Ing.-Sch. 48; K.-K. 107; Mannschaftsschulen 112, 113; Mineur-Sch. 47, 50; Pagen 5 —

Hessen-Cassel: Art.-Sch. II 155, 156; K.-K. 140, 178, 180, 187, 194, 207; Mannschaftsschulen 207, 209 — Hessen-Darmstadt: Garde-Inf.-Brigade II 225; Inf.-Sch. 228; Korpsschule 244, 266; Mil.-Sch. 231, 237 — Hessen-Hanau: Académie militaire II 273, 274 — Mecklenburg: Art.-Sch. II 290; Mannschaftsschulen 316; Mil.-Bild.-Anstalt 294, 299, 308, 314 — Nassau: Regimentsschulen II 380 Oldenburg: Mannschaftsschulen II 414; Mil.-Sch. 396 — Österreich-Ungarn: Art.-Hauptschule III 212; Art.-Stabsschulen 206, 214; Bombardier-Korps 197; Grenzschulen 238; Ing.-Ak. 88, 89, 141, 148; Ing.-Sch. Gumpendorf 85; K.-Kompagnieen 155, 156, 157, 160, 165; K.-Schulen 309, 432, 438, 455; Lombardisch-Venetianische Leibgarde 129, 130; Mannschaftsschulen 205, 258 (Art.); Mil.-Ak. 30, 44, 45, 54, 65, 112, 115, 123; Mil.-Lehrer-Institut 234; Mil.-Ober-Erz.-Häuser 226; Mil.-Pflanzschule 31, 32, 34; Mil.-Realschulen 348, 364, 369; Mil.-Technische Schule 271; Mil.-Unter-Erz.-Häuser 225; Mil.-Waisenhaus 91; Pionierschule 171, 172, 175, 179, 180, 184, 187, 215; Pionier-Unteroffizier-Schule 200; Regimentsknaben-Erz.-Häuser 189, 190, 196; Schulkompagnieen (Schuleskadron) 228, 229; Soldatenknaben-Erz.-Häuser 95; Truppenschulen 252; Vorbereitungsschulen 297 — Preufsen: Académie des nobles IV 28, 36; Art.-Ak. 91; Art.-Brigadeschulen 168, 169; Art.-Schulen 88; Junkerschulen 124, 127, 134; K.-Haus Culm 72, Stolp 70; K.-K. 55, 64, 66, 310, 313, 315, 324, 328, 329, 336, 349, 350, 351, 352, 353, 354, 355, 370, 371; Mannschaftsschulen 520, 521, 524, 528, 530, 531, 533 (Art.), 172, 538 (Inf. und Kav.), 535, 536 (Pioniere); Mil.-Waisenhaus 79; Oberfeuerwerker-Sch. 495; Pagen 82, 83; Schulabteilung 500, 502, 504; Untoff.-Schulen und -Vorschulen 507, 508, 509, 510, 512 — Sachsen: Art.-Sch. V 197,

202, 203, 205 (vom J. 1831), 214, 215, 220 (vom J. 1859); K.-K. 21, 36, 45, 52, 53, 62, 66, 70, 75, 83, 125, 136, 141, 142, 143, 144, 145, 146, 152, 162; Mil.-Ak. 177, 190; Mil.-Bild.-Anstalt 97, 98; Untoff.-Schule und -Vorschule 232 — Schleswig-Holstein: Art.-Untoff.-Sch. V 268, 269 — Westfalen: Mil.-Sch. V 302, 305; Pagenhof 306 — Württemberg: Garnison-Vorbereitungsschulen V 361; Kgsch. 372; Mil.-Institut 318; Off.-Bild.-Anstalt 321, 327, 328, 341, 349, 354.

Schreibershelfen, v., Sächs. Gen., Kmdt. des K.-K. V 89—109, 178.

Schreibschule: Unterrichtsklasse der k. k. Mil-Ak. III 54.

Schubert, v., Zögling der Ing.-Ak. zu Potsdam IV 112.

Schüler, Landgräflich Hessischer Lt., Lehrer an der Kriegsschule zu Darmstadt II 223.

Schülerzahl (Höchste erlaubte für eine Unterrichtsabteilung): Bayern: Art.- und Ing.-Sch. I 236; Kapitulantenschulen 310; Kr.-Ak. 281; Kgsch. 267, 268, 272; Oberfeuerwerkerschule 301; Untoff. - Kapitulantenschulen 309 — Österreich-Ungarn: K. - Schulen III 294, 306, 307 — Preufsen: Art.-Brigade-Sch. IV 522, 527, 530; Art.-Inspektionsschulen 487; Art.- und Ing.-Sch. 455; Divisionsschulen 224; K.-K. 324, 333; Kgsch. 152, 232; Kapitulantenschulen 539; Oberfeuerwerker-Sch. 488, 491, 492, 494 — Sachsen: Art.-Sch. V 207 (vom J. 1831); K.-K. 13, 136 — Württemberg: Kgsch. V 378.

Schuh, Mich., Kmdt. des Bayer. K.-K. I 144, 156, 163—179.

Schulabteilung (Preufsen) IV 499—505.

Schulanstalt zu Wiesbaden II 347.

Schuldirektion, Grhzgl. Hess., II 230, 231, 232, 234, 240, 242, 243, 245, 247, 251, 259, 261, 265.

Schuleskadron (k. k.) III 226, 228, 239, 249.

Schulkompagnieen (k. k.) III 226, 239, 249, 268, 270.

Schulmeister, Ausbildung zum, I 77, 87, 95 (Bayern).

Schulprüfungen: Baden: Allgemeine Kgsch. I 31; K.-Institut 24 — Bayern: Allgemein seit 1871 I 299; Art.- und Genie-Sch. 226; Art.- und Ing.-Sch. 212, 218; Ettal 55; K.-K. 65, 125, 152, 157, 167, 171, 175, 179, 180, 181, 194, 197; Kr.-Ak. 285, 289, 294; Kgsch. 264, 269, 276, 278; Mannschaftsschulen 308; Marianische Ak. 72, 74; Mil.-Ak. 93, 95, 105; Oberfeuerwerker-Sch. 302 — Braunschweig: K.-K. I 329; K.-Institut 333; Unterrichtskursus für Offizieranwärter 355, 356 — Hannover: Art.-Sch. II 30, 33, 35, 39; Generalstabs-Ak. 82; K.-K. 103; Mannschaftsschulen 113; Mil.-Ak. 88; Offizierschule zu Nordheim 18 — Hessen-Cassel: K.-K. II 151, 162, 163, 168, 181, 189, 198, 205 — Hessen-Darmstadt: Mil.-Sch. II 232, 242, 243 — Hessen-Hanau: Académie militaire II 275 — Mecklenburg: Mil.-Bild.-Anstalt II 313 — Nassau: Kgsch. II 384; Mil.-Sch. 353, 365, 374 — Oldenburg: Brigade-Mil.-Sch. II 400, 406; Mannschaftsschulen 415; Mil.-Sch. 412 — Österreich-Ungarn: Allgemein im J. 1859 III 240, im J. 1882 391; Art. - Mannschaftsschulen 199; Art.-Stabsschulen 207; Bombardier-Korps 210; Generalstabsschulen 205; Ing.-Ak. 145, 149; K.-Kompagnieen 156, 166; K.-Schulen 250, 295, 303, 307, 310, 420, 443; Kgsch. 237, 242; Lombardisch-Venetianische Leibgarde 131; Mil.-Ak. 50, 63, 64, 117, 120, 122, 249; Mil.-Pflanzschule 34; Pionierschule 188; Pionier-Unteroffizierschule 201; Schulkompagnieen (Schuleskadron) 230; Stabsoffizierskurs 412 — Preufsen: Académie des nobles IV 41; Art.-Ak. 98; Art.- und Ing.-Sch. 388, 390, 398, 410, 412, 417, 426, 431, 444, 450, 451, 470; Divisionsschulen 206, 212; Ing.-Ak. 104, 110; Junkerschule 125; K.-K. 66, 311, 314, 317, 322, 325, 335, 337, 338, 342, 345, 346, 359, 361; Kr.-Ak. 277, 281, 296, 305; Kgsch. 153,

157, 232, 237, 238, 249, 252; Mannschaftsschulen 523, 532 (Art.) 173, 538 (Inf. und Kav.); Oberfeuerwerker-Sch. 489, 493, 494, 495, 496 — Sachsen: Art.-Sch. V 167 (vom J. 1766), 205, 208 (vom J. 1831), 212, 218 (vom J. 1859); K.-K. 46, 48, 57, 64, 85, 88, 90, 123, 146; Kgsch. 113, 114; Mil.-Ak. 177; Untoff.-Sch. und Untoff.-Vorschule 231 — Schaumburg-Lippe: Mil.-Sch. V 251, 257, 260, 261 — Westfalen: Art.- und Genie-Sch. V 310; Mil.-Sch. 302, 303 — Württemberg: Kgsch. V 363, 365, 371, 378, 383; Off.-Bild.-Anstalt 320, 326, 333, 354, 356; Regiments-Offiziers-Zöglinge 387.

Schulrat für die Oldenbg. Mannschaftsschulen II 415.

Schulz, Preufs. Maj., Studiendirektor des K.-K. IV 319.
— Oberbaurat, unterrichtet preufsische Artillerieoffiziere IV 89.

Schumann, Oldenbg. Hptm., verdient um die Ausbildung der Art.-Untoff. II 414.

Schwachheim, Frhr. v., Direktor der Bayer. Mil.-Ak. I 93—109.

Schwaigel, Ob.-Lt., leitet die Haupt-Kriegsschule zu Mannheim I 219.

Schwarbach, v., besucht die Kgsch. Siegen II 336.

Schwarzhof, v., Preufs. Gen., Kommando zur Allgemeinen Kgsch. IV 272.

Schweinitz, v., Sächs. Maj., Kmdt. des K.-K. V 155.

Schweiz: Allgemein I 14; Einrichtungen und Anstalten V 275—297.

Schweizerische Offiziere besuchen die Preufs. Art.- und Ing.-Sch. IV 438.

Schwencke, Hann. Fähnrich, übersetzt die Schriften von Warnery II 19.

Schwerin: Sitz Mecklenburgischer Mil.-Erz.- und Bild.-Anstalten II 286—316.

Schwerin, v., leitet die Ritter-Ak. zu Colberg IV 8.

Schwimmen (Unterrichtsgegenstand): Baden: Allgemeine Kgsch. I 36; École militaire 22; K.-Haus 47; K.-Institut 24 — Bayern: K.-K. I 138, 167, 171, 173, 190, 192; Kgsch. 261, 265, 266; Pagerie 319 — Braunschweig: K.-Institut I 332, 334, 338 — Hannover: K.-K. II 103 — Hessen-Cassel: K.-K. II 180, 187, 194, 204 — Mecklenburg: Mil.-Bild.-Anstalt II 294, 308, 314 — Nassau: Mil.-Sch. II 365 — Österreich-Ungarn: Art.-Ak. III 234; Art.-Hauptschule 212; Bombardierkorps 208; Genie-Ak. 234; Grenzschulen 238; Ing.-Ak. 150; K.-Kompagnieen 160, 165; K.-Schulen 252, 257, 298, 299, 305, 433, 439, 441, 456; Landwehr-K.-Schule 472; Lombardisch-Venetianische Leibgarde 130, 133; Mil.-Ak. 59, 107, 115, 116, 232, 249, 387; Mil.-Kollegium 272; Mil.-Lehrer-Institut 234; Mil.-Ober-Erz.-Häuser 226; Mil.-Realschulen 352, 365; Mil.-Technische Schule 272; Mil.-Unter-Erz.-Häuser 225; Pionierschule 171, 180, 187, 216; Regimentsknaben-Erz.-Häuser 191; Schulkompagnieen (Schuleskadron) 228, 229; Technische Mil.-Ak. 386; Vorbereitungsschulen 297 — Preufsen: K.-K. IV 310, 324, 365; Kgsch. 243; Untoff.-Sch. 510 — Sachsen: Art.-Sch. V 203 (vom J. 1831); K.-K. 63, 75, 76, 129, 153; Mil.-Bild.-Anstalt 97, 98; Untoff.-Sch. und Untoff.-Vorschule 227, 229 — Württemberg: Kgsch. V 365, 373, 382; Off.-Bild.-Anstalt 320, 327, 341, 354.

Schwink, Preufs. Pr.-Lt., vollendet den Bau der Art.- und Ing.-Sch. IV 494.

Scudier, v., k. k. FZM., I 15 (wo irrtümlich „Pechmann" gedruckt ist); III 4, 218, 222, 267.

Seckendorf, Frhr. v., Kap.-Lt. der Ansbacher K.-Kompagnie IV 80.

Sedan: Preufs. Ex.-Kommission IV 183; Divisionsschule 210.

Seebach, v., in das Georgianum zu Hannover aufgenommen II 8.

Seehausen, v., Lt., erteilt Unterricht an Schlesw.-Holst. Offiziere V 271.

Seewesen, Unterrichtsgegenstand der Kgsch. Siegen II 332.

96 Gesch. d. Militär-Erziehungs- u. Bildungswesens i. d. Landen deutscher Zunge.

Schwermögen (vgl. Aufnahmebestimmungen): Bayern I 152 — Österreich-Ungarn III 58, 340, 403.

Seitz. Abt Placidus, begründet die Ritter-Ak. zu Ettal V 53. — Lehrer an der Württembg. Off.-Bild.-Anstalt V 327.

Selasinsky, v., Preufs. Gen., Direktor der Ober-Mil.-Ex.-Kommission IV 186, 198; vertritt den Gen.-Inspekteur des Mil.-Erz.- und Bild.-Wesens 176; schreibt über das K.-K. 330.

Seldeneck, v., Bad. Landstallmeister, erteilt Reitunterricht I 32. — Bad. Rittmeister, liefert Bier I 23.

Selekta: Mecklenburg: Mil.-Bild.-Anstalt II 310, 313, 314 — Preufsen: Art.- und Ing.-Sch. IV 413, 446—448, 452, 455, 471, 472, 474, 475; Junker-Sch. zu Wesel IV 134: K.-K. 246, 326, 334, 337, 338, 344, 346, 348, 359, 362, 378; für die Kriegsakademie geplant 291 — Sachsen: K.-K. V 69, 149, 151, 153. — Vgl. Unteroffizier-Schulen.

Selig, Hessen-Casselscher Lt., Lehrer am K.-K. II 136—154; leitet die Anstalt 146—149; erhält den Charakter als Major 149; erstattet ein Gutachten 157.

Selter, Lehrer an der Académie des nobles zu Berlin IV 44.

Sendlinger Landstrafse, Kriegsschulgebäude an der, 1 259 (München).

Septemissalia (Prüfungen der k. k. Mil.-Pflanzschule) III 34.

Sarajewo: k. k. Mil.-Knaben-Pensionat III 457.

Serbische Offiziere besuchen die Preufs. Art.- und Ing.-Sch. IV 419, 428, 438.

Sergeantenschulen in Oldenburg II 413 bis 415.

Serravalle: k. k. Mil.-Ob.-Erz.-Haus III 226.

Seweloh, besucht als Hann. Lt. die Generalstabs-Ak., später in Schleswig-Holsteinischen Diensten II 81.

Seydel, Preufs. Maj., Mitglied der Ex.-Kommission zu Königsberg IV 146; Direktor der dortigen Kgsch. 154, 163.

Seydlitz, v., Preufs. Gen., als Page erzogen IV 85, plant die Errichtung einer Schule für Kavallerieoffiziere 132.

Sichart, v., Hann. Gen., Zögling der Westfäl. Art.- und Genie-Sch. V 306, 311; dichtet ein Kadettenlied II 67; besucht die Hann. Generalstabs-Ak. 81; bereitet auf die Offiziersprüfung vor 96; thätig bei Einrichtung des K.-K. — Vgl. Quellen.

Siegen: Kriegsschule I 4; II 325—346.

Sigismund, August, König von Polen, (Kriegsordnung des Herzogs Albrecht in Preufsen ihm zugeeignet) IV 3.

Silberpagen (Sachsen) V 68, 81.

Silberschlag, Preufs. Geheimer Oberbaurat III 65 (Anm.).

Simmeringer Haide, Schiefsplatz der k. k. Art. III 310.

Simon-Glazer, Lehrer an der Inf.-Sch. zu Darmstadt, berichtet über dieselbe II 228, 234, 247.

Sinner, v., Maj., hält Vorlesungen an der Hochschule zu Bern V 287.

Sipen (Unterrichtsgegenstand): Bayern: K.-K. I 150, 167, 171, 173, 190, 192 — Hannover: K.-K. II 103 — Mecklenburg: Mannschaftsschulen II 316 — Oldenburg: Mannschaftsschulen II 414 — Österreich-Ungarn: K.-Sch. III 433, 439, 441, Mil.-Ak. 378; Mil.-Realschulen 354, 365, 369; Technische Mil.-Ak. 386 — Preufsen: K.-K. IV 324, 362, 363; Untoff.-Sch. 510, 512; Untoff.-Vorschulen 512 — Sachsen: K.-K. V 162; Untoff.-Sch. und Untoff.-Vorschule 229, 232 Schleswig-Holstein: Art.-Untoff.-Sch. V 268, 269 — Württemberg: Off.-Bild.-Anstalt V 327, 354.

Sittenklassen im Preufs. K.-K. IV 317, 323, 344; im Sächs. K.-K. V 161, 163.

Skriptionen s. Zeugnisse.

Slevogt, Preufs. Ob., Lehrer an der Allgemeinen Kgsch. IV 286, an der Art.- und Ing.-Sch. 412.

Slowakische Sprache: Unterrichtsgegenstand in den k. k. Kadettenschulen III 429.

Slowenische Sprache: Unterrichtsgegenstand in den k. k. Kadettenschulen III 429.

Saathlage, Preufs. Direktor, Mitglied einer Kommission, IV 309, 312.

Sedensters, v., Kadett zu Cassel, spricht ein Gedicht bei der Prüfung II 162.

Sobolewski, Preufs. Ob., Direktor der Preufs. Art.- und Ing.-Sch. IV 430, 437.

Sokratische Gespräche IV 118, 160.

Soldatenknaben-Erziehungshäuser in Österreich III 93.

Soldatenknaben-Erziehungsinstitut in Sachsen V 226.

Soldatenweiber- und -Kinder-Fonds in Österreich III 91, 95.

Solitudes: Sitz der Hohen Karl-Schule V 316.

Solms, Albrecht, Graf, läfst seinen Sohn in der Kgsch. zu Siegen unterrichten II 326, 345.

—, Prinzen, in Hannover zu Offizieren befördert II 97.

Sommer, v., Westfälischer Lt., Adjutant der Mil.-Sch. V 303.

— v., Westfälischer Maj., Direktor der Mil.-Sch. V 303.

Sontheim, Graf, Württbg. Gen. und Kriegsminister V 346, 350, 390.

Sothen, Hann. Lt., unterrichtet an der Offizierschule zu Nordheim II 17, 19.

Spadassires (Unterrichtsgegenstand): III 116.

Spalding, Professor, Mitglied einer Preufs. Kommission IV 148, 151.

Spandau: Besuch der Festung etc. durch die Mecklbg. Divisionsschule II 303; durch Preufs. Kriegsschulen IV 243; durch Preufsische Kadetten 337; durch die Art.- und Ing.-Sch. 392, 406, 417, 425, 441, 451, 453, 457; durch die Oberfeuerw.-Sch. 491.

Spanische Weber, ihr Haus in Berlin: IV 212, 219.

Spanische Sprache (Unterrichtsgegenstand): Österreich-Ungarn: Niederösterreichische Ritter-Ak. III 14 — Preufsen: Ritter-Ak. zu Berlin IV 11.

Specht, v., Kurhess. Kap., Lehrer am K.-K. II 194; hält Vorträge 21.

— v., Kurhess. Sek.-Lt., Lehrer am K.-K. II 206.

Speck, Büchsenmeister, unterrichtet zu Bern V 280.

Speckh (Flufslauf bei Wiener-Neustadt) wird reguliert III 42.

Speidel, Professor an der Württbg. Off.-Bild.-Anstalt V 328, 331, 336, 358 —

Spener, Professor an der Ritter-Ak. zu Berlin IV 22.

Sperling, v., Preufs. Gen., zur Allgemeinen Kgsch. kommandiert IV 272.

Spezialkurse des Stabsoffizierskurs für Artillerie (Österreich-Ungarn) III 417.

Spiele (vgl. Billard): Bayern: K.-K. I 74, 107, 174, 177, 206 — Hannover: Georgianum II 12 — Hessen-Cassel: Collegium Mauritianum II 122; K.-K. 139, 153, 162 — Nassau: Mil.-Sch. II 369 — Österreich-Ungarn: Allgemein im J. 1859 III 240, im J. 1887 395; Gitschin 12; Mil.-Ak. 59, 111, 112, 118, 119; Mil.-Pflanzschule 33; Pionierschule 182; Regimentsknaben-Erz.-Häuser 191 — Preufsen: Ing.-Ak. IV 110; Kgsch. 230; Ritter-Ak. zu Berlin 12 — Sachsen: K.-K. V 39, 50, 63, 78, 162; Mil.-Ak. 186, 187 — Westfalen: Mil.-Sch. V 364 — Württemberg: Off.-Bild.-Anstalt V 334, 339.

Spillecke, Lehrer an der Kgsch. zu Berlin IV 160.

Spindler, k. k. Ob.-Lt., Vertreter des Direktors der Mil.-Ak. III 74.

Spissegehohl, Forsthaus des Grafen Wilhelm zu Schaumburg-Lippe V 257.

Sprachschächtelchen: Hilfsmittel für den Unterricht an der k. k. Mil.-Ak. III 64.

Sprengel, v., von der Aufnahme in das Georgianum zu Hannover ausgeschlossen II 8.

Strickmann, Professor, unterrichtet an der Mil.-Ak. zu Münster II 321.

Staatswissenschaften (Unterrichtsgegenstand): Bayern: Marianische Ak. I 73; Kr.-Ak. 283, 286, 287, 288 —

Österreich-Ungarn: Höherer Art.- und Genie-Kurs III 277, 280; Kgsch. 241, 283, 285, 288, 408; Mil.-Ak. 274, 275; Technische Mil.-Ak. 273 — Preufsen: K.-K. IV 67, 329; Kr.-Ak. 299, 302, 305; Mannschaftsschulen 172; Ritter-Ak. zu Berlin 11.

Stabsoffiziersaspiranten-Kurs (Österreich-Ungarn): Artillerie III 281.

Stabsoffiziers-Kurs (Österreich-Ungarn) III 410.

Stabsschulen der k. k. Art. III 206—207, 212—215.

Stabswachtmeister der Hannoverschen Kavallerie: Unterrichten die Ausbildungskommandos II 113.

Stade: Hann. Kav.-Lehranstalt II 70; Mannschaftsunterricht 113.

Stadler, Lehrer am Bayer. K.-K. I 63.

Stähle, Kurhess. Prem.-Lt., Verfasser eines Lehrbuches für Mannschaftsschulen II 208.

Stände: Hannover: Wünschen die Errichtung eines K.-K. II 95, wollen dasselbe abschaffen 105 — Nassau: Einwirkung auf die Mil.-Bild.-Anstalt II 371, 375, 385, 389 — Österreich-Ungarn: Leisten Beiträge III 32, 72, 73 — Preufsen: Die Pommerschen und die K.-Kompagnie zu Colberg IV 46 — Sachsen: Angriff auf das K.-K. V 92, 133; drängen auf Beförderung von Unteroffizieren zu Offizieren 102 — Württemberg: Im Gegensatze zu den Absichten der Regierung V 342, 343, 347, 351, 352, 353.

Staff, v., Oberdirektor der Ritter-Ak. zu Berlin IV 20, 22.
— gen. v. Reitzenstein, Preufs. Gen., Lehrer an der Kr.-Ak. IV 286, an der Art.- und Ing.-Sch. 412.

Stargard: Preufs. Ex.-Kommission IV 147; Lehranstalt (1810) 171; Unterricht der Offiziere der Garnison 133.

Stary-Miasto: k. k. Regimentsknaben-Erz.-Haus III 193.

Statistik s. Erdkunde.

Statuten des Preufs. K.-K. IV 322.

Staudt, v., Inspekteur der Bayer. Mil.-Bild.-Anstalten I 299.

Steckenknecht im Sächs. K. K. V 10.

Steinfeld bei Wiener-Neustadt III 173.

Steinhude, Dorf, dient zum Aufenthalte von Zöglingen der Mil.-Sch. auf dem Wilhelmsteine V 241, 242.

Steinmetz, v., Preufs. FM., Kommando zur Allgemeinen Kgsch. IV 272; Kmdr. des K.-K. 176, 334.

Steinwehr, v., Preufs. Gen., Vorsitzender einer Ex.-Kommission IV 147; Direktor der Ober-Mil.-Ex.-Kommission 182, Präses derselben 184; vorübergehend an der Spitze der Allg. Kgsch. 253, 254, Kmdr. des K.-Hauses Potsdam 312.

Stenay, Preufs. Divisionsschule IV 210.

Stendal: Preufs. Inspektionsschule IV 133, 136.

Stenographie (Unterrichtsgegenstand): Bayern: I 192 — Hessen-Darmstadt: II 265 — Österreich-Ungarn: III 271, 272, 274, 309, 348, 369, 432, 438, 454 — Preufsen: IV 490, 511, 512 — Sachsen: V 162, 215, 220, 232.

Stephansche Stiftung für die Bayer. Kgsch. I 274.

Stern, v., Preufs. Maj., Stabsoffizer der Art.- und Ing.-Sch. IV 412.

Stern-Gwiazdowski, v., Preufs. Gen., Lehrer an der Art.- und Ing.-Sch. IV 412.

Sternstein, v., Sächs. Ob., Kmdt. des K.-K. V 27, 28, 31, 33.

Stettin: Preufs. Art.-Brigadeschule IV 521; Divisionsschule 224; Ex.-Kommission 183; Inspektionsschule 130, 136.

Stiegler, Professor am Bayer. K.-K. I 63, 66.

Stiehle, v., Preufs. Gen., Kriegsschul-Direktor IV 246; Gen.-Inspekteur des Ing.-K. 536.

Stiftsbriefe, Chaosstift III 16; Mil.-Ak. zu Wiener-Neustadt: Maria Theresia 42, Josef II 72, Leopold II 74, Teuffenbachscher 85, 134.

Stiftskaserne zu Wien III 272, 288.

Stiftungen: Bayern: Kgsch. I 274 — Österreich-Ungarn: Ing.-Ak. III 134 (vgl. Aufnahmebestimmungen) — Preufsen: K.-K. IV 384.

Stipendien: An Stelle der Erziehung für

den militärischen Beruf in eigenen Anstalten gewährt in Österreich-Ungarn III 267, 269, 271, 336.

Stipendien: Von Bern gezahlt bei Entsendungen in das Ausland V 278—280.

Stipendium des Königs Karl von Württemberg V 369.

Stockmaier, Württbg. Gen., Mitglied einer Kommission V 344, 346.

Stockmannschaft in Hessen-Darmstadt: II 229; ihr Unterricht 236.

Stöhr, Pagenhofmeister zu Cassel, II 153.

Stolberg, Grafen, besuchen die Kgsch. Siegen II 336.

Stolp: Preufs. K.-Haus IV 61, 69—71, 137, 152, 307, 308, 309, 321.

Stolze, Bad. Gen. I 20, 21, 23; II 45; Zögling der Mil.-Schule auf dem Wilhelmsteine V 264.

Stosch, v., Preufs. Gen., Kommando zur Allgemeinen Kgsch. IV 272.
— Lehrer an der Académie des nobles zu Berlin IV 27, 28, 37.

Strotha, v., Preufs. Gen. und Kriegsminister IV 332.

Strack, Lehrer an der Preufs. Art.- und Ing.-Schule IV 412.

Strafen: Bayern: K.-K. I 67, 127, 135, 140, 142, 148, 163, 174, 201; Mil.-Ak. 85, 107 — Braunschweig: K.-Institut I 333, 336 — Hannover: Georgianum II 12; K.-K. 104 — Hessen-Cassel: K.-K. II 164, 171, 175, 197 — Hessen-Darmstadt: Mil.-Sch. II 242, 247 — Hessen-Hanau: Académie militaire II 273, 275, 276 — Mecklenburg: Mil.-Bild.-Anstalt II 295 — Nassau: Lehrkompagnie II 364 — Österreich-Ungarn: Ing.-Ak. III 140, 148; K.-Schulen 448, 453; Landwehr-K.-Schule 474; Mil.-Ak. 29, 36, 42, 48, 66, 114, 117; Mil.-Erz.- und Bild.-Anstalten 358 (im J. 1874), 394, 401 (im J. 1887); Mil.-Pflanzschule 34; Mil.-Realschulen 356; Pionierschule 182; Regimentsknaben-Erz.-Häuser 191 — Preufsen: Académie des nobles IV 29; Art.- und Ing.-Sch. 395; Inspektionsschulen 318; K.-Haus Culm 72; K.-K. 56, 57, 59, 68, 314, 316, 322, 340, 343; Kr.-Ak. 269; Kgsch. 161, 229; Mannschaftsschulen 523, 529 (Art.); Oberfeuerwerkerschule 498; Ritter-Ak. zu Berlin 17; Schulabteilung 500, 501; Untoff.-Vorschulen 517 — Sachsen: Art.-Sch. V 206 (vom J. 1831), 210 (vom J. 1859); K.-K. 13, 17, 28, 38, 57, 64, 77, 130, 140, 150, 156, 157; Kgsch. 112; Mil.-Ak. 187, 188; Mil.-Bild.-Anstalt 100, 107 — Schaumburg-Lippe: Mil.-Sch. V 253 — Württemberg: Kgsch. V 363, 369, 370; Off.-Bild.-Anstalt 325, 338, 354.

Stralsund: Zöglinge der Mecklbg. Mil.-Sch. als Gefangene in S. II 283.

Strampf, v., Preufs. Ob., Lehrer an der Kgsch. zu Breslau IV 167; Mitglied einer Kommission 387; Direktor der Art.- und Ing.-Sch. 387, 393.

Strassky, Edler von Dresdenburg, k. k. GM., Kmdt. der Mil.-Ak. III 381.

Strass: k. k. Kadetteninstitut III 230, Mil.-Ober-Erz.-Haus 239, 270.

Strategie (Unterrichtsgegenstand): Österreich-Ungarn: Höherer Art.- und Genie-Kurs III 277, 280; K.-Schulen 301; Kgsch. 236, 241, 284, 285, 288, 408; Landwehr-Stabsoffiziers-Kurs 477; Mil.-Ak. 107, 119, 121; Stabsoffiziersaspiranten-Kurs 281; Stabsoffiziers-Kurs 414, 415; Central-Infanterie-Kurs; Central-Inf.-Kurs 289 — Preufsen: Académie des nobles IV 36; Kgsch. 153, 158, 159; Lehrinstitut für junge Offiziere 117, 119, 120 — Sachsen: Kursus für Offiziere V 194 — Schweiz Hochschule Bern V 288; Polytechnikum 291, 297 — Württemberg: Karls-Schule V 316.

Straufs, Nass. Hptm., Mitglied einer Kommission für Umgestaltung der Mil.-Sch. II 377.

Streckenbach, Zögling der Ing.-Ak. zu Potsdam IV 112.

Strefleur, v., k. k. General-Kriegskommissär, Lehrer der Lomb.-Ven.-Leibgarde III 133.

Streit, Preufs. Pr.-Lt., Lehrer an der Art.-Ak. IV 98, am Lehrinstitute für junge Offiziere 114.

Strieder, Bibliothekar, begutachtet das K.-K. zu Cassel II 147, 148.

Strubberg, v., Preufs. Gen.: Veranlafst die Übernahme der hier vorliegenden Arbeit durch den Verfasser I(Vorrede); ist zur Allgemeinen Kgsch. kommandiert IV 272; Gen.-Inspekteur des Mil.-Erz.- und Bild.-Wesens 179, 236.

Stubenväter im k. k. Mil.-Waisenhause III 91, 92.

Stuckrad, v., Preufs. Ob., Kmdr. des K.-K. IV 365, 384.

Studiendirektor (Studiendirektion): Bayern: K.-K. I 188, 194 (wo irrtümlich „Studieninspektor" gedruckt ist), 197, 199 — Österreich-Ungarn: Art.-Hauptschule III 211; Bombardierkorps 209 — Preufsen: Art.- und Ing.-Sch. IV 387, 390, 392, 395, 396 (vgl. Studienkommission); Divisionsschulen 211, 212; K.-K. 319; Kr.-Ak. 257, 260, 262, 270, 277 (vgl. Studienkommission); Kgsch. 152, 154, 177 — Sachsen: K.-K. V 69, 80, 156; Mil.-Bild.-Anstalt 94.

Studienkommissionen: Baden: I 30, 36, 41, 45 — Bayern: Art.- und Ing.-Sch. I 238; K.-K. 171, 176, 179, 196, 223 — Braunschweig: I 327, 333, 336, 344, 346, 352, 354, 355, 356 — Hannover: K.-K. II 102, 105 — Österreich-Ungarn: Mil.-Ak. III 122 — Preufsen: Art.- und Ing.-Sch. IV 396, 397, 399, 408, 413, 434; Kr.-Ak. 293, 305; Kgsch. und Allgemeine Kgsch. 177; Kgsch. 246.

Stückjunker (Sachsen) V 176, 194, 198, 207.

Stülpnagel, v., Preufs. Gen., Präses der Ober-Mil.-Ex.-Kommission IV 184, 219, 220.

Stützer, Lehrer an der Académie des nobles zu Berlin IV 43, 44, an der Art.-Ak. 95, 98; am Lehrinstitute für junge Offiziere 114, 117; Mitglied einer Kommission 148, 151, der Studien-Direktion der Kgsch. zu Berlin 154;

Lehrer an letzterer 155, 158; Mitglied der Studien-Kommission der Allgemeinen Kgsch. 253; thätig bei Errichtung der Art.- und Ing.-Sch. 387.

Stuhlmannsche Methode des Freihandzeichnens (Preufs. K.-K.) IV 368.

Stuhlweifsenburg: Vorbereitungskurs für Offiziersaspiranten der Honved III 481.

Stundenparaden im Sächs. K.-K. V 46, 65, 108, 152; in der Mil.-Ak. 184.

Stundenpläne s. Lehrpläne.

Sturm, Leonhard Christian, unterrichtet an der Ritter-Ak. zu Wolfenbüttel I 324; III 14.

Sturmfeder, v., Kurhess. Offizier, Lehrer am K.-K. II 194.

Stuttgart: Sitz der Hohen Karls-Schule V 317; des Mil.-Instituts 319; eines Unterrichtskursus 365; einer Vorbereitungsschule 361, 367.

Succovaty, k. k. GM., Kmdt. der Mil.-Ak. III 381.

Suckow, v., Württbg. Ob., urteilt über das Berliner K.-Haus (1803) IV 68.

Süvern, Preufs. Staatsrat, Mitglied einer Kommission IV 312.

Sulzer, Lehrer an der Académie des nobles zu Berlin IV 27, 28, 30.

Suppleanten (Hilfslehrer der k. k. Pionierschule) III 184.

Sura, de la, Direktor der Ritter-Ak. Gitschin III 8, 9.

Sustmann, Schaumburg-Lippescher Lt., Lehrer an der Mil.-Sch. V 238.

Swaisches System der Telegraphie (Bayern) I 260.

Sy, Professor am Bayer. K.-K. I 334, 335.

Sydow, v., Preufs. Ob., Lehrer an der Kr.-Ak. IV 286.

Synopsis, (Schriftliche Arbeit der k. k. Mil.-Ak. III 49.

Syntax s. Rhetorik und Syntax.

Systemsierdekret, für Ernennung der k. k. Ing.-Offiziere III 87.

Szenes-Ujvár: k. k. Regimentsknaben-Erz.-Haus III 225.

Szegedin: Offizierbildungsschule für Honved III 481; Vorbereitungsschule für Offiziersaspiranten 484.

T.

Tackmess, Preuß. Pr. Lt., Lehrer an der Art.-Ak. zu Breslau IV 96.
Tafelparaden in der k. k. Mil.-Ak. III 117.
Tagesordnung s. Innerer Dienst.
Taktik (Unterrichtsgegenstand): Baden: Allgemeine Kgsch. I 32, 36; École militaire 21; Höhere Kgsch. 38, 40, 50; K.-Institut 24 — Bayern: Art.- und Genie-Sch. I 231, 232, 245; K.-K. 66, 119, 124, 165, 171, 173; Kr.-Ak. 283, 284, 286, 290; Kgsch. 256, 260, 265, 273; Marianische Ak. 83; Mil.-Ak. 88, 105; Pagerie 317, 319 — Braunschweig: Collegium Carolinum I 326; K.-Institut 332, 334, 337, 338; Unterrichtskursus für Offiziersanwärter 351, 354 — Colmar: Kgsch. I 364 — Hannover: Art.-Sch. II 41, 42; Art.- und Ing.-Sch. 54, 55; Garnison-Lehranstalt zu Lüneburg 21; Generalstabs-Ak. 81; K.-K. 103, 107; Kav.-Lehranstalt 71, 72; Mil.-Ak. 84, 85, 87, 88, 90, 91, 92; Ritter-Ak. zu Lüneburg 26 — Hessen-Cassel: Art.-Sch. II 158; Collegium Carolinum 125; Fortbildung der Offiziere 211, 212; K.-K. 160, 178, 180, 186, 187, 188, 193, 195, 203, 204 — Hessen-Darmstadt: Mil.-Sch. II 231, 239, 245, 261 — Mecklenburg: Art.-Sch. II 289; Divisionsschule 303; Mil.-Bild.-Anstalt 294, 299, 314 — Nassau: Kgsch. II 384, 387; Kgsch. Siegen 328, 329, 337; Mil.-Sch. 367, 371 — Oldenburg: Mannschaftsschulen II 414, 416; Mil.-Brigadeschule 404, 405; Mil.-Sch. 396, 398, 410, 412 — Österreich-Ungarn: Art.-Ak. III 233; Art.-Hauptschule 212; Art.-Offiziersschulen 210; Bombardierkorps 196, 208; Generalstabsschulen 204; Höherer Art.-Kurs 241; Höherer Art.- und Genie-Kurs 277, 280; Ing.-Ak. 88, 90, 141, 142, 149, 151; Ing.-Sch. Gumpendorf 85; K.-Kompagnieen 155, 156, 157, 160, 166; K.-Schulen 257, 298, 299, 301, 304, 309, 310, 420, 431, 434, 435, 438, 440, 454, 455; Kgsch. 236, 241, 288, 408; Landw.-K.-Schule 472; Landw.-Stabsoffizierskurs 477; Lombardisch-Venetianische Leibgarde 129, 130; Mil.-Ak. 54, 56, 107, 116, 119, 121, 123, 249, 274, 275, 375; Stabsoffiziersaspiranten-Kurs 261, Stabsoffiziers-Kurs 413, 415; Technische Mil.-Ak. 386; Ungarische Leibgarde 127; Vorbereitungsschulen 297, 304; Central-Inf.-Kurs 289 — Preußen: Académie des nobles IV 36; Art.-Ak. 93, 94, 98; Art.- und Ing.-Sch. 386, 387, 401, 405, 406, 417, 420, 421, 428, 437, 438, 442, 449, 450, 452, 455, 456, 458, 460, 462, 463, 464, 470, 471, 472, 473, 476; Divisionsschulen 208, 218, 223; Ing.-Ak. 106; Inspektionsschulen 132; K.-K. 320, 324, 329, 337, 378; Kr.-Ak. 258, 259, 264, 267, 273, 280, 284, 291, 299, 305; Kgsch. 153, 158, 159, 236, 239, 251; Lehrinstitut für junge Offiziere 113, 117, 121; Pagen 83 — Sachsen: Art.-Sch. V 197, 201, 204 (vom J. 1831); 206, 207 (vom J. 1859); Ing.-Ak. 222; K.-K. 45, 54, 55, 66, 70, 75, 83, 85, 127, 149, 150, 153; Kursus für Offiziere 194; Mil.-Ak. 177, 182; Mil.-Bild.-Anstalt 97, 98, 105; Untoff.-Sch. 227 — Schaumburg-Lippe: Mil.-Sch. V 237, 255 — Schleswig-Holstein: Bild.-Anstalt für Offiziere V 270 — Schweiz: Art.-Sch. zu Bern V 282; Hochschule zu Bern 288, 289; Polytechnikum 291, 292, 294, 297 — Westfalen: Art.- und Genie-Sch. V 308 — Württemberg: Garnison-Vorbereitungsschulen V 361; Karls-Schule 316; Kgsch. 364, 365, 378, 381; Off.-Bild.-Anstalt 320, 321, 327, 330, 341, 354; Polytechnikum 396.
Taktisch-technische Übungen der k. k. Genieoffiziere III 327.
Taktische Aufgaben im Freien für die k. k. Offiziere III 324.
— **Ausarbeitungen** der k. k. Offiziere III 323, 329.
Talender s. Bohse.
Tauß, Frhr. v. der, Bayer. Gen., berichtet über die Mil.-Bild.-Anstalten I 254.

Tactics (Unterrichtsgegenstand): **Baden**: K.-Haus I 48 — **Bayern**: Ettal I 54; K.-K. 63, 65, 117, 121, 124, 127, 167, 171, 173, 192; Marianische Ak. 73; Mil.-Ak. 79, 84; Pagerie 319 -- **Braunschweig**: K.-Institut I 337; Unterrichtskursus für Offizieranwärter 351; 354; Wolfenbüttel 323 — **Hannover**: Georgianum II 11, 14; K.-K. 103; Pagen 5; Ritter-Ak. zu Lüneburg 26 — **Hessen-Cassel**: Collegium Mauritianum II 122; K.-K. 140, 141, 160, 162, 163, 166, 173, 180, 184, 185, 186, 187, 188, 189, 194, 196 — **Hessen-Hanau**: Académie militaire II 274 — **Mecklenburg**: Divisionsschule II 303; Mil.-Bild.-Anstalt 294, 299, 308, 314; Pagen 279 — **Nassau**: Mil.-Sch. II 369, 376 — **Oldenburg**: Brigade-Mil.-Schule II 400, 405; Mil.-Sch. 398, 412 — **Österreich-Ungarn**: Adelige Mil.-Ak. III 79; Art.-Ak. 233; Galizische Garde 82; Genie-Ak. 233; Gitschin 5, 7, 10 — Ing.-Ak. 88, 90, 143, 152; Ing.-Sch. Gumpendorf 84, 85; K.-Kompagnieen 160, 165; K.-Schulen 302, 433, 439, Lombardisch-Venetianische Leibgarde 129, 130; Mil.-Ak. 27, 29, 30, 39, 62, 107, 112, 115, 116, 123, 232, 249, 274, 275, 373; Mil.-Kollegium 272; Mil.-Pflanzschule 31, 33; Mil.-Realschulen 354, 369; Niederösterreichische Ritter-Ak. 14; Savoyische Ritter-Ak. 22; Schulkompagnieen 265; Technische Mil.-Ak. 273, 387 — **Preußen**: Académie des nobles IV 28, 36; Junkerschule 124; K.-Haus Culm 72, Stolp 70; K.-Kompagnie Colberg 76; K.-K. 55, 64, 310, 313, 316, 324, 340, 362, 363; Mil.-Waisenhaus 79; Pagen 83; Ritter-Ak. zu Berlin 11, 24, zu Colberg 8 — **Sachsen**: Art.-Sch. V 197, 203, 204, (vom J. 1831); K.-K. 21, 22, 36, 45, 57, 59, 63, 66, 67, 75, 84, 140, 152, 162; Mil.-Ak. 176, 185, 189, 190, 191; Mil.-Bild.-Anstalt 97, 98, 105, 108 — **Württemberg**: Karls-Schule V 316; Kgsch. 365, 373, 382; Mil.-Inst. 318; Off.-Bild.-Anstalt 320, 327, 341, 354.

Tarnow, k. k. Regimentsknaben-Erz.-Haus III 225.

Taschengeld: **Baden**: K.-Haus I 44 — **Bayern**: K.-K. I 59, 136, 171, 174, 187 — **Hannover**: Georgianum II 9; K.-K. 99, 106 — **Hessen-Cassel**: K.-K. II 148, 167, 170, 197 — **Mecklenburg**: Mil.-Bild.-Anstalt II 293, 294, 296, 308 — **Nassau**: Kgsch. II 382, 385; Mil.-Sch. 362, 376 — **Österreich-Ungarn**: Ing.-Ak. III 150; K-Kompagnieen 164, 169; K.-Schulen 452; Mil.-Ak. 60, 276; Mil.-Erz.- und Bild.-Anstalten 224 (im J. 1852), 244 (im J. 1859); Pionierschule 181, 186, 215 — **Preußen**: Académie des nobles IV 29, 33, 37; K.-K. 328, 333 — **Sachsen**: Art.-Sch. V 198, 200 (vom J. 1831); K.-K. 42, 47, 61, 82, 131, 160; Kgsch. 116; Mil.-Ak. 189 — **Württemberg**: Kgsch. V 363; Off.-Bild.-Anstalt 340.

Tattenbach, Graf, Inspekteur der Bayer. Mil.-Bild.-Anstalten I 299.

Tatz, Würzburgischer Ing.-Lt., Lehrer an der Ing.-Ak. I 311.

Taube, Graf, besucht die Hann. Art.-Sch. II 31.

Tzeflirchen, Graf, erhält die Aufsicht über die Bayer. Mil.-Ak. I 102.

Tausch, v., Kmdt. des Bayer. K.-K. I 112—144, 220.

— v., unterrichtet an der Bayer. Pagerie I 317.

Taxis, Gerhard v., Wallensteins Landeshauptmann III 5, 7, 9, 10.

Technische Ausarbeitungen der k. k. Pionieroffiziere III 329.

— **Hochschule** zu Wien: Besuch durch k. k. Genie-Off. III 327, durch Pion.-Off. 329.

— **Militär-Akademie**, k. k., zu Wien III 272, 381.

Technisches und administratives Militär-Komitee, k. k., III 276.

Technisch-taktische Ausarbeitungen der k. k. Pionieroffiziere III 329.

Technologie (Unterrichtsgegenstand): **Österreich-Ungarn**: Höherer Art.- und Genie-Kurs III 277, 280; Ing.-

Ak. 151; K.-Schule 309; Mil.-Ak. 126, 373; Pionierschule 187, 216; Technische Mil.-Ak. 273, 382 — Preufsen: Kgsch. IV 309.

Teichmann, Württbg. Kriegsrat, Mitglied einer Kommission V 344.

Telefalter Strafse in Wien III 236.

Telegraphie (Unterrichtsgegenstand): Bayern: K.-K. I 179; Kgsch. 260 — Österreich-Ungarn: Pionier-K.-Sch. III 310; Central-Inf.-Kurs 289.

Temesvár: k. k. Kad.-Sch. III 294, 419, 420; Vorbereitungsschule 299.

Tempelhoff, v., Preufs. Gen., entwirft den Plan für eine Art.-Ak. IV 91; Lehrer an der Inspektionsschule zu Berlin 131.

Tentamen im Preufs. K.-K. IV 337; in den Kgsch. 200, 221, 239.

Terrainlehre (Unterrichtsgegenstand): Baden: Allgemeine Kgsch. I 32; Höhere Kgsch. 40, 50; K.-Haus 47 — Bayern: K.-K. I 165, 171, 172; Kgsch. 256, 260, 265, 278; Regimentsschulen 251 — Braunschweig: K.-Inst. I 337 — Hannover: Art.- und Ing.-Sch. II 54; Generalstabs-Ak. 80; K.-K. 103, 107; Kav.-Lehranstalt 71, 72; Mil.-Ak. 84, 85, 87, 88 — Hessen-Darmstadt: Mil.-Sch. II 239, 245 — Mecklenburg: Mil.-Bild.-Anstalt II 299, 307 — Nassau: Mil.-Sch. II 377 — Oldenburg: Brigade-Mil.-Sch. II 405; Mil.-Sch. 410, 412 — Österreich-Ungarn: Art.-Ak. III 233; Art.-Hauptschule 211; Bombardier-Korps 197, 208; Generalstabsschulen 204; Genie-Ak. 233; K.-Kompagnieen 156, 166; K.-Schulen 252, 257, 297, 298, 300, 309, 310, 420, 431, 440, 455; Kgsch. 236, 242, 288, 408; Landwehr-K.-Schule 472; Landwehr-Stabsoffizierskurs 477; Lombardisch-Venetianische Leibgarde 130; Mil.-Ak. 116, 121, 232, 274, 275, 306; Stabsoffiziersaspiranten-Kurs 281; Stabsoffizierskurs 414, 415; Technische Mil.-Ak. 382; Vorbereitungsschulen 297, 304; Central-Inf.-Kurs 289 — Preufsen: K.-K. IV 335, 378; Kr.-Ak. 256, 258, 261, 264, 267, 305; Kgsch. 159, 236, 239, 240, 251; Lehrinstitut für junge Offiziere 113; Untoff.-Schulen 507, 508 — Sachsen: Art.-Sch. V 197, 200, 204 (vom J. 1831), 207 (vom J. 1859); K.-K. 126, 149, 150, 153; Kursus für Offiziere 181, 182, 194; Mil.-Ak. 177, 191; Untoff.-Schule 228 — Schweiz: Hochschule Bern V 288; Polytechnikum 291 — Württemberg: Kgsch. V 373, 381; Off.-Bild.-Anstalt 341, 354, 357.

Teschen: k. k. Regimentsknaben Erz.-Haus III 193; Mil.-Ober-Erz.-Haus 226.

Tester, Pastor zu Nyon, plant die Errichtung einer Mil.-Ak. V 285.

Tettau, v., Gefreiter, Korporal des Sächs. K.-K. V 33.

— v., Sächs. Gen., Kmdt. des K.-K. V 68, 69, 80.

Tettenborn, v., Sächs. Gen., Kmdt. des K.-K. V 72, 79, 175.

Texier, v., Preufs. Kap., Lehrer an der Art.-Ak. zu Berlin IV 97, am Lehrinstitute für junge Offiziere 117; an der Kgsch. zu Berlin 155, 156, 157, 158; Mitglied einer Kommission 148, 151.

Thaddes, v., Preufs. Gen., läfst Offiziere unterrichten IV 135.

— v., Preufs. Ob., besichtigt das K.-Haus Stolp IV 70.

Thiergarten zu Wiener-Neustadt III 27.

Theater (Aufführungen): Bayern: Mil.-Ak. I 93 — Österreich-Ungarn: Mil.-Ak. III 30, 41.

— (Besuch): Bayern: Mil.-Ak. I 94, 127; K.-K. 135, 139, 148, 163, 177, 203, 207 — Hannover: Georgianum II 12 — Hessen-Cassel: K.-K. II 139 — Mecklenburg: Mil.-Bild.-Anstalt II 301 — Nassau: Mil.-Sch. II 368, 369 — Österreich-Ungarn: Ing.-Ak. III 89; Mil.-Ak. 30, 41, 108 — Sachsen: K.-K. V 50, 63, 129, 132, 163, 164; Kgsch. 115.

The daily courant: Meldet die Eröffnung einer Ritter-Ak. zu Berlin IV 23.

The Losas, Preufs. Ob.-Lt., Direktor der Art.- und Ing.-Sch. IV 430.

Theobald, v., Württbg. Gen., entwirft den Plan für eine Kriegsschule V 347.

Theocharis, Bayerisch-Griechisch. Fahnenkadet I 145.

Theresia von Savoyen, Herzogin, begründet die Savoyische Ritter-Ak. III 21.

Theresianische Militär-Akademie, k. k. III 43.
— Ritter-Akademie (Theresianum), k. k. III 21, 74.

Theresienstadt: k. k. K.-Kompagnie III 157.

Thibaut, Examinator der Westfälischen Art.- und Genie-Sch. V 309, 310.

Thiébault, Lehrer an der Académie des nobles zu Berlin IV 28.

Thionville, Preufs. Ex.-Kommission IV 183; Divisionsschule 210.

Thompson s. Rumford.

Thoren, v., Oberdirektor der k. k. Ing.-Sch. zu Gumpendorf III 84.

Thümmel, v., Hessen-Casselscher Gen.-Adjutant, thätig bei Errichtung des K.-K. II 162.

Thürheim, Graf, Unterdirektor der k. k. Mil.-Ak. III 25, 31, 36.

Thurn in Kroatien: k. k. Vorbereitungsschule III 419.

Thymbel, Zögling der Ing.-Ak. zu Potsdam IV 112.

Tiedemann, v., Preufs. Kap.: Im Lehrinstitute für junge Offiziere unterrichtet IV 115; Mitglied der Studienkommission der Kgsch. zu Berlin 154; Lehrer an letzterer 155, 158.

Titeler Bataillonsschule, k. k. III 227, 238.

Topographie (Ungewöhnliche Begriffserklärung) II 353.
— (Unterrichtsgegenstand). — Vgl. Erdkunde, Mefskunde. — Schweiz: Hochschule Bern V 288, 289 — Württemberg: Off.-Bild.-Anstalt V 357.

Topographisches Bureau: Bayern: I 256, 280, 296 — Preufsen: IV 265, 266, 286 — Württemberg V 394.

Torgau: Preufs. Art.-Brigadeschule IV 528.

Toussalnt, Lehrer an der Académie des nobles zu Berlin IV 27, 28, 30.

Train: Offizieranwärter in Bayern I 274, 279.

Traintruppe (Ausbildung der k. k. Kadetten für dieselbe) III 419, 420, 421, 442.
— (Mannschaftsschulen für die k. k.) III 322, 326, 459.

Traschee-Sergeant (Sachsen) V 173, 176, 178, 194, 198, 207.

Trauerfier für Sächs. Kadetten V 161.

Trautmann, k. k. GM., Direktor der Mil.-Ak., III 115, 118, 119.

Trew, v., Hann. Gen., Begründer der Art.-Sch. II 24, 26, 30, 38, 40, 42, 44.

Trier: Preufs. Ex.-Kommission IV 183; Divisionsschule 224.

Triest: k. k. K.-Sch. III 419, 420; Vorbereitungsschule 299.

Troschke, Frhr. v., Preufs. GM., Direktor der Art.- und Ing.-Sch. IV 427.

Triva, v., Bayer. GL. I 110.

Truppenslaven (Österreich-Ungarn) III 292, 304, 307, 419, 424, 451 (Aufhören ihrer Einstellung in die Kadettenschulen).

Truppen-Divisions-Schulen für k. k. Offiziersaspiranten der Inf. und Kav. III 264.

Truppenschulen (Österreich-Ungarn): Bestimmungen vom J. 1852 III 251—253; vom J. 1866 254—265; vom J. 1869 290—334; vom J. 1875 418—466; Kadettenschulen gehören nicht mehr dazu (1889) 451. — Vgl. Mannschaftsschulen.

Truppenübungen, Teilnahme an, s. Praktischer Kursus.

Tschammer, v., Preufs. Ob., läfst die Offiziere seines Regiments unterrichten IV 135.

Tschernyschew, Russ. Gen., macht dem Königreiche Westfalen ein Ende V 310, 312.

Tschirschnitz, v., Hann. Gen., Gen.-Inspekteur des K.-K. II 109.

Tschudi, v., Nass. Maj., Direktor der Kgsch. II 386.

Tümmen, Sächs. Maj., Direktor der Art.-Sch. V 167.

Tümpling, v., Preufs. Gen., Kommando zur Allgemeinen Kgsch. IV 272.

Türkische Offiziere besuchen die Preussische Art.- und Ing.-Sch. IV 429.
Tulla: k. k. Pionierschule III 173, 185, 215, 246; Pionier-Untoff.-Sch. 201, 230, 292; Schulkompagnie 227, 239, 270.
Turnen s. Gymnastik.
Turnier (Unterweisung): Ettal I 54.
Turte, Preuß. Major, Lehrer an der Art.- und Ing.-Sch. IV 392 (393), 395, 408.
Tykoczyn: Junkerschule für das Preuß. Bosniakenregiment IV 137.
Tyrnau: k. k. Josefinisches Waisenhaus III 92, 95.

U.

Oberkomplette Kadetten (Preußen) IV 58, 310.
Oberwasser, Professor, unterrichtet an der Mil.-Ak. zu Münster II 321.
Obungen im Grenzgebiete (Österreich-Ungarn) III 460.
Übungsreisen der k. k. Offiziere III 324, 327, 328, 460.
Uhr (Führen einer Uhr): Bayern: K.-K. I 205 — Hessen-Cassel: K.-K. II 136 — Österreich-Ungarn: Ing.-Ak. III 88 — Sachsen: K.-K. V 46, 161.
Uhrig, Lehrer an der Mil.-Sch. zu Darmstadt II 265.
Ulm: Besichtigung der Festung durch die Bayer. Kr.-Ak. I 287, 292, durch die Württbg. Kgsch. V 362; Patriziersöhne besuchen die Kgsch. Siegen II 336, 345; Sitz einer Garnison-Vorbereitungsschule V 361, 365.
Ulrich, Bayer. Hptm., bearbeitet einen Leitfaden I 277.
Uebele, Württbg. Rektor, Mitglied einer Kommission V 344.
Umlogetellt (Schlechtere Zöglinge der k. k. Mil.-Realschulen) III 355.
Ungarische Sprache (Unterrichtsgegenstand). — Vgl. Nationalsprachen. —: Österreich-Ungarn: Adelige Mil.-Ak. III 79, 107; K.-Schulen 308, 309, 420, 429, 435, 436, 440; Mil.-Ak. 112, 113, 116, 232, 249, 274, 275, 371; Mil.-Ober-Erz.-Häuser 226; Mil.-

Realschulen 354, 363, 369; Mil.-Technische Schule 271; Schulkompagnieen 228, 229; Technische Mil.-Ak. 381.
— **Leibgarde** III 79—81, 126—128, 279.
Ungarn Sondereinrichtungen für die Honved, nur aufgenommen in diejenigen Abdrücke des 3. Bandes, welche unter dem Sondertitel „Geschichte des Militär-Erziehungs- und Bildungs-Wesens in Österreich-Ungarn" erschienen sind und nicht zu den „Monumenta Germaniae paedagogica" zählen) III 481—484.
Ungeübte im Sächs. K.-K. V 77.
Uniform, Ausrüstung und Bewaffnung: Baden: Allgemeine Kgsch. I 34, 37; K.-Haus 43 — Bayern: K.-K. I 61, 114, 135, 147, 160, 162, 179, 205; Marianische Ak. 73; Mil.-Ak. 89, 91, 101, 106 — Braunschweig: K.-K. I 332 — Colmar: Kgsch. I 364 — Hannover: Art.-Sch. II 28; Generalstabsoffiziere 2. Klasse 77, 78, 79; Georgianum 9; Kadetten 86; K.-K. 99 — Hessen-Cassel: K.-K. II 139, 162, 164, 169, 170, 189, 191, 196 — Hessen-Darmstadt: II 248 (Reithabit) — Mecklenburg: Mil.-Bild.-Anstalt II 291, 308 — Nassau: Lehrkompagnie II 364 — Österreich-Ungarn: Art.-Ak. III 244, Chaos-Stift 17; Genie-Ak. 244; Gitschin 9, 12; Ing.-Ak. 88, 90, 136, 152; K.-Kompagnieen 155, 159, 164; K.-Schulen 419, 452; Landwehr-K.-Schule 474; Lombardisch-Venetianische Leibgarde 129; Mil.-Ak. 28, 53, 71, 76, 111, 113, 119, 125, 244; Mil.-Erz.- und Bild.-Anstalten 360 (im J. 1874); Mil.-Ober-Erz.-Häuser 244; Mil.-Pflanzschule 33; Mil.-Unter-Erz.-Häuser 244; Mil.-Waisenhaus 91; Regimentsknaben-Erz.-Häuser 189, 195; Schulkompagnieen 244; Soldatenknaben-Erz.-Häuser 95 — Preußen: Académie des nobles IV 29; Ing.-Ak. 110; K.-Haus Culm 72, Stolp 70; K.-Kompagnie Colberg 46, Magdeburg 48; K.-K. 54, 62, 64, 67, 69, 309, 317, 325, 341; Mil.-Waisenhaus 79; Schulabteilung

501; Untoff.-Vorschulen 517 — Sachsen: Art.-Sch. V 208 (vom J. 1831), 210 (vom J. 1859); K.-K. 7, 14, 16, 32, 38, 72, 78, 86, 121, 134, 139, 159, 161; Kgsch. 111, 113, 114; Mil.-Ak. 176, 194; Mil.-Bild.-Anstalt 96, 108; Untoff.-Sch. 209 — Westfalen: Mil.-Sch. V 302, 304 — Württemberg: Kgsch. V 363, 376, 378; Mil.-Institut 318; Off.-Bild.-Anstalt 320, 323, 334, 342 349, 351, 354.

Universitäten (Besuch durch Offiziere): Allgemein I 5 — Bayern: I 91, 94, 229 — Hessen-Cassel: II 24 — Österreich-Ungarn: III 78, 100, 460 — Preussen: IV 132, 200, 248 — Sachsen V 81, 88.
— (Militärwissenschaftl. Vorlesungen): Bern: V 280, 281, 287 — Erlangen: I 315 — Giessen: II 225 — Göttingen: II 23 — Ingolstadt: I 213 — Marburg: II 126 — Münster: II 322 (geplant) — Wien: III 203 (Vorschläge) — Würzburg: I 311.

Unbilligt (Nicht Dienstpflichtig in Österreich) III 152.

Unterberger, k. k. Ob.-Lt., Kmdt. des Bombardierkorps III 103, 153.

Unterdirektion der k. k. Mil.-Ak.: Eingerichtet III 25, aufgehoben 72, wieder eingeführt als Lokaldirektion 106, aufgehoben 126.

Unterhaltungskosten: Baden: Allgemeine Kgsch. I 31, 32, 37; Höhere Kgsch. 39; K.-Haus 43, 44; K.-Institut 23 25; Mil.-Studien-Kommission 41 — Bayern: Allgemein I 299; K.-K. 59, 62, 112, 129, 136, 139, 152, 169, 170, 185, 186; Kr.-Ak. 287; Marianische Ak. 73; Mil.-Ak. 90, 103, 107; Oberfeuerwerkerschule 300, Pagerie 319 — Braunschweig: K.-Institut I 331, 332, 335; K.-K. 327; Mannschaftsschulen 359 — Hannover: Art.-Sch. II 29, 32, 40, 42; Garnison-Lehranstalt zu Lüneburg 23; Georgianum 7, 8; Kad.-Lehranstalt 70; K.-K. 96, 99; Mannschaftsschulen 112, 114; Mineur-Schule 48, 49; Offizierschule zu Nordheim 17 — Hessen-Cassel: Art.-Sch. II 158; Collegium Mauritianum 120, 122; K.-K. 139, 161, 169, 172, 176, 189, 191, 195; Fortbildung der Offiziere 210 — Hessen-Darmstadt: Allgem. II 228; Art.-Sch. 230; Kgsch. 223: Mil.-Sch. 234, 242, 248, 259, 265 — Hessen-Hanau: Académie militaire II 273 — Mecklenburg: Art.-Sch. II 289; Brigadeschule 289; Divisionsschule 310; Mil.-Bild.-Anstalt 291, 296, 300, 306, 308, 309, 315: Mil.-Ex.-286, 298, 303 — Münster: Mil.-Ak. II 321 — Nassau: Kgsch. II 382, 385, 386; Kgsch. Siegen 328—332, 343—345; Mil.-Sch. 362, 363, 365, 370, 376, 379 — Oldenburg: Brigade-Mil.-Schule II 399, 402, 407 — Österreich-Ungarn: Adelige Mil.-Ak. III 78; Allgemein 223 (im J. 1852), 239 (im J. 1859), 339 (im J. 1874), 402 (im J. 1887), 404 (im J. 1889); Chaos-Stift 16; Galizische Garde 82; Gitschin 6, 8; Grenzschulen 238; Ing.-Ak. 17, 87, 88, 90, 134, 137, 145, 147, 150; K.-Institute 230; K.-Kompagnieen 163; K.-Schulen 296, 310, 419, 424, 449, 450, 452; Kgsch. 237; Landwehr-K.-Schule 473; Lombardisch-Venetianische Leibgarde 129; Mil.-Ak. 39, 42, 46, 52, 57, 73, 109, 110, 118, 122; Mil.-Lehrer-Institut 234; Mil.-Ober-Erz.-Häuser 226; Mil.-Pflanzschule 31, 32; Mil.-Realschulen 356; Mil.-Unter-Erz.-Häuser 225; Mil.-Waisenhaus 91, 92; Pionierschule 181, 186; Regimentsknaben-Erz.-Häuser 188, 192, 195: Savoyische Ritter-Ak. 22; Schulkompagnieen (Schuleskadron) 227; Soldatenknaben-Erz.-Häuser 94, 96: Ungarische Leibgarde 79; Zentral-Inf.-Kurs 288 — Preussen: Académie des nobles IV 28, 29, 37, 41; Art.-Ak. 92, 93, 95, 97, 99; Art.-Brigadeschulen 170; Art.- und Ing.-Sch. 387, 392, 393, 403, 408, 418, 427, 436, 437, 447, 451, 454, 476; Divisionsschulen 209; 224; Ing.-Ak. 108; Junkerschulen 126, 135; K.-Haus Culm 72, 74, Stolp 70: K.-Kompagnie Colberg 46, Magdeburg 48; K.-K. 54, 55, 62, 63, 64, 67, 69, 309, 314, 319, 322, 325, 327, 329, 332, 333, 341, 343, 362, 380, 383, 384; Kr.-Ak. 253, 259, 265, 273, 291, 293, 297, 397; Kgsch. 150, 163, 230, 240; Lehrinstitut für junge Offiziere 114, 116, 122; Mannschaftsschulen 522, 533 (Art.), 172, 173 (Inf. und Kav.), 537 (Pioniere); Mil.-Studien-Kommission 179; Oberfeuerwerkerschule 489, 491, 493, 494; Pagen 83; Ritter-Ak. zu Berlin 13, 25; zu Colberg 8; Schulabteilung 501, 502, 503; Untoff.-Schulen 510, 514; Untoff.-Vorschulen 517 — Sachsen: Art.-Sch. V 169, 170 (vom J. 1766), 197, 198, 199 (vom J. 1831), 209, 219 (vom J. 1859); Ing.-Ak. 221, 225; K.-K. 6, 7, 9, 10, 11, 15, 16, 19, 25, 31, 32, 35, 42, 47, 61, 74, 76, 80, 81, 90, 91, 119, 120, 133, 136, 137, 138, 148, 164; Kgsch. 113, 114, 116; Mil.-Ak. 174, 176, 188; Mil.-Bild.-Anstalt 99; Untoff.-Sch. und Untoff.-Vorschule 230 — Schaumburg-Lippe: Mil.-Sch. V 253, 260 — Schleswig-Holstein: Art.-Untoff.-Sch. V 268, 269 — Schweiz: Art.-Sch. Bern V 282; Polytechnikum 292 Westfalen: Art.- und Genie-Sch. V 309; Mil.-Sch. 302, 304 — Württemberg: Guiden V 394; Kgsch. 363, 365, 369, 374, 375, 376, 377; Mil.-Institut 318; Off.-Bild.-Anstalt 320, 321, 324, 331, 332, 333, 334, 337, 343, 348, 351, 354, 359.

Unteroffizier-Abteilung: In Sachsen zur Heranbildung von Offizieren V 94, 102, 104, 111, 129, 136, 139, 148, 149.

— -**Aspiranten-Schulen** in Bayern I 308.

— -**Bildungs-Schulen**: Österreich-Ungarn III 312, 313, 314, 315, 319, 320, 322, 458, 459 — Sachsen V 198, 205, 219 (bei der Art.-Schule).

— -**Schulen**: Baden: Erste Anfänge I 21, Ende 515; Teil der Art.-Sch. 27; Pion.-Sch. 28 — Bayern: Nebenzweck der Mil.-Ak. I 77, 86, 96, 104; der Kurpfälzischen Art.- und Ing.-Sch. 216—219; Mathematischer Lehrkurs für Unteroffiziere 219; Art.-Unteroffiziersschule zu München 220 — Österreich-Ungarn: Bestimmungen vom J. 1852 III 250, vom J. 1869 312; beim Pionierkorps 200 — Preufsen: IV 505—515 — Sachsen: V 226 bis 232.

— -**Vorschulen**: Preufsen: IV 515 bis 519 — Sachsen V 226—232.

Unteroffiziere als Lehrer und Erzieher: Baden: K.-Institut I 24 — Bayern: Artilleristische Unterrichtsanstalten I 219; K.-K. 91, 106; Oberfeuerwerkerschule 302; Mannschaftsschulen 308 — Braunschweig: K.-K. I 327, 331, 336, 344 — Hannover: Art.-Sch. II 31; K.-K. 100; Offizierschule zu Nordheim 18 — Hessen-Cassel: K.-K. II 134, 163, 173, 182; Mannschaftsschulen 207, 209 — Hessen-Darmstadt: Art.-Sch. II 229; Garde-Inf.-Brigade 225 — Mecklenburg: Mil.-Bild.-Anstalt II 297, 306, 310 — Nassau: Kgsch. II 382; Mil.-Sch. 363, 368, 379 — Österreich-Ungarn: Bombardier-Korps III 209; Grenzschulen 238; Ing.-Ak. 88, 139, 148; K.-Kompagnieen 155, 156, 167; K.-Schulen 303, 421, 423; Mil.-Ak. 44, 108, 110, 275; Mil.-Erz.- und Bild.-Anstalten 225 (im J. 1852), 245 (im J. 1859), 267 (im J. 1868), 398 (im J. 1887); Mil.-Lehrer-Institut 234; Mil.-Ober-Erz.-Häuser 226; Mil.-Realschulen 359; Mil.-Unter-Erz.-Häuser 225; Mil.-Waisenhaus 91, 92; Regimentsknaben-Erz.-Häuser 188, 189; Vorbereitungsschulen 293 — Preufsen: Art.-Brigadeschulen IV 169, 519, 520, 521, 527, 529, 532; Art.-Inspektionsschulen 488; Art.- und Ing.-Sch. 388, 408; Junkerschule 128; K.-K. 57, 63, 74; Mannschaftsschulen 173; Mil.-Waisenhaus 78; Oberfeuerwerkerschule 488—498; Schulabteilung 501, 502; Untoff.-Schulen 507, 508, 510 — Sachsen: Art.-Sch. V 210 (vom J. 1859); K.-K. 13, 60, 62, 71, 76, 80, 120, 148, 150, 151, 157; Kgsch. 111; Mil.-Ak. 174, 185, 188; Mil.-Bild.-Anstalt 95, 108; Untoff.-Schule 227 — Württemberg: Kgsch. V

363, 369, 375; Off.-Bild.-Anstalt 324, 330, 338, 352, 356.
Unteroffiziers-Pflanzschulen in Österreich-Ungarn III 255.
Unterrichtskursus für Offizieranwärter in Braunschweig I 350, 354.
Unterstützung bedürftiger Offizieranwärter: Baden: I 23, 44, 45 — Bayern: I 110, 114 — Österreich-Ungarn: III 74.
Urban, Frhr. von, k. k. Gen., Zögling der K.-Kompagnie Olmütz III 161.
Urlaub s. Ausgang und Ferien.
Utzschneider, Josef, Schüler und Lehrer der Marianischen Ak. I 74.

V.

Valentini, v., Preufs. Gen., an einer Inspektionsschule unterrichtet IV 135; Gen.-Inspekteur des Mil.-Erz.- und Bildungswesens 174, 175, 217—219, 271.
Varnbüler, v., Württbg. Gen., entwirft den Plan für ein Mil.-Institut V 317; verläfst den Dienst 318; begründet die Off.-Bild.-Anstalt 319; leitet dieselbe 319—333.
Vega, Magister matheseos des k. k. Bombardierkorps III 103.
Veimar, Professor an der Hochschule zu Bern V 289.
Veithelm, v., Geheimer Rat, begutachtet das K.-K. zu Cassel II 148.
Vesturial, Brschwg. Ing.-Hptm., unterrichtet am Collegium Carolinum I 326.
Verdy du Vernois, v., Preufs. Gen., Lehrer an der Kr.-Ak. IV 286.
Verkehrswesen (Unterrichtsgegenstand): Preufsen: Kr.-Ak. IV 291, 299, 302, 305.
Verona: k. k. Generalstabsschule III 203; Schulkompagnie 227.
Verpflegung s. Beköstigung und Unterhaltungskosten.
Verri della Bosia, Graf, Kmdt. der Bayer. Kgsch. I 267, 269, der Kr.-Ak. 288; Inspekteur der Mil.-Bild.-Anstalten 299.

Versetzung s. Schulprüfungen und Zeugnisse.
Verwarner, Sächs. Ob.-Lt., Lehrer an der Preufs. Art.- und Ing.-Sch. IV 446, 475.
Vetter, Ansbachischer Ob.-Lt., unterrichtet zu Erlangen in den Kriegswissenschaften I 315.
Vieth und Golssenau, v., Sächs. GM., Kmdt. des K.-K. V 68, 72.
Vietinghoff, v., Sächs. Kadett, rauft sich V 31.
Vigelius, Lehrer an der Nass. Mil.-Sch. II 352, 353.
Vignau, du, Preufs. Offizier, Lehrer an der Art.- und Ing.-Sch. IV 412; Zögling der Westfäl. Art.- und Genie-Sch. V 307.
Vinkovce: Filiale des k. k. Mil.-Ober-Erz.-Hauses Petrinia III 226; Lateinische Grenzschule 104; Schulkompagnie 227.
Vielisches Haus in Dresden: Von Sächs. Kadetten bewohnt V 34, 35.
Visitationen des Sächs. K.-K. V 111, 120, 131, 132, 140; der Mil.-Ak. 185, 186; der Art.-Sch. 210.
Vix, Dr., unterrichtet an der Mil.-Sch. zu Darmstadt II 231.
Vögel dürfen im Sächs. K.-K. gehalten werden V 49.
Völkerrecht (Unterrichtsgegenstand) s. Staatswissenschaften.
Vogeley, Hessen-Casselscher Ob., Kmdr. des K.-K. II 191—196.
Vogelfrei: Strafart in der k. k. Mil.-Ak. III 68.
Vogelsang, Hann. Rittmeister, unterrichtet an der Offiziersschule zu Nordheim II 17.
Vogt, Preufs. Major, Mitglied der Ober-Mil.-Ex.-Kommission IV 182.
— Schreiblehrer am K.-K. zu Cassel II 189.
Voigts-Rhetz, v., Preufs. Gen., Kommando zur Allgemeinen Kgsch. IV 272.
Vollständiger Kurs des k. k. Bombardierkorps III 197.
Volmar, Hessen-Casselscher Maj., Direktor der Art.-Sch. II 157, 158.

Volontäre (Offizieranwärter): Braunschweig: Allgemein I 346; beim Husarenregimente 332, 342—344, 347 — Hannover: Allgemein II 65, 97, 98, 110—112; Artillerie 84 — Oldenburg: Brigade-Mil.-Sch. II 405; Mil.-Sch. 397, 410, 412 — Sachsen: Art.-Sch. vom J. 1831 V 198, 200, 207, vom J. 1859 210, 219; K.-K. 69, 73, 74, 80, 81, 120, 133, 136, 148; Mil.-Ak. 111, 116.

Voltigiren s. Gymnastik.

Vorbereitungsanstalten (Pressen): Allgemein V 396—400 — Hannover: II 96 — Preufsen: IV 295.

Vorbereitungsklassen: Hannover: Mannschaftsschulen II 114 — Oldenburg: Brig.-Mil.-Sch. II 409 — Österreich-Ungarn: (vgl. Vorbereitungsschulen): Pionierschule III 179, 184, 186 — Sachsen: Art.-Sch V 212, 218; K.-K. V 69, 133 — Württemberg: Off.-Bild.-Anstalt V 323, 325, 328, 339.

Vorbereitungskurse: Bayern: Für die Art.- und Genie-Sch. I 226, 227; für die Kgsch. 263, 264, 267, 270, 272 — Österreich-Ungarn: Für die Art.- K.-Schule III 303; für die Genie-K.-Sch. 303; für die Korpsschule des Bombardierkorps 197.

Vorbereitungsschulen: Österreich-Ungarn: Für Kadettenschulen III 292, 296, 299; für die Pionierschule 173, 174 (Fortsetzung der Vorbereitungsklasse) — Württemberg: Für die Kgsch. V 361.

Vorbereitungsunterricht für die Landwehr-Kadetten-Schule (Österreich) III 472.

Vormeister der k. k. Art. III 119.

Verrath, Preufs. Kap. im K.-K. IV 54.

Verträge aufserhalb der Schulen bei der Preufsischen Artillerie IV 519, 523, 527.

Voltejes, v., Brschwg. Hptm., unterrichtet am K.-K. I 331.

W.

Wachdienst: Bayern: Mil.-Ak. I 63, 88, 91, 98 — Colmar: Kgsch. I 364 — Hessen-Cassel: K.-K. II 167, 170 — Nassau: Lehrkompagnie II 365 — Österreich-Ungarn: Art.-Stabsschulen III 214; Mil.-Ak. 30, 37, 41 — Preufsen: Art.-Ak. IV 98; K.-Haus zu Berlin 54, 68; K.-K. 325; Oberfeuerwerkerschule 498 — Sachsen: K.-K. V 14, 50, 62.

Wachholtz, v., Brschwg. Gen.: Sein Unterricht als preufsischer Junker IV 136; Vorsitzender einer Kommission für Errichtung eines K.-K. in Braunschweig I 327.

Wachter, Professor, urteilt über das K.-K. zu Cassel II 152.

Wackerbarth, Graf, Sächs. GFM., Kmdt. der K.-Kompagnie V 18, 19, 21—27.

Wäsche s. Uniform.

Waffeninspektionen üben Einflufs auf die Bayer. Art.- und Ing.-Sch. I 237, 238.

Waffenlehre s. Artilleriewissenschaft.

Wagner, Lehrer an der Kgsch. zu Darmstadt II 223.

— Ritter v., k. k. GM., Kmdt. der Techn. Mil.-Ak. III 381.

— v., Württbg. GM. und Kriegsminister V 375.

— v., Württbg. Hptm., bearbeitet die Geschichte der Kgsch. V 318, 350.

Wahlstadt: Preufs. Kadettenhaus IV 321, 322, 325, 326, 329, 361, 382.

Waltzen: k. k. Regimentsknaben-Erz.-Haus III 225.

Wakenitz, v., Landgräflich Hessen-Casselscher Ob., Kmdt. des K.-K. II 149 bis 158.

Walchner, Professor, unterrichtet die Badischen Art.-Offiziere I 39.

Waldeck (Oberpfalz): Sitz einer Büchsenmeisterschule I 212.

Waldersee, Graf, Preufs. Ob., Lehrer an der Kr.-Ak. IV 286.

— Graf, Preufs. GM. und Kriegsminister IV 226, Kmdr. des K.-K. 331—334.

Waldersee, Graf, Preuſs. Gen.-Ob., Chef des Generalstabes der Armee IV 303, 306.

Waldner, Graf, Zögling des K.-K. zu Cassel, hält eine Rede II 153.

Waldstätten, Frhr. v., besucht die Kgsch. zu Wien III 236.

Waldstein s. Wallenstein.
— Zögling der Ritter-Ak. zu Gitschin III 11.

Wallenstein, Albrecht v. (Waldstein), errichtet die Ritterakademie zu Gitschin I 4; III 5—12.

Wallersee, k. k. Kap.-Lt., Kmdt. der Pionierschule III 185, 186.

Wallhausen s. Jacobi von Wallhausen.

Wallmoden, Graf, Hann. FM.: Beurteilt die Pagenerziehung II 5; wohnt einer Prüfung der Art.-Sch. bei 45.

Wallner, Preuſs. Lt., Lehrer an der Art.- und Ing.-Sch. IV 391.

Walther, Lehrer an der Junkerschule zu Potsdam IV 128.

Wangenheim, Johann v., besucht die Kgsch. Siegen II 336, 345.

Wardenburg, Oldenbg. Ob., betreibt die Wiedereröffnung der Mil.-Sch. II 395.

Wartenberg, Graf, Protektor der Ritter-Ak. zu Berlin IV 19, 20.
— v., Preuſs. Gen., Kmdr. des K.-K. IV 348.

Wartensleben, Graf, Preuſs. Gen., Lehrer an der Kr.-Ak. IV 286.

Waschen der Leibwäsche: Österreich-Ungarn: Ing.-Ak. II 137 — Sachsen: K.-K. V 161.

Waser, Züricherischer Ing.-Lt., erfährt Förderung seiner Studien V 283.

Washington (George): Äuſserung über Offiziersersatz I 67.

Wasseraflinger-Hüttenwerke: Besuch durch die Württbg. Kgsch. V 382.

Wasserbaukunst (Unterrichtsgegenstand): Bayern: Art.- und Ing.-Sch. I 245 — Österreich-Ungarn: Höherer Art.- und Genie-Kurs III 280; Ing.-Ak. 88, 89, 141, 142, 148, 149; Ing.-Sch. Gumpendorf 85; Mil.-Ak. 65; Pionierschule 180, 184, 187 — Preuſsen: Art.- u. Ing.-Sch. IV 391, 396, 405,
417, 420, 423, 437, 440, 449, 452, 456, 466, 473, 476; Ing.-Ak. 107 — Sachsen: Kursus für Offiziere V 182, 194; Mil.-Ak. 179, 191 — Schweiz: Art.-Sch. zu Bern V 282.

Wasserfahren s. Rudern.

Wasserschleben, Preuſs. Gen., Inspekteur der Art.- und Ing.-Sch. IV 430.

Waterloogelder: Werden in Nassau für Schulzwecke verwendet II 358.

Weber, Kanzlist, unterrichtet an der Académie militaire zu Hanau II 273, 274.
— Nass. Ob., macht Mitteilungen über die Mil.-Sch. II 388, 390.

Wedding bei Berlin (Übungsplatz) IV 87.

Wedel, Graf, Oldenbg. Hptm., erteilt Reitunterricht II 400.

Wegelin, Lehrer an der Académie des nobles zu Berlin IV 27.

Wegener, Lehrer an der Junkerschule zu Potsdam IV 128.

Wehner, Hann. Gen., Gen.-Inspekteur des K.-K. II 109.

Weigel, E., Mathematiker, als Schüler und Lehrer III 13.

Weihnachtsfeier im Bayer. K.-K. I 207.

Weilburg: Nass. Lehranstalt II 354, Regimentsschule 380; Preuſs. Untoff.-Vorschule IV 516—519.

Weinberger, Preuſs. Ob.-Lt., Direktor der Art.- und Ing.-Sch. IV 454.

Weingeld: Wird in der k. k. Mil.-Ak. gezahlt III 60, 67, 108.

Weinlig, Sächs. Landesbaumeister, thätig beim Bau des K.-Hauses V 22.

Weinrich, v., Bayer. Gen. und Kriegsminister I 222.

Weiſs, k. k. Ob.-Lt., entwirft den Plan für Errichtung einer Ingenieurschule III 83.

Weiſsenborn, Regiments-Quartiermeister am K.-K. zu Cassel, bei der Preisverteilung thätig II 152.

Weiſsenfels: Preuſs. Untoff.-Schule IV 505—515.

Weiſshaupt, Minervat: Empfiehlt das Lehren der griechischen Sprache I 86.

Weiſsig, Kondukteur, Lehrer der Mil.-Sch. auf dem Wilhelmstein V 257.

Weifskirchen im Banat: k. k. Mil.-Unter-Erz.-Haus III 238, 270; Schulkompagnie 227, 230, 268.
— in Mähren s. Mährisch-Weifskirchen.
Weisungen bei ungenügendem Ausfalle der Prüfungen (Preufsen) IV 186.
Weitershausen, Prof., unterrichtet zu Giefsen in Militärwissenschaften II 226, an der Mil.-Sch. zu Darmstadt 233, 241.
Weitz: Filiale des k. k. Mil.-Ober-Erz.-Hauses zu Marburg III 226.
Welck, Frhr. v., Sächs. Maj., Kmdt. des K.-K. V 135.
Welcker, Bad. Abgeordneter I 31.
Welsersheimb, Zeno Graf, besucht die Kgsch. zu Wien III 236.
Weltzien, v., Preufs. Gen., Kommando zur Allgemeinen Kriegsschule IV 272; als Oldenbg. Major Direktor der Mil.-Sch. II 401.
Wengersky, v., Ob., soll einen Akademiemeister für Gitschin schaffen III 49.
Werder, v., Preufs. Gen., Kommando zur Allgemeinen Kgsch. IV 272.
Werkschule des k. k. Pionierkorps III 172.
Werneck, Frhr. v., Kmdt. des Bayer. K.-K. I 109—130, 317.
Werner, Georg Friedrich, unterrichtet über Kriegswissenschaften an der Universität Giefsen II 225, 226.
Wesel: Preufs. Art.-Brigadeschule IV 528; Inspektionsschule 130; Junkerschule 134; Patriotische Gesellschaft 134.
Westfalen (Königreich): Allgemeines I 14; Einrichtungen und Anstalten V 291—312.
Westindien: Ein Offiziersanwärter für den englischen Dienst in W. in der Nass. Mil.-Sch. II 375.
Westphal, Domprediger, unterrichtet am Brschwg. K.-K. I 331, am K.-Institute 334; betreibt die Umgestaltung des letzteren 335.
Weygand, Grhzgl. Hess. Off., Lehrer an der Mil.-Sch. II 264.
Weyrother, v., Oberbereiter an der Mil.-Ak. zu Münster II 321.

Wiederhold, v., Württbg. Gen. und Kriegsminister V 357, 368.
Wiederholungskurse der niederen Mathematik am K.-K. und an der Kgsch. in Bayern I 226, 261, 270.
Wiegrebe, Zögling der Westfäl. Art.- und Genie-Sch. V 307; Lehrer am Kurhessischen K.-K. II 161; leitet die Kurhessische Landesvermessung V 307.
Wien: Adelige Mil.-Ak. III 77; Art.-Equitationskurs 273; Art.-Lyceum 100; Art.-Offiziersaspiranten-Schule; Bombardier-Korps 102; Chaos-Stift 15; Galizische Garde-Abteilung 81; Generalstabs-Schule 103; Höherer Art.- und Genie-Kurs 276, 404; Ing.-Ak. 17, 86, 133; K.-Schulen 292, 294, 303, 419, 420; Kav.-Equitations-Institut 247; Kgsch. 235, 241, 282, 405; Landwehr-K.-Schule (zuerst Berufsoffiziers-Kurs genannt) 474; Landwehr-Offiziersaspiranten-Schule 334, 464; Landwehr-Stabsoffiziers-Kurs 474; Lombardisch-Venetianische Leibgarde 128; Mil.-Pflanzschule 31; Nieder-Österreichische Ritter-Ak. 13; Pagerie 14; Pionier-Untoff.-Schule 200, 230; Savoyische Ritter-Ak. 21; Schulkompagnie 227; Stabsoffiziersaspiranten-Kurs 281; Stabsoffiziers-Kurs 410; Technische Mil.-Ak. 272; Theresianische Ritter-Ak. 21; Ungarische Leibgarde 79, 126; Vorbereitungsschulen 299; Waisenhaus 227; Central-Inf.-Kurs 288; Central-Kav.-Kurs 289. — Sächsisches K.-K. im J. 1866 V 134.
Wiener Neustadt: Kav.-Equitations-Institut III 247; Mil.-Ak. I 5, 8, 16 III 23, 35, 106, 232, 239, 273, 338, 371; Mil.-Lehrer-Institut 234; Pionierschule 172; Plan zur Einrichtung einer Art.- und Genie-Ak. 235, 266.
Wiering, Hann. Ob.-Lt., Kmdt. der Mil.-Ak. II 84.
Wiesbaden, Sitz nassauischer Mil.-Bild.-Anstalten II 348—390.
Wiese, Preufs. Geheimer Rat, Mitglied der Studien-Kommission des K.-K. IV 335.

Wigand, Hofrat, unterrichtet am K.-K. zu Cassel II 142, 143.

Wild, Professor an der Westfäl. Art.- und Genie-Sch. V 307.

Wilhelm, Herzog von Bayern: Läfst in der Geschützbedienung unterrichten I 210.

— Herzog von Braunschweig: Errichtet ein K.-Institut I 331; läfst es eingehen 348, schliefst eine Mil.-Konvention mit Preufsen 351; diese wird gelöst 352; er regelt Honorarverhältnisse 355; schliefst sich von neuem an Preufsen an 357; erbittet Mitteilungen über die Nassauische Kgsch. II 388.

— IV., Landgraf von Hessen-Cassel: Begründet eine Universität zu Cassel II 122.

— V, Landgraf von Hessen-Cassel: Verlegt die Universität von Cassel nach Marburg II 122.

— IX., Landgraf, nachmals Wilhelm I. Kurfürst von Hessen: Wird in den Kriegswissenschaften unterrichtet II 129; stiftet die Académie militaire zu Hanau 271; verlegt das Collegium Carolinum von Cassel nach Marburg 122; ändert die Uniform des K.-K. 139, die Einrichtungen 146; errichtet eine Art.-Sch. 155; ruft diese 1805 von neuem ins Leben 156, desgl. nach der Westfälischen Zeit das K.-K. 159.

— II., Kurfürst von Hessen: Kommt zur Regierung II 168; ist unzufrieden mit dem K.-K. 172; beruft eine Mil.-Studien- und Ex.-Kommission 212.

— Prinz von Preufsen, später Wilhelm I., König von Preufsen, zuletzt Wilhelm I., Deutscher Kaiser: Billigt die Vorschläge des Generals von Peucker IV 226; befiehlt über den Tanzunterricht der Kadetten 346; ist gegenwärtig bei Einweihung der Art.- und Ing.-Sch. 447; giebt dieser eine neue Verfassung 454.

— II., Deutscher Kaiser und König von Preufsen: Besteht die Offiziersprüfung IV 204; stellt dem K.-K. eine veränderte Lehraufgabe IV 258.

Wilhelm, Herzog von Nassau: Errichtet eine Mil.-Schule II 354.

— Prinz von Sachsen-Hildburghausen: Thätig bei Errichtung der Mil.-Ak. zu Wiener-Neustadt III 24.

— Graf zu Schaumburg-Lippe: Befreundet mit dem Münsterschen Minister von Fürstenberg II 319; errichtet eine Militärschule V 235—262.

— König von Württemberg: Sein Verhältnis zu den Bildungsanstalten V 318, 322, 345, 348, 351, 386.

Wilhelmsgebäude in München I 58, 89.

Wilhelmsgymnasium in München: Wird von den Pagen besucht I 319.

Wilhelmstein: Schaumburg-Lippesche Mil.-Schule V 235—262.

Wilhelmsteiner Feld, Übungsplatz für die Mil.-Schule auf dem Wilhelmsteine V 259.

Wilkens von Hohenau, Kurhess. Gesandter, zieht Nachrichten ein über preufsische Einrichtungen II 199.

Willisen, v., Preufs. Gen., Lehrer an der Art.- und Ing.-Sch. IV 412; sorgt für die Ausbildung der Schl.-Holst. Off. V 271.

Willmerding, Hann. Fähnrich, wird in der Mil.-Sch. auf dem Wilhelmsteine erzogen V 264; unterrichtet in der Offiziersschule zu Nordheim II 19.

Wimpffen, Baron, k. k. FML., Chef des Gen.-Quartiermeister-Stabes III 183.

Winants, v., Preufs. Maj., Direktor der Ing.-Ak. IV 105.

Winterarbeiten der Offiziere in Preufsen IV 205.

Winterfeldt, v., Preufs. Ob., verfafst ein Artillerie-Kollegium IV 86, 87.

Wirker, v., k. k. Maj., besichtigt die Pionierschule III 172, 173; macht Vorschläge zu Neuerungen 203.

Wirtshausbesuch: Bayern: K.-K. I 205 — Hannover: Pagen II 5 — Hessen-Cassel: K.-K. II 170, 190, 197 — Oldenburg: Mil.-Sch. II 407 — Österreich-Ungarn: Pionierschule III 181, 187 — Preufsen: Ritter-Ak. zu Berlin IV 19; Schulabteilung 502 — Sachsen: K.-K. V 38, 130,

163, 164; Kgsch. 115; Mil.-Bild.-Anstalt 109.
Wissel, Preufs. Stallmeister, unterrichtet an der Kr.-Ak. IV 289.
Wissell (richtige Schreibart), v., Hann. Lt., entwirft den Plan zur Errichtung einer Art.-Sch. II 29; unterrichtet an dieser 31, 34, 35.
— (richtige Schreibart), v., Schleswig-Holsteinscher General: Zögling der Westfälischen Art.- und Ing.-Sch. V 306; besucht die Hann. Generalstabsakademie II 80, sorgt für die Ausbildung der Schleswig-Holsteinschen Art.-Unteroffiziere V 270.
Wissenschaften (als Gesamtbegriff): Kurbess. K.-K. II 177 (Anm.).
Wittenius, Landgräflich Hessen-Casselscher Ob., Kmdr. des K.-K. II 130—146.
Wittich, Preufs. Major erbaut die Art.- und Ing.-Sch. IV 494.
— Preufs. Ob., Direktor der Art.- und Ing.-Sch. IV 396, 427.
— v., Preufs. Gen., Kommando zur Allgemeinen Kgsch. IV 272.
Wittstein, Professor, unterrichtet an der Hann. Generalstabsakademie II 73; verfafst ein Lehrbuch 106.
Witzendorf, v., wird in das Georgianum zu Hannover aufgenommen II 8.
Witzleben, v., Mecklbg. GM., Preufs. GL., zur Allgemeinen Kgschule in Berlin kommandiert IV 272; unterrichtet an der preufs. Art.- und Ing.-Sch. 412; in mecklenburgischen Diensten II 303, 305.
— v., Preufs. Gen. und Kriegsminister IV 220.
— v., Sächs. Maj., Kmdt. der Kgsch. und der K.-Schule V 110, des K.-K. 132.
Wörmann, Preufs. Kap., Lehrer an der Art.-Ak. zu Breslau IV 97.
Wörth, Besuch des Schlachtfeldes durch preufs. Kriegsschüler IV 243.
Wohlau: Preufs. Untoff.-Sch. IV 517—519.
Wohlers, Mitglied der Ober-Mil.-Ex.-Kommission zu Berlin IV 182.
Wolfenbüttel: Ritterakademie I 5, 323.
Wolff, v., k. k. Gen.-Feldwachtmeister,

Adlatus des Direktors der Mil.-Ak. III 36.
— Kirchenrat, Lehrer an der Westfäl. Mil.-Sch. V 303.
Woltmann, Lehrer am K.-Hause zu Berlin IV 68; an der dortigen Kgsch. 160.
Woltzogen, v., Preufs. Gen., Mitglied einer Kommission IV 311.
Wrangel, v., Preufs. Gen., Kommando zur Allgemeinen Kgsch. IV 272.
Württemberg (Herzogtum, Kurfürstentum, Königreich): Allgemein I 11; Anstalten und Einrichtungen V 313—396; Entsendung von Offizieren zum Besuche der Preufs. Art.- und Ing.-Sch. IV 429.
Würzburg: Militärwissenschaftlicher Unterricht an der Universität I 311—315.
Wulffen, v., Preufs. Maj., Kmdr. des K.-Hauses zu Berlin IV 63, 66.
— v., Preufs. Ob., Kmdr. des K.-K. IV 59, 60.
Wurmb, v., k. k. GM., I 15; III 336.
Wuth, Hann. Lt. und Bau-Inspektor, unterrichtet an der Ritter-Ak. zu Lüneburg II 26.
Wysocken, Schlesw.-Holst. Major, auf der Generalstabsakademie zu Hannover unterrichtet II 81.

X.

Xaver, Prinz von Sachsen, Administrator des Kurfürstentums V 166.

Y.

Yssag, k. k. Ob.-Lt., Kmdt. des Mailänder Erz.-Hauses III 195.

Z.

Zahnärztliche Behandlung: Österreich-Ungarn: Ing.-Ak. III 138; Mil.-Ak. 27; Mil.-Erz.- und Bild.-Anstalten im J. 1859 239 — Sachsen: K.-K. V 162.
Zara: k. k. K.-Sch. III 294; Vorbereitungsschule 299.
Zahnstecher: Hessen-Cassel: K.-K. II 147.

Zaremba, Ritter v., k. k. GM., Kmdt. der Mil.-Ak. III 381.
Zastrow, v., Preuß. Gen., Kommando zur Allgemeinen Kgsch. IV 272.
Zedelius, Oldenbg. GM., Verfasser einer Personalchronik der Oldenbg. Offiziere II 393.
Zedlitz, v., Preuß. Minister, schlägt die Errichtung einer Bauschule vor IV 100, 101.
Zebetner, Reitlehrer an der Académie des nobles zu Berlin IV 29.
Zeichenschulen der k. k. Pioniertruppe III 320.
Zeichnen (Unterrichtsgegenstand): Baden: Allgemeine Kgsch. I 32, 33; Art.-Sch. 27; École militaire 21; Höhere Kgsch. 38, 40; K.-Haus 47; K.-Institut 24; Pionierschule 28 — Bayern: Art.- und Genie-Sch. I 229; Art.- und Ing.-Sch. 246; Ettal 54; K.-K. 66, 117, 122, 124, 131, 138, 151, 166, 171, 173, 186, 188, 198, 191; Kapitulantenschulen 310; Kr.-Ak. 283, 284, 286, 287, 291, 292; Kgsch. 256, 260, 265; Marianische Ak. 73, Mil.-Ak. 79, 80, 84, 87; Oberfeuerwerkerschule 302, 303; Pagerie 318 — Braunschweig: K.-Institut I 332, 334, 335, 337; Mannschaftsschulen 359; Unterrichtskursus für Offizieranwärter 351, 354 — Hannover: Art.-Sch. II 32, 42; Art.- und Ing.-Sch. 53, 54, 55; Generalstabs-Ak. 81; Georgianum 11; Ing.-Sch. 48, 50; K.-K. 103, 107; Kav.-Lehranstalt 71, 72; Mil.-Ak. 84, 87, 88; Mineurschule 47, 50; Offizier-Sch. zu Nordheim 18 — Hessen-Cassel: Art.-Sch. II 155, 156, 158; Collegium Carolinum 125; K.-K. 140, 142, 160, 165, 173, 177, 178, 180, 184, 185, 186, 187, 188, 192, 193, 196, 202, 203, 204 — Hessen-Darmstadt: Art.-Sch. II 229; Korpsschule 266; Mil.-Sch. 230, 231, 238, 261 — Hessen-Hanau: Académie militaire II 274 — Mecklenburg: Art.-Sch. II 289; Divisionsschule 303; Mil.-Bild.-Anstalt 294, 299, 307, 308, 314; Pagen 279 — Nassau: Kgsch. II 384, 387; Mil.-Sch.
348, 350, 352, 353, 370, 371, 374, 379, Offiziere 380 — Oldenburg: Brigade-Mil.-Sch. II 400, 402, 405; Mannschaftsschulen 414, 416; Mil.-Sch. 396, 398, 410, 412 — Österreich-Ungarn: Art.-Ak. III 233; Art.-Hauptschule 211, 212; Art.-Korpsschule 100; Art.-Lyceum 100; Art.-Mannschaftsschulen 200, 205; Art.-Stabsschulen 206, 214; Bombardier-Korps 197, 199, 208; Galizische Garde 82; Generalstabsschulen 204; Genie-Ak. 233; Grenzschulen 204, 238; Höherer Art.-Kurs 235; Ing.-Ak. 88, 89, 141, 142, 148, 149, 151; Ing.-Sch. Gumpendorf 85; K.-Kompagnieen 155, 157, 160, 166; K.-Sch. 252, 257, 297, 298, 300, 304, 308, 309, 310, 432, 435, 438, 440, 445; Kgsch. 236, 242, 288, 408; Landwehr-K.-Sch. 472; Lombardisch-Venetianische Leibgarde 129, 130; Mil.-Ak. 56, 65, 107, 112, 113, 116, 117, 123, 232, 249, 274, 275, 376; Mil.-Kollegium 272; Mil.-Lehrer-Institut 234, 240; Mil.-Ober-Erz.-Häuser 226; Mil.-Realschulen 349, 364, 368; Mil.-Technische Sch. 271; Mil.-Unter-Erz.-Häuser 225; Pionier-Offizierschule 216; Pionierschule 171, 175, 176, 177, 178, 179, 180, 184, 187, 215, 216; Regimentsknaben-Erz.-Häuser 190; Schulkompagnieen (Schuleskadron) 228, 229; Technische Mil.-Ak. 273, 384; Vorbereitungsschulen 296, 304 — Preussen: Académie des nobles IV 28, 36; Art.-Ak. 92, 93, 94, 98; Art.-Brigadeschulen 168, 169; Art.-Inspektionsschulen 488; Art.-Schulen 88; Art.- und Ing.-Sch. 386, 389, 392, 396, 401, 415, 416, 417, 420, 421, 422, 423, 424, 428, 437, 439, 440, 441, 449, 450, 452, 456, 450, 461, 462, 463, 465, 466, 468, 470, 471, 472, 473, 476; Divisionsschulen 207, 208, 215, 218, 223; Ing.-Ak. 107; junge Offiziere bei den Regimentern 136, 137; Junkerschulen 124, 127, 134; K.-Kompagnie Magdeburg 49; K.-K. 64, 67, 310, 313, 315, 320, 324, 328, 329, 336, 337, 349, 350, 351, 352, 353, 354, 355, 357, 358, 368, 370,

371, 372, 373, 375, 376, 377, 378; Kr.-Ak. 253, 256, 305; Kgsch. 153, 160, 236, 239, 241, 251; Lehrinstitut für junge Offiziere 117; Mannschaftsschulen 521, 525, 526, 527, 528, 530, 531, 533 (Art.), 534, 535, 536, 538 (Inf. und Kav.); (Pioniere); Mil.- Waisenhaus 78; Oberfeuerwerkerschule 488, 489, 495; Pagen 83; Untoff.-Schulen 507, 510, 511, 512; Untoff.-Vorschulen 512 — Sachsen: Art.-Sch. V 167, 168 (vom J. 1766), 197, 200, 201, 202, 203, 204, 205, 206 (vom J. 1831), 213, 214, 215, 216, 217 (vom J. 1859); Ing.-Ak. 224; K.-K. 15, 21, 36, 41, 44, 45, 54, 55, 56, 66, 70, 75, 83, 84, 85, 124, 125, 126, 127, 136, 141, 142, 143, 144, 145, 146, 149, 150, 152, 153, 155, 162; Kursus für Offiziere 182, 194; Mil.-Ak. 174, 177, 180, 188, 190, 191: Mil.-Bild.-Anstalt 96, 97, 98, 105; Untoff.-Schule 227, 232 — Schaumburg-Lippe: Mil.- Sch. V 244, 246 — Schleswig-Holstein: Art.-Untoff.-Sch. V 268, 269; Bild.-Anstalt für Offiziere 270 — Schweiz: Hochschule zu Bern V 288, 289 — Westfalen: Art.- und Genie-Sch. V 308; Mil.-Sch. 302 — Württemberg: Garnison-Vorbereitungsschulen V 361; Guiden 394; Karls-Sch. 316; Kgsch. 364, 365, 372, 380, 381; Mil.-Institut 318; Off.-Bild.-Anstalt 320, 321, 327, 328, 330, 341, 354, 357.

Zeichner: Beim Hann.-Ing.-Korps als Kadetten eingestellt II 93.

Zelthaus, Teilnahme Sächs. Kadetten am Lager bei, V 26, 33.

Zeitungen: Bayern: — K.-K. I 177 — Hannover: Pagen II 5 — Österreich-Ungarn: Mil.-Ak. III 65 — Preussen: K.-Kompagnie Magdeburg IV 50; Mil.-Waisenhaus 78 — Sachsen: Art.-Schule V 167; K.-K. 53, 161.

Zensur: Lehrbücher der Bayer. Mil.-Ak. davon befreit I 106.

Zensuren s. Zeugnisse.

Zentral-Infanterie-Kurs (Österreich-Ungarn) III 286, 288, 410.

Zentral-Kavallerie-Kurs (Österreich-Ungarn) III 286, 289, 410.

Zentral-Kavallerie-Schule (Österreich-Ungarn) III 248.

Zeschau, v., Sächs. Gen., Zögling der Mil.-Sch. auf dem Wilhelmsteine V 264; Sächs. Kriegsminister V 68, 72, 73, 171, 178, 180, 183.

Zeugnisse: Baden: K.-Haus I 48 — Bayern: Allgemein im J. 1864 I 298; Art.- und Genie-Sch. 227; Art.- und Ing.-Sch. 248; K.-K. 126, 127, 151, 168, 175, 180, 193, 200, 206; Kgsch. 266; Oberfeuerwerkerschule 302; Untoff.- Aspirantenschulen 309 — Hannover: Pagen II 5 — Hessen-Cassel: K.-K. II 151, 173, 181, 198 — Hessen-Darmstadt: Mil-Sch. II 232, 242, 246 — Hessen-Hanau: Académie militaire II 274 — Mecklenburg: Mil.- Bild.-Anstalt II 300 Nassau: Mil.-Sch. II 349, 375 — Oldenburg: Brigade-Mil.-Sch. II 406; Mil.-Sch. 412 — Österreich-Ungarn: Art.-Stabsschulen III 214; Bombardier-Korps 210; Galizische Garde 83; Höherer Art.- und Genie-Kurs 281; Ing.-Ak. 87, 149; K.-Kompagnieen 156; K.-Schulen 295, 305, 306, 311, 443, 452; Kgsch. 237, 287, 408; Lombardisch-Venetianische Leibgarde 131; Mil.-Ak. 63, 113, 117, 275; Mil.-Erz.-Anstalten im J. 1859 240, im J. 1874 255, im J. 1887 400; Pionierschule 182; Stabsoffiziers-Kurs 412; Ungarische Leibgarde 81; Vorbereitungsschulen 293; Zentral-Inf.-Kurs 289 — Preußen: Art.-Schulen IV 88; Art.- und Ing.-Sch. 388, 390, 397, 411, 426, 427, 428, 434, 450, 470, 471, 472, 473, 474; Ing.-Ak. 104, 110; Junkerschule 125; K.-K. 68, 314, 325; Kr.-Ak. 260, 270, 297; Kgsch. 161, 238; Lehrinstitut für junge Offiziere 115; Mannschaftsschulen 523, 532 (Art.), 539 (Inf. und Kav.) — Sachsen: Art.-Sch. V 208 (vom J. 1831); K.-K. 57, 64, 71, 85, 132, 163; Mil.-Ak. 190; Mil.-Bild.-Anstalt 95, 107; Untoff.-Schule 231 — Schweiz: Poly-

8*

technikum V 293 — Württemberg: Kgsch. V 379, 383; Off.-Bild.-Anstalt 333, 342.

Zezschwitz, v., Sächs. Gen., Kriegsminister V 93.

Ziegenhain. Verlegung der Landgräflich Hessen-Casselschen Art.-Sch. von Cassel nach, II 156.

Ziehen, Preufs. Kap., Lehrer an der Hann. Art.-Sch. II 44, am Preufs. Lehrinstitute für junge Offiziere IV 116.

Zimmermann, Graf, Franz, maréchal de camp, fordert die Errichtung einer Kriegsakademie für seine schweizerische Heimat V 284.
— Landgräflich Hessen-Darmstädtscher Geheimer Kammerrat, soll seine Verwendung eintreten lassen II 223.
— Grhzgl. Hess. Ob.-Lt., leitet eine Kadettenschule II 227.

Zinzendorf, Graf, Sächs. Gen., Kapitän der K.-Kompagnie V 15, 18, 19.

Zlyský, Zögling der Ritter-Ak. zu Gitschin III 11.

Zoglm: k. k. Regimentsknaben-Erz.-Haus III 225; im J. 1797 wird ein Teil der Zöglinge der Mil.-Ak. dorthin gebracht 75.

Zöglinge: Umbenennung der früheren Frequentanten der k. k. K.-Schulen III 452.

Zollikofer, v., Unterdirektor der Académie des nobles zu Berlin IV 29, 30, 38, 39.

Zschau, Frau, vermietet Unterrichtsräume für das Sächs. K.-K. V 16.

Zuckschwerdt, Brschwg. Art.-Lt., Lehrer am K.-K. I 331, 334, 335.

Zugeteilte: Strafklasse in der k. k. Mil.-Ak. III 68.

Zülow, v., Kmdt. der Mecklenbg. Mil.-Bild.-Anstalt II 291, 294.

Zürich (Stadt): Unterrichtseinrichtungen für Kriegszwecke V 283, 290; Polytechnikum 290—297.

Zumklei, Professor, Lehrer an der Mil.-Ak. zu Münster II 321.

Zumpt, Lehrer an der Allgemeinen Kgsch. zu Berlin IV 264.

Zweikampf: Preufsen: Ritter-Ak. zu Berlin IV 17; Kgsch. 228 — Sachsen: K.-K. V 17, 29, 30, 38.